나의 한반도
석기시대 순례기

나의 한반도 석기시대 순례기

발행일
초판 1쇄 2026년 3월 30일

지은이
오선민

펴낸이
김현경

펴낸곳
북드라망
주소. 서울시 종로구 사직로8길 34 307호(내수동, 경희궁의아침3단지)
전화. 02-739-9918
팩스. 070-4850-8883
이메일. bookdramang@gmail.com

ISBN
979-11-92128-66-5 03910

책으로 여는 지혜의 인드라망, 북드라망
bookdramang.com

나의 한반도 석기시대 순례기

선사 박물관과 유적지에서 찾는 인간적 삶

오선민 지음

BookDramang
북드라망

제1부

구석기, 야생의 테크놀로지 ²¹

1.
주먹도끼가 말해 주는 선사의 기술철학 ²²

공주 〈석장리박물관〉 22

단양 〈수양개선사유물전시관〉 49

2.
뼈바늘과 창, 불로 만드는 관계의 윤리 ⁷⁴

연천 〈전곡선사박물관〉 ① 74

제2부

신석기, 연결의 대모험 ¹⁴¹

1.
토기의 제작, 공동체의 시작 ¹⁴²

2.
안으로 밖으로 바다 네트워킹 ¹⁹³

일러두기

1. 이 책은 한반도 곳곳의 선사시대 유적지와 박물관을 찾아가는 '석기시대 순례'의 기록입니다. 고고학적 연구 성과를 참고하지만, 엄밀한 학술 연구를 제시하려는 책이라기보다 유적과 유물을 매개로 인간의 오래된 삶에서 오늘의 삶을 사유해 보려는 인문학적 여정에 가깝습니다.

2. 책에서 소개하는 유적과 유물에 대한 기본 정보는 각 박물관의 전시 설명, 발굴 보고서, 관련 연구서를 참고하였습니다. 다만 서술의 편의를 위해 일부 설명은 간략히 정리하거나 필자의 이해에 따라 풀어 썼습니다.

3. 이 책의 끝에는 답사 과정에서 지은이가 촬영한 유적과 유물의 사진을 박물관별로 묶어 화보 형식으로 실었습니다. 이 책은 유물 감상을 돕는 안내서라기보다, 유적과 유물을 매개로 오늘의 인간 삶을 성찰해 보려는 '사유의 순례기'에 가깝기에, 사진을 본문 곳곳에 배치하기보다 책의 마지막에 따로 모았습니다. 먼저 글을 따라 순례의 여정을 함께 걸은 뒤, 마지막에 사진을 펼쳐 보시길 권합니다.

4. 책 본문에서 인용서지는 지은이, 서명, 인용쪽수 등으로만 간략히 표시하였으며, 자세한 서지는 권말의 '참고한 자료들'에 모아 실었습니다.

5. 단행본·도록·정기간행물의 제목에는 겹낫표(『』)를, 전시 제목·논문·단편 등에는 홑낫표(「」)를, 박물관(전시관) 이름·영화·미술 작품 등에는 홑화살괄호(〈〉)를 사용했습니다.

피엔로그

선사(先史)의 의미를 묻는다

2021년부터 한반도의 여러 선사 박물관과 유적지를 답사했다. 코로나 팬데믹의 광풍 속에서, 나날이 심각해지는 기후변화의 피해 소식들을 들으면서, 점점 더 강곽해지는 이웃들과의 관계 안에서, 정말로 우리가 물질만능주의·기술맹신주의·적자생존적 보신주의밖에는 의탁할 것이 없는지 궁금했기 때문이다. 사람은 도대체 어떤 존재이고, 그의 가장 오래된 관심은 무엇인가? 나는 가끔씩 찾아오는 극도의 피로감으로부터 달아날 곳을 찾고 싶었다. 막연히, 자연에 순응하며 편하게 살다 죽는 사람들의 작은 세상을 상상했다.

그런데 이렇게 소박한 시선으로 만난 선사 유물을 통해 인류에 대한 그리고 나에 대한 뜻밖의 시선을 얻게 되었다. 사람은 본디 고민이 많고 하고 싶은 일도 많고 실패도 잘한다. 끝도 없이 궁리하면서 울고 웃는다. 속편한 사람은 어디에도 없으니, 우리 모두는 자기 어리석음을 감당하기 위해 생각하고 또 생각한다. 그것이 호모 사피엔스이다.

선사(先史)란 어떤 시대인가? K컬처의 원류를 뽐내는 〈국립중앙박물관〉은 상설전시실이 시작되는 1층 오른쪽에 선사관을 두고 있다. 입구에 들어가면 선사 문화를 영상으로 소개하는 디지털 석비가 있고, 이 거대한 비석을 중심으로 오른쪽에는 선사시대의 유물을, 왼쪽에는 역사시대의 유물을 전시한다. 여기서 우리는 '선사'가 역사와 대비되는 개념임을 알 수 있다. 역사란 기록된 옛날, 의미화된 과거이므로, 이 기술에는 주체가 필요하다. 그렇다면 누가 기록하는가? 어떤 입장이 과거의 사건들을 계열화하고 거기에 의미를 부여하는가?

〈국립중앙박물관〉의 역사관을 조금만 둘러 보아도 답이 나온다. 그것은 '국가'다. 〈국립중앙박물관〉이 한반도의 '역사'를 삼국시대, 통일신라시대, 고려시대, 조선시대, 대한제국, 그리고 대한민국으로 시간에 따라 차례로 알려 주기 때문이다. 이런 대비를 통해 유추하면 선사관의 전시물들은 국가를 모르는 유물들이라고 할 수 있다. 그런데 사물이 국가를 모른다니, 무슨 말인가? 국가가 없었으니 유물의 수준이 낮고 집중적으로 기술을 발전시킬 수도 없었을 테니 모든 물건들이 유치하게 파편적으로 남아 있다고 생각할 수 있지만, 선사관을 관람하면 의외의 결론에 이르게 된다.

첫째, 선사는 역사시대와는 규모 면에 있어 압도적으로 차

　　　　　　　　나의 한반도 석기시대 순례기

이가 나는 시공간이다. 선사시대는 인류 문명에 의해 설명되는 역사 이전, 즉 다양한 기술과 사회 시스템에 의해 극복되기를 기다리는 궁핍하고 위태로운 시공간이라고들 생각하기가 쉽지만, 최근 엄청나게 쏟아지는 고고학 발굴에 따르면 의식주를 비롯해 심지어 영적인 차원에서도 선사인들의 다양한 실험은 현대인의 상상을 초월하는 듯하다. 〈국립중앙박물관〉 선사관이 펼치는 시공간의 스케일도 고조선, 고구려, 백제, 신라 등의 고대국가적 지평을 훨씬 넘어서 있다.

앞서 언급한, 역사와 선사시대를 가르는 석비를 지나 오른쪽 선사관으로 들어서면 정면에서 호모 에렉투스의 인골 재현품을 관찰할 수 있다. 호모 에렉투스는 400만~200만 년 전 사이 아프리카의 어떤 나무에서 내려와 두 발로 걷기 시작한 오스트랄로피테쿠스의 후손이다. 그들은 190만 년 전쯤 진화한 뒤 걸어서 아프리카 대륙을 빠져나와 계속 동진했고, 어쩌면 70만 년 전쯤에 충북 단양 인근 또는 충남의 금강변까지 내려왔을 수도 있다. 〈국립중앙박물관〉에서 호모 파베르나 네안데르탈인과 같은 고인류의 인골이 아니라 호모 에렉투스의 머리뼈를 진열한 까닭은 그들이 한반도 땅을 밟은 최초의 고인류일 수도 있기 때문이 아닐까? 호모 에렉투스를 기준으로 하면, 한반도 선사 문화의 연대는 70만 년 전으로 올라간다. 기원에 관해 많은 논쟁이 있지만 일단 『삼국유사』에 따르면 한반도와 만주 일대에 터를 잡았다고 하는 한민족 최초의 국가 고조선을 단군왕검이 건국한 때는 기원전 2333년이라고 한다. 70만 년 전부터 고조선 건국 사이는, 고조선 건국부터 2026년까지의 시간보다 훨씬 더 길다. 국가를 몰랐던 선사 사람들은 훨씬 더 다양한 방식으로 크고 넓게 살았을 수 있다.

선사시대는 공간적으로도 한반도에 국한되지 않는다. 전시실 왼쪽 벽면에는 '호모 사피엔스'의 지구 대이동을 설명하는 지도가 있다. 호모 에렉투스의 이동과는 별개로, 호모 사피엔스는 동아프리카에서 진화한 뒤 10만 년 전에 그리고 다시 또 7만 년 전에 마치 펌핑되는 공기 주머니의 바람처럼 아프리카에서 나왔다 들어갔다를 반복했다. 그리고 한번 아프리카를 벗어난 몇몇의 그룹들이 세상 구석구석을 돌아다니며 열대에서 툰드라까지 다양한 기후를 겪으면서 살길을 모색했다. 호모 사피엔스는 경기도 연천 전곡리까지 왔음에도 멈추지 않고 더 동진하여 결국 베링해를 건너 남아메리카 남단까지 내려갔다.

선사관을 돌아다니면 온갖 기후대와 지리적 한계를 마주하며 제각각의 생존 과제들에 직면했을 아주 많은 사람들의 얼굴이 떠오른다. 좋은 놈, 나쁜 놈, 이상한 놈…, 정말이지 온갖 사람들이 다 있었을 것이다. 그들 중에는 분명 도스토옙스키도 놀랄 만한 에고이스트가, 또는 집단의 혁명을 도모하려는 체 게바라 같은 영웅이 있었을 것이다. 그렇지만 아주 다양했을 그들이 완전히 다른 사람들은 아니었을 것이다. 전곡에 머물렀거나 거기서부터 다시 이동을 개시했을 사피엔스의 마음

                                     나의 한반도 석기시대 순례기

속에는 아프리카에서부터의 오래된 이주 기억이 들어 있었을 것이기 때문이다. 아마 먼 남아메리카에 도착했을 어떤 사피엔스의 마음에는 전곡의 추억이 간직되어 있었을 것이다. 인류는 먼 선사 때부터 체화한 몸의 기억, 무의식으로 가라앉은 도처의 풍경을 나누고 저마다의 방식으로 살면서 지금에 이르렀다.

그런 인류의 개별성과 보편성을 잘 보여 주는 유물이 바로 주먹도끼다. 선사관에는 호모 에렉투스 재현-인골 오른쪽으로 한반도 석기 문화를 소개하는 특별한 코너가 있다. 다양한 석기의 종류와 제작 방식을 소개하는데, 연천 전곡리에서 나온 '아슐리안 석기'가 아프리카에서부터 서유럽에 이르기까지 광범위하게 출토되는 석기의 표준을 따른다고 한다. 석기 기술에는 저작권이 따로 없으니 한반도 고유의 기술이란 없다. 선사의 호모 사피엔스에게 문화적 정체성이 있었다고 한다면, 그 기원은 동아프리카에서부터 따질 수 있다. 아프리카 사람이라고 하면 피부색, 언어, 축제나 장례 의례 어느 것이나 다 다를 것 같지만 똑같이 석기시대를 통과했다는 점에서 보면, 그런 차이는 표면적인 것에 불과할지도 모른다.

둘째, 선사의 석기는 헐벗고 굶주린 인류가 애처롭게 겨우 썼던 도구가 아니라, 인간의 인간다움을 고민하면서 발명한 공생의 도구다. 선사관에는 한반도에서 출토되지 않는 일본 규슈산 흑요석이라든가 조몬 토기가 소개된다. 중국 쪽에서나 구할 수 있는 옥도 있다. 장식성이 강해 실용적이라고 보기 어려운 이런 유물들은 전부 바다 건너 혹은 산 너머 다른 지방 사람들로부터 받았던 교류품이다. 선사인들은 당장 같이 사냥을 하거나 농사를 지을 수 있는 것도 아닌데 왜 굳이 몇 백 킬로미터 밖의 사람들과 친하게 지내려 했을까? 이들에게 물건은 타자와의 관계를 이끌어 주는 도구였다.

뿐만 아니다. 선사관은 석기에서 시작하지만 그 끝에는 부산 동삼동에서 출토된 무덤 하나를 소개한다. 그리고 이 무덤과 함께 한반도 신석기 부장품으로 나온 '석부(石斧)'도 전시한다. 선사의 호모 사피엔스가 친지의 죽음을 돌도끼로 애도한 것이다. 이 도끼는 한 번도 사용된 적이 없어 보일 정도로 크고 매끄럽게 생겼다. 실용을 넘어서 있는 이 석부가 왜 망자와 함께 매장되었을까? 석부는 선사인들이 이승과 저승을 엄연하게 나누었음을, 고인을 보내기 위한 특별한 장례법을 통해 삶의 철학을 계발했음을 의미한다. 선사인들은 석기로 나무를 베고 동물을 잡지만 그 덕으로 불을 피우고 고기를 먹을 수 있다는 생각을 계속했을 것이다. 때문에 죽음이 인간에게 어떤 의미가 있는지, 죽음과 어떻게 관계를 맺어야 잘 살 수 있는지 그 방법을 찾아내야 했을 것이다.

선사인들은 먹고사는 데에만 급급해하며, 잉여생산(자본주의)과 그 관리술(관료제)의 개발에 목숨을 걸지 않았다. 그들에게 기술은 동식물과의 관계, 타인과의 관계, 더 나아가 죽음이라고 하는 원초적 세계와 관계를 맺게 해주는 매개체였다.

선사는 국경이라고 하는 울타리와 성장 제일주의적 경제관으로는 해석하기 어려운 시대이다. 선사인들은 그저 자연이 주는 대로 만족하는 착한 사람들이 아니라, 삶이 주는 온갖 문제를 푸는 데 주저하지 않은 용감하고 지혜로운 존재들이었다. 선사 유물은 인간성의 폭을 훨씬 더 넓게 생각하게 해준다. 선사인들의 고민은 최소한 도시의 빌딩숲만 보고 사는 현대인들보다는 그 넓이와 깊이가 훨씬 더 대단했다.

답사는 끝없는 순례

공부는 책으로만 하는 것이 아니다. 어떤 지식도 자기 몸을 관통하지 않는다면 공허한 정보에 그치고 만다. 선사시대 공부에는 더욱더 유물과의 직접적인 대화가 필요하다. 찾아가서 유물과 유적지를 보지 않으면 동물을 가축화하지 않고, 식물을 단종화하지 않으면서, 사람도 부를 쌓는 도구로 보지 않는 그 먼 시대를 실감하기가 매우 어렵기 때문이다.

　여기에는 이유가 있다. 첫째 한반도의 선사는 구석기가 가장 많이 나온다는 30만 년 전으로만 소급해도 엄청난 시간일 뿐만 아니라, '역사'가 없기에 특정 유물에 대한 선사인들의 해석이 무엇이었는지 알아볼 길이 없다. 상황이 이러하니 고고학계와 역사학계에서는 발굴 기술이 바뀌고 해석의 트렌드가 변함에 따라 같은 유물에 대해 서로 다른 연대를 추정하기도 하고, 가치 평가를 바꾸는 일도 빈번하게 일어난다.

최근에 남아프리카에서는 호모 날레디(Homo naledi)라고 하는 고인류의 동굴 매장터가 발굴되었다. 호모 날레디는 오스트랄로피테쿠스처럼 작은 용량의 뇌를 가졌고, 발은 발대로 직립에 능숙하면서도 손은 손대로 나무를 타는 데에도 충분한 모습이어서 영장류에서 인류, 즉 직립의 일반 진화 모델에 맞지 않는다. 그런데 날레디는 호모 사피엔스처럼 동굴을 매장지로 쓰며 장례 의식을 치르거나 예술 활동을 했다고도 볼 수 있는 흔적을 남겼다. 이런 날레디의 멸종이 지금 고고학계를 크게 흔들고 있다. 호모 사피엔스는 다른 모든 고인류보다 머리가 큰 덕분에 고도의 추상적 사고(장례식과 예술)를 할 수 있었고 결국 최강자로 살아 남았다고 하는 설명이 흔들리고 있는 것이다. 이처럼 선사학은 객관적 지식을 확인하는 공부가 아니라, 인류가 도대체 어떤 존재인지 얼마든지 묻고 답할 수 있는 상상력의 시험대이다. 그러므로 누군가의 해석에 기대지 않고 직접 관찰하고 감상하면서 자기 나름으로 선사 유물과 친해지면서 지식을 쌓아 가는 것이 좋다.

이 작업을 사진이나 동영상으로 하기엔 한계가 뚜렷하다. 한반도 석기시대를 다룬 책들, 박물관의 도록들에도 반드시 유물 사진이 들어간다. 크기와 무게, 심지어 재료의 재질까지 자세히 알려 줄 때도 있다. 하지만 실제로 유물을 보고 크기와 부피, 재질의 느낌을 감상하면 완전히 느낌이 다르다. 같은 돌도끼라지만 석영이냐 규암이냐, 사암이냐에 따라 도끼의 아우라가 다를 수밖에 없고, 어떤 강가에서 출토되었는가에 따라서도 도끼를 둘러싼 이야기를 다르게 떠올릴 수 있다.

무엇보다 실제로 유물을 보면, 그것을 직접 깨고 다듬었을 그 사람에 대해 구체적으로 느낄 수 있다. 그냥 돌도끼가 아니라, 누군가의 돌도끼로 보다 선명하게 다가오기 때문에 이때 시간을 들여 더 생각을 모으면 선사의 삶을 더 깊이 생각해 볼 수 있다. 그런 의미에서 종이 위나 화면 속 유물을 볼 때보다 아무 설명이 따로 없는 유적지에 가만히 서서 선사를 느낄 때 더 많은 공부가 가능하다. 특히 남한에서 구석기시대를 최고로 생생하게 경험할 수 있는 곳은 제천의 점말 동굴이다. 깊은 산속에 조용히 자리 잡은 옛사람들의 동굴은 아득한 과거의 기억들로 꽉 차 있다. 입구에 서 있기만 해도 주먹도끼를 든 사람이 금방 나타날 것 같은 정도이다. 직접 선사 유물들과 마주하면 '한반도 구석기인들은 동굴에 살았다'라고 하는 한마디 설명으로 다 담을 수 없는, 인간의 생활에 대한 온갖 질문이 다 떠오른다. 나는 선사시대 답사를 하면서 공부는 책이나 글, 이미지에 담긴 정보로 하는 것이 아니라 몸으로 느끼고 상대에 대한 기억을 마음속에 어떻게 깃들일 것인가의 문제라는 것을 배웠다.

직접 관찰을 한다는 의미에서는 같지만 선사 답사는 미술관에서 김홍도나 반 고흐의 작품을 보는 것과도 다르다. 예술 작품을 감상할 때에는 작가의 세계관과 그의 시대에 대한 이해가 필수적이다. 그런데 선사 유물에서는 작자를 알 수 없고, 시대도 몇 십만 년 정도로 큰 범위를 두고 생각해야 한다. 그래서 선사 답사에는 고고학적 감각이 필요하다.

고고학이란 고대의 유물을 발굴하고 연구하는 학문이다. 의미 있는 유적이 있을 만한 곳에서 작은 삽을 들고 살살 흙을 파내려가는 이 작업은 도서관에서 책을 읽으며 진리를 찾는 것과는 다른 태도를 요구한다. 고고학자는 세월이 켜켜이 쌓인 흙더미를 조심스럽게 계속 파면서 가정했던 진리를 집요하게 확인하려고 하기보다는 그 진리로는 파악하지 못하는 현실을 발견하려고 애쓴다. 유물의 고유한 생김이나 특징을 어떤 편견도 없이 파악하려고 애쓰면서 동시에 자기 진리를 의심할 수 있어야 하는 것이다. 고고학자는 자기가 믿었던 진리를 내려놓을 준비를 하는 사람들이다. 덕분에 그들의 학문은 인간의 인간다움에 대한 해석의 지평을 넓히고, 인간적 삶의 가능성을 더 심오하게 드러낸다.

나는 선사 박물관과 유적지를 찾고 또 찾는다. 이 책에는 구석기의 주먹도끼를 따라가다가 그들의 패션과 주거 문제를 추적하게 되고, 숲의 사냥꾼뿐 아니라 바다 사냥꾼은 없었을까 궁금해하며 신석기시대 바닷가에까지 이르게 된 탐험 과정을 담았다. 이어지는 질문을 따라서 옛사람들의 동굴들과 파도치는 바닷가의 패총까지 답도 없이 두루 돌아다니면서 유물과 친해지는 즐거움을 알게 되었다. 그렇게 삼면의 바다를 한참 돌고 있던 중 내가 참으로 호모 사피엔스(생각하는 사람)임도 실감했다. 선사시대를 찾아보고 싶은 이유는 오늘의 나를, 지금의 우리를 더 풍부하게 이해할 길을 찾기 위해서인 것이다.

* * *

정리한 모든 답사는 2023년 이른 봄부터 2025년 여름까지 가족이나 친구들과 함께했다. 이 과정에서 인류학 답사 밴드로서 '인문공간세종'이라는 우정의 공동체가 거듭나게 된 것은 답사의 또 다른 성과이다.

사이가 편할 때도 어려울 때도 있었지만 여럿이 함께한 답사를 통해 배운 것이 있다. 우선, 차이를 느낀다는 것 자체가 함께 있다는 말이었다. 각자 처지와 고민이 달랐지만 우리는 한반도 선사 문화를 알아보자는 마음으로 없는 시간을 맞추어 박물관에 가고 따로 인류학 책을 읽었다. 일상적 대화는 거의 나눌 수 없는 바쁜 일정이었다. 그런데 유물을 앞에 두고 한참 토론하는 가운데 서로의 다른 처지가 조금씩 보였다. 엄마로서 아빠로서 보는 도끼, 청소년으로서 할머니로서 보는 도끼, 엔지니어로서 보는 도끼, 회계사로서 보는 도끼, 약사로서 보는 주먹도끼가 다 달랐기 때문이다. 다른 관점에서 같은 물건을 함께 보는 충격과 재미가 있었다. 하면 할수록 아는 것보다 모르는 것이 더 많아지는 부분은 답사의 가장 큰 매력이었다. 그렇게 인류의 선사라고 하는 압도적인 풍경 앞에서 모두가 조금씩 겸손해졌다.

인류사는 다양한 방식으로 운명의 길을 찾는 사람들로 가득하다. 이들에게 필요한 것은 지혜와 용기, 그리고 자연의 선의에 대한 믿음이었다. 나도 답사기를 쓰면서 세상이 말없이 보내는 호의와 응원을 느꼈다. 혼자서 하는 일도, 자기만 있는 길도 없었다. 모든 것이 모두의 덕분이었다. 우리는 만남과 헤어짐이 교차하는 길 위에 서 있다. 박물관과 유적지는 시간의 매듭이 엮이고 풀리는 자리다. 앞으로도 답사를 통해 겪게 될 온갖 사건들을 기대하며 길 위의 모든 인연에게 고개 숙여 감사드린다.

　　　　　　　　　나의 한반도 석기시대 순례기

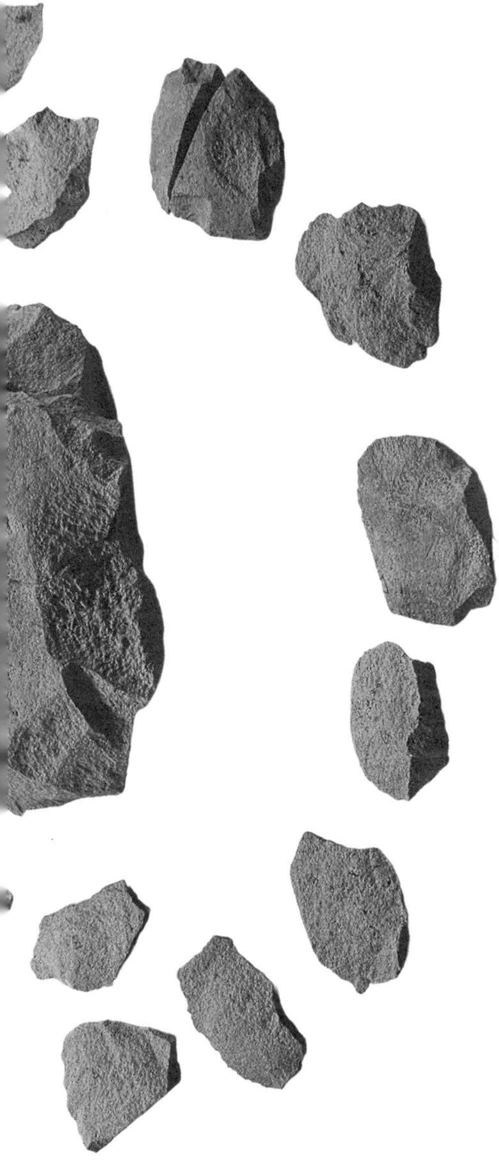

제1부

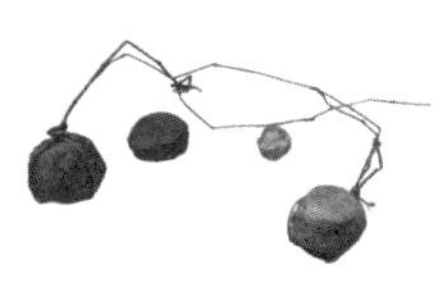

구석기, 야생의 테크놀로지

공주 〈석장리박물관〉
단양 〈수양개선사유물전시관〉
연천 〈전곡선사박물관〉

1. 주먹도끼가 말해 주는 선사의 기술철학

공주 〈석장리박물관〉

익숙하면서도 낯선 선사시대

나를 인류의 한 사람으로 생각해 보기 위해서, 내 삶의 한계와 가능성을 최대한 크게 조망해 보기 위해서, 선사시대 답사를 떠나기로 했다. 인류 본사, 한반도 선사의 원풍경을 찾아보려면 어디로 가야 할까? 선사 답사지로 제일 유명한 곳을 찾으니 경기도 연천의 〈전곡선사박물관〉과 충청남도 공주의 〈석장리박물관〉이 나왔다. 그중에서도 석장리는 아주 뜻밖이었다. 공주를 야구선수 박찬호 기념관과 골프선수 박세리 테마파크가 있는 곳, 두 스포츠 스타들의 고향으로만 알고 있었기 때문이다. 세종시에 사는 나로서는 집에서 차로 20분 거리에 돌 깨고 곰 잡던 옛사람들의 땅이 있었다는 사실도 놀라웠다. 투박한 야생과 세련된 스포츠가 공주라는 땅의 시간층을 이룬다니, 원시와 현대의 거리는 그리 멀지 않을지도 모른다.

실제로 한반도 전역의 구석기 유적지를 찾아보면 의외로 여기저기에 있고, 쉽게 방문할 수도 있다. 몇 십만 년 전의 유적지라 온전히 남아 있는 곳은 거의 없지만, 그래도 그 주변을 천천히 돌아보면서 선사로부터의 가늠할 길 없는 세월을 느끼면 오늘 하루를 사는 의미가 새롭게 다가온다.

구석기 답사는 〈석장리박물관〉에서부터 시작하기로 했다. 평일 오전, 출근 시간을 피해 금강을 따라 석장리로 향했다. 강물은 앞으로 흐르는데 나는 과거로 돌아가고 있었다. 다들 사느라 바쁜데 석기시대가 웬 말인가, 시대를 거스르는 듯했다.

석장리는 마을 초입도, 박물관 입구도 아주 조용했다. 주차장에 서서 박물관 정문 너머를 보니 왼쪽에 전시관이 있고, 오른쪽에 금강이 흐르고 있었다. 앞마당에 구석기 가족들이 물고기를 구워 먹고 강아지를 데리고 노는 모습을 재현해 놓고 있었다. 주먹도끼를 핸드폰처럼 쥐고 들여다보거나, 강을 바라보며 '물멍'을 하는 구석기 옛사람 마네킹도 여기저기에 있었다. 그들의 얼굴은 놀이공원에 온 사람들처럼 느긋하고 즐거웠다. 박물관 더 안쪽으로 구석기 움집과 옛사람들의 사냥하는 모습, 그들의 예술이나 장례 활동이 있었던 동굴을 재현해 놓은 것도 보였다. 상설전시실과 석장리 발굴을 지휘하셨던 고고학자 손보기 선생님의 이름을 딴 기념관은 모두 단층에 흙벽으로 된 작은 집 형태였다. 짐승을 손으로 때려잡는 사람들의 겁나는 일상을 보게 될 줄 알았는데, 여유 있고 다정한 세계에 들어서고 있었다.

과학자, 기술자, 예술가, 추장이라야 만드는 주먹도끼

선사 여행은 처음이라 어디서부터 무엇을 보아야 할지 막막했는데 고민은 매표소 앞에서 바로 해결되었다. 박물관 입구에 오른손에 쥐어진 주먹도끼 모형이 커다랗게 세워져 있었다. 도끼는 사람이 잘 쥘 수 있도록, 오른손의 해부학적 요구를 만족시키는 것처럼 크고 확실하게 조각되어 있었다. 도끼라고 하면 '손잡이 + 도끼날'이 있어야 할 것 같은데 손잡이라고 할 만한 부분은 없었다. 도끼 자체를 손(주먹)으로 쥐었다고 해서 '주먹도끼'라고 불린다는 것을 알 수 있었다.

주먹도끼라고 해서 쉽게 생각했는데, 형태 등을 따져 보니 문제가 간단하지 않았다. 먼저, 도끼가 사람 손안에 들어 있다는 것부터 의미심장했다. 도끼는 자연 상태의 물건이 아니기 때문이다.

인간의 편의를 위해 인위적으로 제작된 것인데 이를 두고 우리는 '도구'라 한다. 인류를 인류답게 하는 최초의 물건이 주

　　　　　　　　　　　　　　1부 구석기, 야생의 테크놀로지

먹도끼라면 다른 동물들은 그것을 어떻게 볼까? 들판에 잘 갈린 주먹도끼가 놓여 있다고 해도 침팬지나 보노보의 관심을 끌기는 어려울 것이다. 물론 제인 구달(Jane Goodall)이 관찰한 대로 침팬지나 보노보도 필요에 따라 막대기 등을 이용해 흙을 파고 열매를 딸 수는 있다. 하지만 생활 전반에 걸쳐, 하나부터 열까지 도구를 활용하고 있는 종은 없다. 자연의 다른 종들이 주로 자기 몸을 가지고 다른 존재들과 연결을 도모하는 것과 인간의 활동은 확실히 다르다. 그리고 저렇게 딱 인간의 손에만 적합하도록 만들어진 도구는, 똑같이 손을 쓴다고 해도 다른 영장류에게는 큰 의미가 없을 것이다. 과천의 서울대공원 동물원에서 침팬지를 본 적이 있다. 손가락 발가락 모양이 거의 같았고, 전부 다 아주 길었다. 손의 경우 엄지 부분이 지나치게 아래로 내려와 있어서, 그들은 주먹도끼를 쥘 수 없을 것이다. 주먹도끼란 오직 인류의 손에만 맞는 도구다.

입구의 모형은 오른손이 도끼를 쥐고 있었다. 주먹도끼는 오른손잡이 전용인가? 모양을 보니 굳이 그럴 이유는 없었다. 야구 글러브나 가위처럼 오른손에 특화된 모습은 아니었기 때문이다. 가운데가 불룩하고 위로 갈수록 특히 더 뾰족해지는 물방울 모양이고, 좌우가 대칭적이니 어느 손으로 쥐더라도 꽉 들어맞을 것이다. 진품 도끼로 더 자세히 관찰하고 싶어 표를 끊고 상설전시실로 곧장 들어갔다. 몇 점의 주먹도끼가 투명한 사각 상자 안에 들어 있었다.

돌은 모가 나게 깨어질 수밖에 없는데, 그것을 이리저리 깨서 부드럽게 둥글도록 마감한 솜씨가 놀라웠다. 위쪽으로 오목하게 올라가는 방식은 한눈에도 좌우 비례가 잘 맞아 보였다. 솜씨 좋은 장인이 연구 끝에 깎은 물건이었다.

차례로 여러 질문이 들었다. 첫째, 이 주먹도끼가 정말 선사시대의 도구일까? 정교하게 다듬어져 있기는 하지만 어떻게 이것이 강변에 굴러다니는 다른 돌들과 구별이 될까? 풍화 작용 즉, 자연이라는 조각가라면 저 정도는 깎을 수 있지 않을까? 그리고 정말 사람이 만든 주먹도끼라면, 우리 시대 조각가가 강변에서 조각한 뒤에 두고 왔을 수도 있지 않은가? 어떻게 구석기 주먹도끼라고 보증할 수 있는가?

자연의 돌이 아니라 '석기'라고 하려면 몇 가지 요건을 만족시켜야 한다. 일단 구석기시대 퇴적층에서 발견되어야 한다. 그리고 의도적으로 뗀 흔적이 있어야 한다. 타격을 정밀하게 분석하면 그 인위성이 보인다. 사람이 일부러 깬 돌에는 패턴이 남기 때문이다. 몸돌(石核core)의 한 점을 때려 돌 조각(격지, 剝片flake)을 떼어 내면 해부학적 패턴이 보인다.{김범철 외, 『고고학자가 얘기하는 우리의 선사시대』, 60~61쪽.} 이때, 진정한 주먹도끼라면 때림면(타면platform)과 타격혹(bulb)이 구별되어야 하고, 때린 결과로 타면 아래가 볼록한 형태여야 한다. 석장리 주먹도끼는 이 모든 요건을 만족시키고 있었다. 비전공자인 내 눈에도 진품이 확실했다.

     1부 구석기, 야생의 테크놀로지

전시실에서 가진 두번째 질문은 도끼의 비례미에 대해서다. 좌우 대칭이 거의 완벽하다 싶을 정도이니, 그 정도로 뗄 수 있었다면 석장리 석공은 일급의 조각 스승 아래에서 상당 기간 수련했을 것이다. 스승이 없다면 그에게는 같은 고민을 하는 석공 친구라도 반드시 있었을 것이다. 어떤 돌을 골라야 하는지라든가, 어떻게 앉아서 자세를 취하는 것이 좋다든가, 뗄 때의 여러 유의점에 대해 누군가와 함께 토론하면서 실습도 많이 해보았을 것이다. 전시실의 주먹도끼가 전부 비슷한 모양이라는 점도 이런 생각을 뒷받침했다.

왜 형태가 대칭적일까? 선사 연구자들은 대칭성이 보이는 즉, 좌우 편향 없이 일관성이 발견되는 석기만 주먹도끼라고 한다. 주먹도끼의 경우 대칭성은 측면을 통해 확인한다. 대칭성이란 무엇인가? 물리학자 앤서니 지는 대칭을 '상하좌우 어느 쪽을 따라도 편중되지 않는 것'(앤서니 지, 『놀라운 대칭성』)으로 정의한다. 인류학자 레비-스트로스는 '야생의 사고'를 '대칭적 사고'라고 한다(레비-스트로스, 『야생의 사고』). 두 선생님이 말하는 대칭성은 '만물 어느 것에도 치우침 없이 사고하려는 태도', '숲속의 모든 다양한 문제들 사이의 균형을 모색하는 사고'이다. 과연 석장리 주먹도끼를 통해서 느낄 수 있는 바였다. 석장리 석공 마스터가 기술에 있어서나 예술, 심지어 사회성 어느 하나의 목적에도 과하거나 덜하지 않게 주먹도끼를 다듬었기 때문이다.

잠깐 주먹도끼를 떼는 과정을 상상해 보았다. 옛날 금강 변에는, 석기를 떼며 사는 한 아저씨가 있었다(왜 하필 아저씨일까?). 석기를 만들 때는 당연히, 돌(공주 석장리 석기는 주로 석영을 갖고 만들었다. 연천 전곡리의 경우 규암을 많이 썼다)이 제일 중요하다. 아저씨는 광물과 광석에 대해 아주 많이 조사했을 것이다. 날마다 강가를 돌아다니며 돌을 찾고 연구했을 것이다. 그리고 다 같은 돌이라 해도 색이나 빛깔을 보고 그중 더 마음에 드는 녀석을 골랐을 것이다.

운명 같은 몸돌을 찾았다면, 다음 과제는 어떻게 될까? 아저씨는 큰 덩어리의 돌을 다른 돌로 세게 두드려 여러 조각으로 나누어야 한다. 몸돌에서 격지를 떼어 내려면 응력(應力; 단위면적당 작동하는 힘)의 분배에 특히 신경을 써야 한다. 무턱대고 돌을 두드리다가는 크게 두 조각으로 쪼개져 버리거나 쓸모도 없고 볼품없는 쪼가리들만 튀어나올 것이다. 구석기의 석기는 물방울 모양이 표준이다. 돌을 돌려 가며 깨 나가야 하고, 깨진 부분의 형태가 안정감 있는 대칭이 될 수 있도록 만들어야 한다. '망칫돌'을 이용해 타격을 가해 나가면서 하나씩 돌려 깨다가, 마지막에는 제일 처음에 떼어 냈던 그 자리에서 적당하게 다시 깨며 마무리하게 된다. 주먹도끼를 이용해 다양한 일을 하려고 했겠지만, 제작에 있어서는 실용성만큼이나 심미적 안정감도 추구해야 했을 것이다. 대단한 연습이 필요했으리라.

우리는 가끔 누군가가 걷는 모습에서 그의 직업이나 성격

　　　　　1부 구석기, 야생의 테크놀로지

을 유추하게 된다. 똑같이 소를 다루지만 밭을 가는 농부와 투우사의 몸동작이나 분위기가 다른 것처럼 말이다. 오랜 시간 돌을 깼던 석공이라면 그도 몸짓이나 성격에 변화가 있지 않았을까? 단단한 돌로 최대한 부드럽게 대칭을 만들어야 하므로, 석공 아저씨는 돌을 깰 때마다 재치를 발휘해야 할 것이다. 돌이 원하는 모양대로 나오지 않더라도, 즉 어느 한 부분이 지나치게 크게 떼어졌더라도 다음에 바로 균형 잡힌 모양으로 완성할 수 있도록 융통성도 있어야 한다. 무엇보다 애초의 완성된 목표를 고집하지 않고 돌과 힘겨루기를 할 수 있는 여유와 자신감도 필요하다. 노련해질수록 그는 인내심이 많은 사람이 되어 갔을 것 같다.

그 누구도 이런 주먹도끼를 한번에 깰 수는 없다. 석공이 되려면 일찍부터 어른들 어깨 너머로 보고 또 보면서 돌과 친해져야 한다. 석공의 작업은 돌에 대해, 이 주먹도끼로 할 일에 대해, 그 일의 노고와 성과를 나눌 이들에 대한 생각으로 매우 느리게 진행되었을 것이다. 그래서 '인내심'이라는 단어를 조금 다르게 가져갈 수도 있겠다. 보통 인내란 특정한 목적을 향해 집중하는 마음, 도중의 어려움과 피로를 견디는 상태를 의미한다. 그런데 석장리의 석공은 느긋이 흐르는 금강 변에 앉아 예상 밖으로 떼어지는 돌조각들을 보면서, 도끼를 만드는 일의 어려움과 보람을 천천히 생각할 것이다. 그의 인내는 그의 여유일 것이다. 이렇게 선사 석장리의 석기 마스터는 강변에서 광물학의 대가, 전문 엔지니어, 참뿔성 있게 창조의 기쁨을 누리는 예술가, 여유로운 어른이 되어 갔다. 주먹도끼의 대칭성은 석공의 인품을 말해 주고 있었다.

주먹도끼에 관해 풀리지 않는 마지막 질문은 크기 문제였다. 석장리에서 소개하는 도끼들 중 몇은 커도 너무 컸다. 석장리 옛사람들은 손이 유달리 컸을까? 오른손이고 왼손이고 간에 일단 도끼는 들기조차 어려워 보였다. 두 손으로 들고 나무라도 내리찍으려 했다면 도끼를 들고 허리를 옆으로 숙이면서 작업해야 한다. 잘못 찍어 박히기라도 하면 빼내기도 쉽지 않을 것이다. 동물을 겨냥하기에는 무거워서 들고 있기도 힘들 것이고, 그전에 발등 찍을 일부터 걱정해야 한다. 저렇게 둔한 돌도끼라면 드는 순간 사슴 등에게 들킬 위험도 크다. 한마디로, 완전히 비효율적이라고 할 수 있다. 제작된 도끼의 세련됨에 비해 실용성이 너무 낮았다.

이런 유용성의 관점을 내려놓으면 어떻게 될까? 앞서 잠깐 살폈지만 주먹도끼의 대칭성은 장인의 기술력과 인품을 말해 준다. 큰 주먹도끼는 누군가가 자기 실력을 뽐내려고 일부러 크게 뗀 것일 수 있다. 즉, 장식품이다. 그런데 자기의 개성을 자랑하고자 했다면 물방울 모양 말고 다른 방식으로 깨는 것도 가능했어야 한다. 그런데 주먹도끼에서는 그런 각각의 개성을 별로 찾을 수 없었다. 주먹도끼는 누군가의 '고유한 재능'보다는 '모두의 재주 중 내가 으뜸'임을 뽐내기 위해 만들어졌다고 할 수 있었다.

'큰 주먹도끼'에 대해 인류학자들도 여러 가설을 내놓는다. 대표적인 것으로, 나의 추론과 마찬가지로 '섹시한 주먹도끼' 가설이 있다. 진화 생물학자 머렉 콘(Marek Kohn)은 1999년에 '섹시한 주먹도끼 가설'을 제시했다.{스티븐 미슨, 『노래하는 네안데르탈인』, 271~272쪽 참고.} 머렉 콘은 많은 주먹도끼들이 필요 이상으로 크기가 큰 이유가, 큰 동물을 잡거나 두꺼운 가죽을 벗기기 위한 데에 있지 않다고 보았다. 그가 보기에 주먹도끼의 과장된 크기는 그 제작자의 세련된 지성과 훌륭한 인품의 상징이 된다. 자신의 공동체에서 높은 지위를 얻고 많은 이들의 구애를 받고 싶어 했던 사람이라면 바로 그런 모양으로 깨어 보았을 법하다는 것이다.

머렉 콘은 대칭으로 주먹도끼를 만드는 데 필수적인 '계획 수립 능력'과 '업무 추진 능력'에 주목했다. 석공이라면 굴러다니는 뭉툭한 돌의 재질과 타격 가능성에 대한 정밀한 지식을 갖고 있어야 한다. 덩어리의 양을 측정하고 깨어질 부분의 면 구성에 대해서도 충분히 계획하고 있어야 한다. 단지 하나의 돌덩어리에 불과한 물체에 3D로 형태감도 투사할 수 있어야 한다. 그는 현재 관점에 갇히지 않고 미래를 구상하며 계획대로 실현할 수 있는 사람인 것이다.{카렌레이 오버만·프레데릭 쿨리지, 「제8장 격지 제작과 '인지 루비콘'」, 『돌에서 짜내는 마음: 인지고고학과 인간 마음의 진화』 참고.; 스티븐 미슨, 「섹스를 위해 노래하다」, 『노래하는 네안데르탈인』참고.) 이런 기술을 가진 석공이라면 공동체의 앞날도 맡길 수 있을 것이다.

머렉 콘의 논의를 따라가면 더 큰 질문을 만나게 된다. 머렉 콘에 따르면 큰 주먹도끼는 기술력 자체를 '상징'하는 물체다. 상징이라니? 문자가 없어도 상징이 가능한가? 조각이 문자보다 메시지를 훨씬 잘 응축할 수 있다는 말인가? 인류학자 데이비드 그레이버와 데이비드 웬그로는 초기 문명의 유적터에서 발굴되는 많은 조각들(문자 기록)에 주목했다. 그들은 선사 조각이 계절의 변화, 공동체의 이념, 사회 생활의 어려움과 그 해결의 지혜를 다 담기에 부족함이 없었다고 해석했다. 문자는 선형적이고 조각은 입체적이므로, 전달되는 지식의 형태와 의미는 물론 완전히 다를 것이다.

그리고 조각으로도 상징이 가능하다면, 회화나 음악 등 다른 방식으로도 충분히 지식과 지혜를 전달했을 수 있다. 2024년 〈국립중앙박물관〉에서는 북아메리카 선주민들의 전통문화를 소개하는 「우리가 인디언으로 알던 사람들」이라는 특별전이 열렸다. 거기에 나바호 부족의 직물 조직이 있었다. 작품 설명 영상에서는 실제 직조를 했던 예술가가 나와서 작품 제작 과정을 들려주었다. 얼핏 보면 단순한 지그재그 무늬이지만, 부족민들에게는 조상들과 함께 누린 그 땅의 풍경과 삶의 지혜를 담고 있는 무늬와 색이었다. 문자가 없으면 지식의 개발과 전달이 불가능하다고 생각하기 쉽지만 조각이나 천의 무늬, 멜

로디나 몸짓과 같은 다양한 방식이 있을 수 있다.

큰 주먹도끼에 대한 또 다른 가설도 있다. 도끼가 실은 도끼가 아니라는 것이다. 주창자는 인류학자 팀 잉골드(Tim Ingold)로, 그는 머렉 콘 가설을 정면으로 반박한다. 잉골드는 주먹도끼에서 깎아 쓸 대로 깎고 남은 몽당연필을 본다. 잉골드는, 실제로 석기인들에게 필요한 것은 떼어낸 박편들이었으며 저토록 큰 석기는 더 이상 뗄 수 없을 정도로 깎인 돌의 남은 부분이라고 한다.[팀 잉골드, 「제3장 주먹도끼 만들기에 관하여」, 『만들기』 참고.] 우리가 박물관에서 보는 것은 석기인들의 몽당연필 같은 것이라는 말이다. 팀 잉골드 '만들기론'의 핵심은 발견된 주먹도끼를 노동의 '결과'로 보지 않고 진행을 멈춘 '과정'으로 본다는 데에 있다. 형태란 목적에 따라 부여되는 것이 아니라, 다양한 목적들과 함께 출현하기 때문이다.

누군가 떼다가 만 형태로서 주먹도끼를 다시 바라보니, 전시 박스에 진열된 유물이 과거의 박제품이 아니라 현재의 생활용품처럼 느껴졌다. 만들기란 어떤 행위일까? 미리 목적을 정하고, 디자인을 구상한 뒤, 설계도 대로 소재를 조립하여 완성하는 일일까? 팀 잉골드에게 '만들기'는 '대화'다. 대화는 서로 간의 관계를 낳고, 함께하는 생활을 낳는다. 제작자는 재료를 느끼며 그것에 자신의 힘과 능력을 더하고, 최종적으로 다른 형태의 삶을 부여한다. 금강 변의 석영 하나가 석장리 마을의 주먹도끼로 새롭게 태어나는 것이다. 물건을 만들어 쓰려는 제

작자에게 중요한 것은 제작한 결과물이 아닐 수 있다. '만들기'
는 시작하는 그 순간부터 한 사람을 자연의 관찰자로, 석공으
로, 마을의 중요한 구성원으로 계속 만들어 낸다.

도구의 제작과 사용으로 인류는 자연의 모든 종보다 우월
해졌다고 한다. 도구란 인류의 목적지향적 의식의 상징이다.
하지만 팀 잉골드의 '완료를 모르는' 만들기 개념은 그와 같은
목적론적 인류관을 내려놓게 한다. 최종 형태를 생각하고 만드
는 것이 아니라, 우발적 필요를 우연한 조건에서 만족시키기
위한 것으로서의 도구관이기 때문이다.

도끼를 오른손에 쥐었다고?

〈석장리박물관〉 입구에는 큰 주먹도끼를 쥔 오른손 상이 있었
다. 인류 도구의 발달과 오른손의 상관관계는 어떠했을까? 안
마당에서 상설전시실에 들어가기 전 두 명의 구석기 아저씨를
만났다. 왼쪽 아저씨는 직접 돌을 깨고 있는데, 오른손을 쓰고
계신다. 아저씨 뒤 전시관 벽면에는 인류가 다듬었던 다양한
종류의 석기가 크게 전시되어 있다. 오른쪽 아저씨는 얼굴이
더 네모나고 다부진 인상인데 죽은 사슴을 오른손으로는 뿔을
잡고 왼쪽 어깨에 둘러멨다. 이 아저씨들은 오른손잡이일까?
왼손잡이일까?

선사의 두 분은 오른손 왼손을 자유자재로 사용했을 것이

　　　　　　　　1부 구석기, 야생의 테크놀로지

다. 대칭성에 집중했던 주먹도끼라면 오른손과 왼손을 가릴 리 없다. 주먹도끼가 오른손 왼손 따로 가리지 않았다면 그것을 사용하는 이의 성별도 따로 가리지 않았을 수 있다. 주차장에 서부터 줄곧 구석기인을 남자 어른으로 간주했었다는 생각이 들었다(석장리에는 다양한 여성 구석기인들과 아이들 마네킹이 많은데도). 그런데 나무를 쓰러뜨리고 짐승을 잡는, 강력한 육체적 힘을 휘두르는 구석기의 인류를 굳이 남성으로 묘사할 필요는 없겠다. 앞서 살펴보았던 것처럼 주먹도끼의 제작에 필요한 것은 육체적 힘이 아니라 자연에 대한 관찰력, 기술에 대한 탐구심, 자기 공동체에 대한 애정일 것이기 때문이다. 주먹도끼가 남성 어른들의 전유물이었다고 단정하려면, 남성의 육체적 능력을 두고 따지기보다는 그 공동체 안에서 여성과 남성이 어떤 식으로 노동을 배분했을지를 먼저 검토하는 것이 좋겠다.

언제부터 사람들이, 그것도 남자들이 도끼를 오른손에 쥐게 되었을까? 인류학자 로베르 에르츠는 대부분의 문화에서 보이는 '오른손 편향'에 대해 의문을 가졌다. 아주 많은 도구들이 오른손 위주로 제작된다. 야구 글러브, 가위(날 방향이 오른손잡이에 맞춰져 있어 왼손으로 하면 잘 안 잘림), 숫자 키패드가 있는 키보드(키패드가 오른쪽에 있음), 스프링 노트(왼손으로 글 쓰는 사람은 매우 불편), 드라이버(회전 방향이 오른손 기준이라 왼손잡이는 불편함), 레버식 문 손잡이(손잡이 방향이 오른손잡이 기준) 등등.

이런 상황을 인간의 좌뇌와 우뇌의 차이로 설명하기도 한다. 그렇지만 이런 신체적 비대칭은 해부학적으로 보면 크게 대수롭지 않은 문제다. 인간의 두 손이 좌우 비대칭인 유기적 원인을 찾기 힘들기 때문이다. 무엇보다 인간과 형질이 가까운 오랑우탄이나 침팬지가 양손을 모두 사용한다.

오른손을 진화적 맥락에서 좌뇌와 연관시키는 것은 위험한 발상이다. 물론 좌뇌는 언어적, 수리적, 분석적 활동을 하고 우뇌는 비언어적, 직관적, 감성적 활동을 한다는 것이 상식처럼 되어 있기는 하다. 좌뇌가 우세한 사람이 수학, 과학 등에 뛰어나며 월등한 지적 활동을 한다고 분류하기도 한다. 여기에 더해 남성은 좌뇌 편향, 여성은 우뇌 편향이다라는 논의도 있다. 그런데 이런 주장은 서양인이 수학이나 과학적 사고에 뛰어나고 동양인이 예술적 표현에 능숙하다는, 서양의 자연과학 발달을 그들의 오른손 편향에 연결시켰던 인종주의적 발상으로부터 나왔다.(주강현, 「1장 육체의 비밀」, 『왼손과 오른손: 좌우 상징, 억압과 금기의 문화사』 참고.) '오른손잡이 만세' 논의의 근저에는 '서양식 근대-과학과 진보-남성'을 오른손이라는 신체 표상과 함께 묶어 버리는 편견이 작동하고 있었다.

원래 네 발로 걸었던 인류의 조상, 유인원들에게는 오른손 편향은 없었을 것이다. 사실 그들에게는 '팔다리'라는 구분도 없었을 것이다. 팔과 다리를 나눈 것은 인간이다. 석장리 사람들이 정말 오른손으로 도끼를 쥐었을까? 그 누구도 정답을 말할 수 없는 문제다. 이 전시물을 만든 선생님들이 오른손잡이

　　　　　　　　　　　　1부 구석기, 야생의 테크놀로지

셨을 수도 있고, 우연히 그렇게 모양이 정해졌을 수도 있다. 어쨌든 나는 선사인들은 기본적으로 양손잡이였으리라는 데에 한 표를 던지기로 했다.

과거와 현재를 잇는 고고학 도구들

주먹도끼 제작 과정을 자연과 공동체를 연결하기 위한 노력으로 읽을 수 있었다. 그런 관점에서, 조금 다르게 눈에 들어오는 유물들이 있었다. 선사 유물이 아니라 석장리 발굴 과정에 쓰인 여러 도구들 그리고 연구팀을 이끄신 손보기 선생님과 그 제자들의 연구 노트였다. 유물의 종류와 양으로만 보면, 주먹도끼보다 이쪽이 압도적으로 볼거리가 많았다. 고고학 '발굴 도구' 모음으로는 석장리를 따라갈 박물관이 없을 것이다.

상설전시실 자체로만 보면 주먹도끼는 전체 전시 섹션의 일부를 차지할 뿐이다. 전시실은 크게 네 부분으로 구획되어 있다. 첫번째가 석장리 유적 발굴의 역사 소개이다. 두번째가, 아까 서둘러 보았던 주먹도끼 코너이다. 구석기를 영상으로 소개하는 세번째 코너를 지나 출구 쪽으로 나오면 다시 한번 현장 발굴자들에 대한 이야기를 만날 수 있다. 이 마지막 코너의 주인공은 한반도 구석기 연구의 한 획을 그으신 손보기 선생님이시다. 이렇게 전시실은 현대의 구석기 연구자들이 선사의 석공들을 감싸안는 배치로 되어 있다.

이런 배치 덕분에 '도구를 쓰는 인간'에 대해 생각해 볼 수 있었다. 인간에게 '기술'의 의미는 무엇일까? 첫번째 그리고 마지막 전시실에서는 발굴 도구들이 매우 상세하게 소개되고 있었다. 실제 구석기 유물인 주먹도끼에 비하면 양도 종류도 압도적으로 많았다. 주먹도끼를 발굴했던 '도구의 도구'들은 종류가 대강으로 분류해도 측량기, 수평기, 망치, 못, 추, 줄자, 조각도와 대나무칼, 쇠꼬챙이, 흙손, 채 등으로 다양했다. 선사의 석공들에게는 주먹도끼 하나만 있으면 만사형통이었는데, 현대에는 왜 이렇게 도구가 많이 필요하게 된 것인지? 오히려 주먹도끼 쪽이 현대의 스마트폰보다 다기능적으로 보여서 둘 중 어느 쪽이 더 진화했다고 말하기 곤란했다. 어떤 도구들은 오직 구석기 발굴을 위해 특별히 고안된 모양이었다. 특히 칫솔처럼 생긴 솔이 인상적이었다. 저렇게 섬세하게 생긴 솔로 흙먼지 하나하나를 털어 내는 일이 얼마나 고될지 짐작도 되지 않았다. 그렇지만 석장리의 고고학자들은 몇 십만 년 전의 유물이 행여나 손상될까, 후후 불어 가면서 그 느린 시간을 감당했다.

이런 발굴 도구들과 함께 최초의 발굴자들이 남긴 연구 노트가 있었다. 한반도 구석기 연구의 포문을 여신 손보기 선생님(1922~2010)의 발굴 일지와 유물 그림이었는데 쉽게 눈을 뗄 수 없었다. 줄 노트에는 빼곡하게 그날 활동이 기록되어 있었다. 1964년 11월 22일, 선생님은 오전 8시 5분, 다른 연구원들

   1부 구석기, 야생의 테크놀로지

이 도착하기도 전에 인부들과 함께 현장에 도착하셔서 바로 지게를 지시고는 발굴지로 향하셨다. 8시 10분, 작업이 개시되고, 15분부터는 유물이 나온다. 흥분하셨을 텐데, 다른 말씀을 덧붙이시지는 않으셨다. 9시 직전에 기록할 연구자가 와서 다시 관련 작업을 하셨다. 중간에 조선일보사 대전 특파원이 나와서 취재도 했고, 워낙 중요한 날이라 곳곳에서 다른 연구자들도 속속 도착했다. 함께 주먹도끼를 확인하고 사진을 찍고 점심을 드셨다. 그리고 오후 2시 50분에는 동아일보, 중도일보 기자가 와서 사진을 찍어 갔다. 부산했던 작업은 4시 50분에 끝났다. 한반도 최초로 구석기 유적을 발굴했던 긴장감 넘치는 하루가 연구 노트에 순서대로 정리되어 있었다.

손보기 선생님은 중요한 일을 십 분 단위로 기록하시고, 발굴과 직접 관련이 없는 일과 후의 저녁 식사 시간, 식당 이름, 식비까지도 적어 놓으셨다. 흐렸다 개인 그날 하루는 아침부터 무척 바빴기에 글씨는 흘려 쓰여 있고 일지 여기저기에는 발굴 장소에 대한 설명, 급하게 그린 석기 모양까지 있었다. 손보기 선생님은 현장 활동을 왜 이렇게 자세히 기록하셨을까? 동아일보 기자가 '어떤 기사'를 썼는지 그가 어떤 질문을 하고 갔는지가 아니라 그가 다녀간 시간, 장소 등이 왜 중요한 것일까? 이런 기록들은 그 자체로 주먹도끼를 보여 주지도 설명해 주지도 않는데.

손보기 선생님은 '언어'와 발굴의 '과정'에 큰 관심을 두신 듯했다. 1전시실 벽면에 손보기 선생님의 큰 업적이 또 하나 소개되어 있었는데 바로 구석기 유물 용어의 한글화였다. 초창기 한반도 고고학 명칭은 영어나 프랑스어를 그대로 쓰거나 중국과 일본에서 번역하는 용어를 따라 썼다. 그런데 중국과 일본식 용어에는 한자어가 많아 타제석기(打製石器), 마제석기(磨製石器)하는 식이어서, 한자에 익숙하지 않다면 그냥 들어서는 무슨 도구인지 알기가 곤란했다. 이런 상황을 생각해서 손보기 선생님은 누구나 쉽게 이해할 수 있도록 석기를 쓰임새로 구분하고, 그 세부를 즉각 이해할 수 있도록 우리말로 도구 개념을 표기할 것을 주장하셨다.[*]

손보기 선생님의 석기 대분류(大分類)는 '사냥', '부엌', '연장', '공구', '예술', '나머지'이다. 사냥의 세부에 해당하는 것은 '주먹도끼', '찍개', '둥근 연장', '찌르개', '꽂개', '사냥돌'이다. '주먹도끼'로 꼭 사냥만 하지는 않았다는 것을 여기서도 알 수 있었다. 이처럼 손보기 선생님의 노력 덕분에 'Scraper'가 '긁개'가 되고, 'Chopper'가 '찍개'가 되었다. 'Hand-axe'는 '주먹도끼'가 되었다. hand(손)가 '주먹'이 되는 바람에 훨씬 단단하고 공격적인 느낌이 되었으나, 더 구체적으로 석기를 연상할

---

[*] "세종대왕이 한글을 발명하기 전까지 우리말은 존재하지 않았습니다. 그리고 석장리 유적이 발견되기까지는 우리말 구석기 명칭도 존재하지 않았습니다. 우리가 한 세대를 거쳐 가는 사람들입니다. 우리 역사를 우리 글로 익히고 배워서 그 정신까지 후손에게 전달하는 역할이 우리에게 있다는 것을 잊지 말아야겠습니다."(파른 손보기 교수, <석장리박물관>, 「생각하는 코너」 설명)

1부 구석기, 야생의 테크놀로지

수 있다는 장점도 생겼다. 한글로 명칭이 바뀐 덕분에 주먹도끼는 친근한 유물이 되었고 그 도구를 둘러싼 생활상을 상상하기도 쉬워졌다. 손보기 선생님의 '주먹도끼'는 한자에 익숙한 세대와 아닌 세대를 연결하면서 둘 모두를 구석기로 초대하는 역할을 했다. 손보기 선생님에게는 한글이 '도구의 도구'였다. '도구'와 '도구의 도구'는, 이 모든 기술은 우리를 사물과 더 나아가 타인과 연결시킨다. 기술은 인류 연결의 욕망을 충족시키기 위해 개발된 것이었다.

전시실에서 발굴에 참여하셨던 분들의 사진들을 보았다. 박물관에 도착해서는 주먹도끼부터 보기 바빠 전시실의 원래 동선을 무시하고 바로 도끼 앞으로 달려갔었다. 주먹도끼가 중요하지, 그것이 언제 어떤 경위로 드러났는지 그 발굴에 힘을 쓴 사람은 누구인지가 하나도 중요하지 않았다. 그런데 천천히 오늘의 답사를 되돌아보니 석장리 주먹도끼를 내가 만날 수 있다는 것 자체가 기적이었다. 몇십만 년 전부터 시작된 인연의 '손길'이 닿아야 나 같은 한 사람이 주먹도끼를 볼 수 있는 것이었다.

그렇게 생각하니 입구의 사진들, 발굴 장면들이 다시 보였다. 발굴자들은 발굴만 하지 않았다. 고단한 노고를 털어 내기 위해 담배를 한 대 피우기도 했다. 간이 의자에서 급하게 밥을 입에 넣는 모습, 심지어 이발하는 사진도 있었다. 발굴 현장에는 손보기 선생님과 연구자들만 있지 않았다. 발굴지에는 일하다 쉬고 발굴 자료를 모으고 정리할 천막(야외 연구실이자 현장 사무소)이 필요했다. 천막을 치기 위해 현장 발굴자들은 강 건너부터 마을 사람들과 함께 지게로 자재를 날랐다. 몇십만 년 전의 주먹도끼가 무엇이고 그것이 누구에게 어떤 의미가 있을지 다 알 필요도 없었을 석장리 주민들도 발굴 현장에서 함께 일하면서 밥 먹고 웃고 쉬었다. 석장리의 주먹도끼는 선사의 호모 에렉투스나 호모 사피엔스를 현대의 사피엔스뿐만 아니라 전문 고고학자들과 석장리 사람들과도 이어 주고 있었다.

사진을 다 보고 전시실을 나오려니, 석장리가 어떻게 발굴되었는지도 궁금해졌다. 유적이 세상에 모습을 드러낼 수 있었던 것은 1964년의 금강 변 홍수 때문이었다. 1964년 봄 미국인 대학원생 앨버트 모어(Albert Mohr)와 그의 아내가 홍수로 범람했던 석장리 금강 부근을 답사하다가 무너진 강변 지층에서 뗀석기를 찾았다. 당시까지 남한에서 구석기 유적이 공식적으로 발견된 적은 없었기 때문에 이 발견을 의심하는 사람도 많았다. 결국 당시 연세대학교 사학과 교수였던 손보기 선생님의 분석에 의해 석장리가 구석기 유적지임이 확인되었다. 1972년까지 진행된 발굴을 통해 분포 유적들의 문화층이 확정되었는데, 구석기 전기·중기·후기까지의 유적이 고루 발견되었다. 이후 2010년까지 발굴이 이어져, 신석기와 청동기시대 유물까지 확인되었다. 구석기 전기라고 하면, 석장리 발굴 유물의 연대는 30만 년 전까지 올라간다. 공주 석장리 강변은 그때부터 청

　　　　　　　　　　　　　1부 구석기, 야생의 테크놀로지

동기의 사용이 일반화되는 기원전 4세기까지 오랫동안 많은 사랑을 받은 장소였다.[*]

30만 년 전이라니? 놀라웠다. 호모 사피엔스가 아프리카를 떠난 것이 대략 10만 년 전이기 때문이다. 석장리에는 그때 이미 다른 인류가 와 있었다. 그들은 호모 에렉투스로 불린다. 전시실 현관문 오른쪽에 사슴을 들고 있던 아저씨와 왼쪽의 주먹도끼 깨는 아저씨의 외모가 다른 까닭이 여기에 있었다. 사슴 아저씨는 얼굴이 훨씬 더 다부진 네모형이었고 광대뼈와 이마 눈썹 주위의 뼈도 더 돌출되어 있었다. 근육질 다리며 몸 전체의 털이며, 주먹도끼 아저씨와는 아예 다른 인류였던 것이다. 주먹도끼를 누가 어떻게 깼을지 한참 고민했고, 석장리가 누구 땅이었을지도 열심히 생각했는데, 종이 다른 두 호모가 같은 도구를 쓰며 석장리에 살았을 줄이야! 이 땅에 먼저 살았던 에렉투스와 나중에 찾아온 호모 사피엔스는 서로 만났을까? 같이 살았을까? 다투다 어느 한쪽이 떠났을까? 아니면 아

* 구석기 유적의 연대 추정은 논란의 여지가 많은 분야다. 『고고학자가 얘기하는 우리의 선사시대』는 공주 석장리 유적의 연대는 후기 구석기까지만 올라갈 수 있다고 본다. "1964년부터 조사된 석장리 유적 역시 보고자는 최하층의 연대가 전기 구석기시대, 곧 45만 년 전까지 올라간다고 보았다. 그러면서 두께가 7m에 이르는 퇴적층에 전기에서 중기를 거쳐, 후기 구석기시대까지 10개가 넘는 '문화층'이 이어져 있다고 해석했다. 그러나 이른 구석기 유물이란 대부분 인공의 흔적이 뚜렷하지 않은 맥석영이 깨진 것들이다. 퇴적층의 연대 역시 전기 구석기시대까지 올라간다는 어떤 과학적 증거도 없다. 그리하여 남한에서 처음으로 발굴된 석장리 유적은 후기 구석기시대의 것이라고 해야겠다."{김범철 외, 『고고학자가 얘기하는 우리의 선사시대』, 75~76쪽.}

예 존재조차 모르고 다른 시기에 머물다 갔을까? 아득한 일이었다.

자연도 한결같지 않았을 것이다. 빙하기 때에는 해수면 높이가 낮아져서 지금의 서해 바다가 전부 육지였다. '한반도'는 없었다. 내륙이었던 공주 금강의 물길도 긴 세월, 다양하게 바뀌었을 것이다.* '석장리'라지만 시대별로 기후와 생활 조건의 변화에 따라 매번 다른 풍경으로 사람들을 끌어들였다고 해야 한다. 내가 보는 석장리와 그들이 보았던 석장리는 다른 석장리다.

역사 이전[先史]을 다시 묻는다

상설전시실을 나와 뒤편 언덕을 올랐다. 멀리 아래로 금강이 보였다. 짧게 언덕 산책을 하고 안쪽 끝에 미끄럼틀이 있어 타고 내려왔다. 무동력이어서 자기 엉덩이로 바닥을 굴러 내려오는 것인데, 어느새 뒤로 유치원생들이 줄을 서 있었다. 선사란 놀기 좋은 재미있는 시대인가?

미끄럼틀을 타고 내려오면서 보니 사람이 별로 없다. 이렇게 재미있는데 선사박물관에는 유치원생들과 나밖에 없는 것

---

* 다음의 유튜브를 참조(QR코드를 찍으면 바로 영상으로 연결).

이다. 구석기박물관에 오래 머무르는 것은 이례적인 일일지 모른다. 특히 어른들에게는 그렇다. 이 이름에 함정이 있기 때문이다. '구석기시대'와 '신석기시대'를 합해서 '선사'라고 한다. 선사(先史)란 역사시대 이전을 의미한다.

'선사학'이라는 이름을 만든 사람은 존 러벅(John Lubbock, 1834~1913)이다. 역사 이전의 유물이 인류의 시야에 새롭게 들어온 것은 산업혁명 때였는데, 철도와 도로, 운하를 건설하면서 국토를 개발하는 과정에서 인간이 만들었음이 분명한 주먹도끼가 매머드 같은 멸종 동물의 뼈와 함께 발견되었다. 이때부터 사람들은 거대한 동물과 동반 출현하는 독특한 도구들에 열띤 관심을 기울이기 시작했다. 한 사람이 깨는 돌은, '한 사람'만으로는 돌릴 수 없는 대규모 공장과 비교했을 때 생산성이 떨어져 보였으므로 확실히 미개했다. 석기는 증기기관이 쉭쉭 돌아가는 산업화를 칭송하기에 좋은 근거가 되었다.[**]

'역사 이전'이란 말은 무엇을 의미하는가? 과거의 어떤 시기를 역사 '이전'으로 명명한다는 것은 '역사(歷史)'를 기준으로

[**] '선사'라는 말이 있기 전에 이미 석기-청동기-철기 시대라고 하는 시대 구분이 있었다. 세 시대로 나눈 체계는 북유럽에서 발달했다. 톰센(Christian Thomsen, 1788~1865)은 덴마크 국립박물관의 운영을 맡아 선사시대 유물을 효과적으로 전시하는 방법을 골몰하다가 유구 출토품을 시간별로 배열하면서 석기, 청동기, 철기 시대를 나누었고, 1836년 간행한 전시안내서에 '삼시대 체계(Three Age Syste)'라고 기록했다. 얼마 후 코펜하겐대학의 고고학 교수로 임명된 보르소에(Jens Worsaae, 1821~1885)는 그러한 체계를 층위 발굴로 입증했다. 삼시대 체계가 유럽 전역으로 확산되자, 존 러벅이 1865년 『선사시대』(Prehistoric Times)에서 석기시대를 구석기와 신석기로 나누기에 이른다.{파스칼 피크 외, 『최초의 도구』 16쪽.}

인류사의 전후를 재단하겠다는 뜻이다. 그럼 '역사'란 무엇인가? 문자로 기록된 과거사다. 인류 최초의 문자 기록은 4,000년 전 메소포타미아 왕궁 건설의 부채 기록표였다. 그러므로 '역사 이전의 시기'는 왕이 없는 시대, 왕궁이 필요 없는 시대, 서로 빚진 것을 따져 가며 채권자와 채무자로 상대를 바라보지 않아도 되는 시대를 의미한다. 강력한 왕권에 기반한 공동체를 꾸리지 않은 자율적인 사람들의 세상이라고 할 수 있다. 그런데, '역사적으로 보면' 잉여 생산이 없고 관리도 되지 않아서 가난하고 어리석은 사람들이 숲에서 허덕이는 시대가 된다.

역사가들은 선사를 왜 '석기시대'라고 불렀을까? 석기시대로 선사를 이미지화하면 무엇인가 단단하고 확실한 돌덩이들이 도처에 세워져 있을 것 같다. 게다가 석기는 그 형태가 한 손에 쥐기에 벅차 보일 정도로 큰 것도 많았다. 또 깎이거나 갈린 측면이 매우 날카롭기 때문에 용도가 공격용 무기 같기도 했다. 이런 이미지가 중첩되면, 석기를 쥔 인간은 큰 짐승을 잡기 위해 혈안이 되어 있고, 힘들게 얻은 포획물을 어떻게든 저장해서 자기들끼리 나누어 먹을 것만 같아진다. 그들의 환경이 적의로 가득 차 있어 이름도 겁나는 '도끼'로만 대응이 가능한 살벌한 곳이었을 듯하다. 뿐만 아니다. 돌은 단단하고 각을 이리저리 잘 맞추면 쌓아 올리기에 좋다. 벽을 쳐 둘러 담을 만들기에도 좋을 것이다. 이렇게 되면 돌에게서 우리 사람, 너희 사람으로 구분하고 출입을 통제했던 성(城)의 미래가 그려지기도 한다.

선사의 진실은 무엇일까? 그들이 주먹도끼밖에 몰랐을 까? 선사인들에게 가장 유용한 생활 도구는 돌이 아니라 나무 였을 수도 있다. 주먹도끼를 저 정도 수준으로 대칭적이게 만 들 실력이면 다른 일이야 왜 못하겠는가? 다만 돌이 아닌 재료 들은 세월에 다 부서지고 썩는다. 나무로 생각한다면 선사의 이미지는 완전히 달라진다. 나무는 더디기는 해도 사계의 변화 에 따라 모습을 바꾸며 점점 더 두께를 키운다. 그 두께란 꼭 물 질적 부피만을 뜻하지 않는다. 나무는 많은 것들을 품으면서 나무 공동체를 키운다. 봄·여름·가을·겨울 각기 다른 벌레와 곤충, 새와 동물을 데리고 살며 땅 밑으로는 뿌리를 뻗고 하늘 로는 가지를 올린다. 하지만 나무는 생물이기에 자기가 뿌리내 린 그 땅, 기후, 주변의 생물들과 분리할 수 없는 존재이다. 그 러므로 선사를 '나무시대'로 상상하면, 항상 변하지만 항상 다 른 누군가와 함께 있는 한정적인 생활이 그려진다.

석기에만 주목한 역사가들은 돌이 딱딱하므로 문자처럼 오래 두어도 변하지 않는다고 생각했을 것이다. 남아 있는 것 을 통해서만 역사를 재구성할 수 있다고 보지 않았을까? 이뿐 아니다. 역사가들은 인류사의 전개를 기술 발달의 결과라고 해 석했다. 그들은 인간의 역사를 기술의 재료(구석기, 신석기, 청동 기, 철기)나, 기술 방식(산업혁명시대, AI혁명시대)으로 분류하고 단선적으로 연결시켰다.[데이비드 그레이버·데이비드 웬그로, 『모든 것의 새벽』, 686~688쪽 참고.) 덕분에 현대의 하이테크놀로지에 의해 선사는 일체가 다 극복된 것으로 평가받는다.

그런데 기술 자체가 인류 진보의 혁명적 돌파구라고 생각하는 이런 역사관으로는 무수히 많은 인간의 사회를 다 설명할 수 없다. 철기를 쓰지 않았던 중앙아메리카의 고대 왕국들은 엄청난 규모의 도시 국가를 건설했다. 특히 잉카제국 사람들은 매듭 문자 키푸(Quipu)를 썼다. 문자는 수많은 인류 도구들 중 하나이다. 2025년 봄, 서울 〈한성백제박물관〉에서는 고대 철기 왕국인 히타이트의 문물을 소개하는 특별전을 했다. 전시 도슨트 선생님의 말씀으로는 히타이트가 '철기왕국'이라고는 했지만 제련에 어려움이 있었기 때문에 실제로 일상의 주된 도구, 전쟁의 주요 무기는 청동으로 만들어 썼다고 한다. 고대 기술의 으뜸인 '철기시대'도 들어가 보면, 석기와 청동기 또는 나무로 된 다양한 도구들로 가득 채워져 있을 것이다.

선사시대 답사를 시작한 첫날, 주먹도끼 한 점을 앞에 두고 참 많은 질문을 던지게 되었다. 금강도 보고 돌도끼도 보면서 작은 박물관 안을 돌아다니다 보니, 나중에 주차장으로 다시 돌아올 때쯤에는 정말 피곤했다. 아득한 시간의 무게를 온몸으로 느끼고 나왔기 때문이다. 선사 답사란 얼마나 넓게 선사의 일상을 떠올릴 수 있는지, 얼마나 깊게 선사인을 이해할 수 있는지에 관련된 나의 상상력에 달린 공부였다. 그리고 상상력이란 발로, 눈으로, 시야를 넓히는 만큼 커지고 깊어진다.

　　　　　　　　　　　　　　　　1부 구석기, 야생의 테크놀로지

석장리를 다녀온 뒤, 답사 방법을 조금 다듬기로 했다. 정신없이 이리 들어갔다 저리 돌아왔다 하는 식으로 답사를 했는데, 다음 답사지로 갈 때에는 박물관 사이트를 미리 찾아보고 유물에 대해서 조금 공부를 하고 가기로 했다. 아는 만큼 보일 테니 말이다. 그렇지만 아는 바에 발목 잡히지 않으려면 훨씬 더 천천히 읽고 대상을 관찰할 수 있어야 한다. 석장리의 석공 아저씨처럼 여유 있는 사람이 될 필요가 있었다. 떠오르는 많은 질문에 혼자 답하기에는 한계가 있음을 알았으니, 다음에 갈 때에는 발걸음이 힘찬 친구들과 함께 움직이기로 했다.

단양 〈수양개선사유물전시관〉

남한강 선사 여행

한반도 주먹도끼의 또 다른 종류들로는 무엇이 있을까? 주먹도끼의 구체적 제작 방식을 설명하는 박물관은 없을까? 주먹도끼를 제대로 알아보기 위해 충북 단양에 있는 〈수양개선사유물전시관〉을 찾기로 했다. 단양의 수양개가 한반도 최고(最古), 최대(最大)의 선사 석기 제작소였기 때문이다.

수양개를 찾은 때는 8월 말이었다. 강변 위로 부서지는 한

여름 햇살은 너무 따가워 보였다. 수양개 옛사람들도 이런 뜨거운 오후에는 남한강 어느 어귀에 모여서 물놀이를 하지 않았을까? 남한강을 끼고 수양개로 가면서 보니, 단양 지역은 전체가 남한강을 따라 이어져 있었다. 남한강은 도담삼봉처럼 강한가운데에 아름답게 세 개의 봉우리가 솟아나 있는 바위들이 있다든가, 굽이치면서 생긴 강가의 다양한 지질 풍경들이 있어 풍경을 보는 큰 즐거움이 있었다. 선사란 인간만의 시대가 아니었을 것이고, 저 기이한 돌들 저 도도한 강줄기들이야말로 변해 가는 인간사를 줄곧 지켜보았을 테다. 인류란 엄청난 자연의 역사 안에서는 관찰자이기보다는 관찰 대상이었다.

다채로운 지질 명소들을 지나치다 보니 인상적인 점이 있었다. 석장리도 수양개도, 유명한 구석기 유적지 대부분이 충청도에 있다. 청원의 두루봉 동굴에서는 4만 년 전의 인골로 추정되는 '흥수 아이'도 나왔다. 점말 동굴에서는 구석기 장신구까지 출토되었다. 구석기 옛사람들이 특히 충청도를 마음에 들어했을 수도 있지만, 발굴의 차원에서 보면 이 일대가 석회암 지역인 것이 가장 주목해야 할 부분이었다. 충청도가 다양한 광물이 많이 나는 지대라, 광산 개발 때문에 여기저기 숲을 파다가 유물이 드러나기도 했다. 부산 가덕도에서는 신석기시대 공동묘지터가 발굴되었는데 이것도 신공항을 개발하는 과정에서였다. 만물의 공생적 관계를 만드는 선사 기술이 자본을 위해 자연을 착취하는 포클레인의 발톱 아래에서 비로소 모습을 드러낼 수 있었다. 이처럼 자연을 자원으로 바라보고, 자본의 이익을 위해 땅을 파헤치다가 주먹도끼가 나왔다니 아이러니하다. 주먹도끼는 대칭성을 자랑하는 선사 기술의 상징이기 때문이다.

드디어 도착했다. 전시관은 단양군 적성면 애곡리 수양개 마을에 위치해 있었다. 수양개 선사유적지는 남한강 '충주댐 수몰 지역 문화유적 발굴 조사' 과정에서 발견되었다. 고려시대나 조선시대에도 선조들의 삶을 궁금해했거나, 신기한 돌멩이에 호기심을 가졌을 사람들이 있었을까? 아마 주먹도끼를 발견한 이가 있었다 하더라도 그에게는 아무 의미가 없었을 것이다. 주먹도끼를 주먹도끼로 볼 수 있는 눈이 있어야, 주먹도끼도 세상에 드러날 수 있다.

16세기 이웃나라 일본에서는 '고려다완'이라는 찻잔이 큰 인기를 끌었다. 조선시대 도공들이 부산의 왜관 등에서 흙으로 빚은 막사발 같은 것인데 이름을 '고려다완'이라고 붙였다. 조선 사람들은 투박한 토기에 불과하다며 일본에서 제작 의뢰가 들어왔을 때에만 이 그릇을 구웠다.(다니 아키라, 「일본 차문화에서 음다구(飮茶具)의 변천」, 『2025 국제 차문화 학술 심포지엄 자료집』 참고.) 일본에서는 바다 건너에서 어렵게 구워 수입까지 해서 즐겨야 할 정도로 귀한 그릇이었는데, 그 정도라면 조선 사람들도 열광하며 굽고 써도 되지 않았을까? 하지만 조선의 다도가들은 절대 그럴 수가 없었다. 그들이 생각하는 다도의 본령에 '검박한 신성함' 같은 것은 없었기 때문이다. 어떤 대상이 발견되고 애호되고 연구되기 위해서는, 사물에 대한 특별한 관념이 먼저 있지 않으면 안 된다. 19세기가 되고, 진보적 역사관이 발달하고, 인류 최초의 도구로 '주먹도끼'라는 것이 있다는 지식이 공유된 뒤에야 석장리에서나 수양개에서 주먹도끼가 나올 수 있었다.

차에서 내려서 보니 주차장 벽면에 수양개 옛사람들의 생활상이 그려져 있었다. 남한강을 내려다보며 산 위에서 씩씩하게 사냥을 한다든지 강에서 재주 있게 작살로 낚시를 하고 있었다. 선사인의 본분, 석기의 존재 이유가 사냥에 있었음이 크게 다가왔다.

입구로 들어가니, 예상했던 대로 사냥의 시대를 강렬하게 보여 주고 있었다. 압도적인 크기의 매머드 뼈 화석이 우리를 반겨 주고 있었다. 그 옆으로 동굴곰과 크고 긴 뿔을 자랑하는 코뿔소 화석도 있었다. 매머드라면 사실 〈석장리박물관〉 앞 주차장에서 이미 만난 적이 있다. 주차장 출구 쪽에 구석기인들이 함정을 파서 매머드를 빠트려 잡는 모형이 있었는데, 그때는 석장리에서 선사시대를 과장했다고만 생각했다. 그런데 수양개에서까지 소개될 정도면 한반도와 매머드의 관계는 심상치 않은 모양이다. 실물 크기의 매머드 박제물을 보니 야생 동물이 주는 압도적인 모습에 긴장도 되었다. 한반도에도 매머드가 살았을까?

실제로 함경북도 화대군 장덕리 등에서 매머드 뼈가 출토되었다. 사냥된 흔적은 없었다. 전북 부안에서도 섬 주변에서 매머드 어금니 두 점이 나온 적이 있는데 역시 근처에서 살았던 것인지 뼈만 떠내려온 것인지 알 수 없다. 지금은 멸종되었지만 매머드는 북위 40도 이상의 고위도 지방 초원에서 풀을 뜯으며 살았다. 잡아 왔든, 떠내려왔든, 구석기시대 옛사람들은 저렇게 크고 위엄 있는 동물의 존재를 알았고, 볼 수도 있었다. 수양개의 사냥꾼들은 사람과 동물들 사이, 인간과 자연 전체 사이에서 아찔한 긴장감을 느꼈을 것이다. 저렇게 위엄 있는 매머드가 나와 같은 땅을 걸어다닌다고 한다면, 내가 사냥꾼인 동시에 사냥감임을 결코 놓칠 수 없었을 것이다. 그들은 자연을 두려워했을까? 석장리 주먹도끼의 대칭성도 자연의 압도적 힘에 전율하면서 개발되었다. 대칭성이란 도구에만 적용되는 개념이 아니었을 것이다. 자연 전체가 특정한 종을 위해서 존재하는 것이 아니니(대칭성) 사냥꾼들은 생사의 이치를 믿고 불안해하지 않으며 살았을 것 같다.

저렇게 큰 매머드를 잡는다면, 여럿이 필요했을 것이다. 한두 사람이 머리를 맞대는 것으로는 부족하고, 여럿이서 오랫동안 숲 전체의 생태에 대해 연구를 거듭하면서 자연과 공동체 사이의 대칭성도 모색했을 것이다. 그러니 수양개 옛사람들이라면 어쩌다 자연사한 매머드를 발견하더라도, 당장 먹기에 급급하기보다는 함께 고생한 식구들, 이웃들과 어떻게 나눌지 고민하면서 천천히 해부를 했을 것이다. 매머드처럼 큰 동물을 먹어야 한다면, 그 동물의 생김과 성질을 먹는 셈이니 여러 가지 주의해야 할 점도 많았을 것이다. 그러니 마구 도축할 수는 없었을 것이고, 매우 조심스럽게 죽은 매머드를 대하는 법 같은 것도 만들었을 것이다. 이런 시대의 사냥꾼은 동물학자도 되어야 하고, 사회학자도 되어야 하고, 종교학자도 되어야 했으리라.

경기도 용인의 에버랜드에는 중국에서 온 판다를 정성스럽게 돌보는 강철원 사육사가 계신다. 한때 나는 푸바오에 푹 빠져 사육사들이 찍은 여러 동영상을 매일같이 보았다. 그중에서도 특히 강철원 사육사의 이야기가 감동적이었다. 강 사육사님은 푸바오를 잘 돌보기 위해 동물원의 조경에까지 신경을 쓰셨다. 작은 사육장에서 겨우 한 마리의 판다를 돌본다지만, 그 하나의 존재에게 필요한 전부를 생각하고 마련하지 않는 한 보살핌은 불가능하기 때문이었다. 마찬가지다. 한 마리 동물을 잡는 데에도 숲 전체에 대한 관찰과 이해, 생명과 죽음에 대한 통찰이 필요하다. 이것이 만물 관계의 균형을 생각하는 대칭적 감각이다. 강철원 사육사의 따뜻하고 큰 마음 덕분에 푸바오는 중국으로 돌아간 지금도 많은 사랑을 받는다. 푸바오는 아니지만, 박물관의 유물들도 마찬가지의 관심으로 바라볼 필요가 있겠다. 유물이 놓여 있는 세계 전체, 인간과 동식물, 사물과 자연 전체에 대해 공부할 마음이 필요하다.

　　　　　　　　　　　　　　　　　　

구석기 중원의 실리콘밸리

상설전시실 입구에는 구석기의 역사를 소개하는 표가 있었다. 전부 다 외울 수는 없겠지만 중요한 기준이 되는 연대를 대강이라도 알아 두면 좋을 듯했다. 한반도를 기준으로 70만 년 전부터는 전기 구석기라고 한다. 12만 년 전부터는 중기 구석기, 4만 년 전부터는 후기 구석기가 된다. 30만 년 전 석장리만 해도 아득했는데, 단양의 금굴 유적의 경우는 70만 년 전으로까지 연대가 올라갔다. 게다가 표를 보니 '한반도'는 남한만을 의미하지도 않았다. 북한의 평양 상원 검은모루 동굴에서는 약 50만 년 전의 구석기 유적이 나왔다. 평양의 상원도 석회암 지역일까? 갑자기 휴전선 너머의 선사 풍경이 궁금해졌다. 어쩌면 북한에는 더 오래된 구석기 유적이 있을지도 모른다.

① 아슐리안 주먹도끼

주먹도끼에도 여러 종류가 있었다. 주먹도끼는 한반도뿐 아니라 전 세계적으로 구석기인들이 사랑한 도구인데, 형태적으로는 크게 두 개로 나눌 수 있었다. '모비우스형(Movius形)'과 '아슐리안형(Acheulean形)'이다. 모비우스형은 외날 찍개 모양이고 아슐리안형은 양날 찍개 모양이다. 아슐리안형은 1859년 프랑스의 '생 아슐' 지방에서 세계 최초로 양쪽이 날카롭게 깎인 석기가 발견되었기 때문에, 아슐리안 주먹도끼라고 불리게 되었다. 20세기 중반까지 동아시아 지역에서는 외날 주먹도끼만 발굴됐다. 그래서 양날이라 훨씬 더 세련되어 보이는 아슐리안 주먹도끼가 나오지 않은 동아시아 쪽이 선사 문화적으로는 열등하다는 평가를 받기도 했다. 그저 돌로 만든 물건일 뿐인데 석기로 인종차별도 할 수 있는 모양이다. 기술이 발달했다고 더 잘 '사는' 것은 아닐 텐데, 아슐리안 석기가 발견되지 않아도 선사 사람들의 생활이 덜 풍족했다 말할 수는 없을 텐데, 석기에서조차 기술 우열의 증거를 찾으려는 노력이 대단했다.

그런데 1978년 연천 전곡리에서 아슐리안형과 같은 주먹도끼가 발견됨으로써, 아슐리안 석기 중심의 기술사를 수정할 수 있게 되었다. 이제 모비우스형에서 아슐리안형으로 진보한다는, '선진적인 서쪽의 유럽'에서 '후진적인 동쪽의 아시아'로 또 '그 너머 아메리카'로 문화가 전파된다고 하는 이론이 발 디딜 자리가 없어진 것이다.

단양 수양개 유적은 1983년에 첫 발굴이 이루어졌다. 전곡에서처럼 아슐리안 석기 몇 점이 나온 것에서 그치지 않고, 수양개에서는 세계 표준에 거의 가까운 형태의 주먹도끼가 대량으로 출토되었다. 전시관 설명에 따르면 "격지 면의 수가 많고 전체 둘레에 대한 안팎날의 비율이 높았다"며, 아주 많은 손질이 들어간 석기들이어서 아슐리안 형태들 중에서도 으뜸이라는 것이다. 한 손에 쥘 수 있으면 다 주먹도끼라고 생각했는데, 그 안에서 돌 깨짐의 수준에 대한 엄청난 논의가 있었다니

　　　　　　　1부 구석기, 야생의 테크놀로지

놀라웠다.

　나는 뒤로 물러나 전시된 석기를 크게 한번 훑어보았다. 아슐리안형 주먹도끼 설명 아래 전시된 진품 석기들은 공주의 것과는 달리 색깔이 전체적으로 더 검은 듯했다. 잘못 쥐면 손을 다칠 수도 있을 것처럼 양날도 더 날카로워 보였다. 색깔도 강하고 날도 강하니 보기에 대단히 위협적이었다.

② 좀돌날과 좀돌날몸돌

　다음으로 소개되는 것은 좀돌날과 좀돌날몸돌이었다. '좀'이라는 명칭에서 알 수 있듯이, 이 석기는 상당히 작고 날카로워서, 손이 베일 수도 있을 정도였다. 좀돌날은 후기 구석기시대 동북아시아에서 주로 발견되는 기법으로 제작되었다. 좀돌날은 길이와 너비의 비례가 2:1 이상이어야 한다는 조건을 만족시켜야 그 타이틀을 얻을 수 있다. 양 가장자리가 평행이어야 하고, 가로 단면의 형태가 삼각형이나 사다리꼴이며, 너비는 1cm 이하여야 한다.

　정말 날카롭고 작은 석기였다. 돌도끼라고 해서 아무렇게나 깨서 썼을 것 같았는데 전혀 그렇지 않았다. 후대의 연구자들이 이렇게 표준 형태를 정리할 수 있을 정도라면, 후기 구석기 수양개 사람들 역시 이런 기준에 집착했던 것이 아닐까? 수양개에서 이렇게 많은 석기가 나온 것은 옛사람들이 연습하고 또 연습한 흔적이었다. 수양개 어딘가에 석공들의 학교가 있었음이 틀림없다. 자연스럽게 수양개 석기 마스터가 남한강 어딘가에서 수련생을 모으는 장면이 그려졌다. 학생들은 마스터의 설명을 듣기도 하고, 어깨 너머로 보기도 하면서 강가에서 쓸 만한 돌을 찾았을 것이다. 깨고 다듬으며 시험도 보았을 수도 있고, 서로 경합을 벌였을지도 모르겠다. 청량하게 돌 깨는 소리, 작품을 보며 함께 의논하는 열띤 분위기, 상상만으로도 활기찬 풍경이 떠올랐다.

좀돌날 설명에 있어서 흥미로운 부분은 더 있었다. 좀돌날을 떼다가 남게 된 돌, 그러니까 좀돌날의 몸통이었던 돌인 '좀돌날몸돌'은 중국이나 일본, 러시아에서도 비슷하게 나온다고 한다. 지역이 다른데도 석기 모양이 비슷하다면 문화적으로 전파되었을 가능성이 있다. 그것이 아니라면, 인류의 정신이 장소를 막론하고 같은 수준에서 계속 진화 중이라고 해야 한다. 호모 사피엔스라면 동아프리카에서건 동아시아에서건 이런 좀돌날몸돌을 만들게 되어 있다는 말이다. 기술-전파론이냐, 기술-공발전론이냐는 객관적으로 입증될 수 있는 문제가 아니다. 석기는 출생증명서를 갖고 있지 않기 때문이다.

최근, 인류라면 어느 종이라도 비슷한 수준의 기술과 예술을 표현할 수 있다는 고인류학계의 연구가 발표되었다. 있어서는 안 될 인류라고 평가받는 '호모 날레디'의 동굴 매장지가 발굴된 까닭이다. 호모 날레디는 오스트랄로피테쿠스처럼 뇌가 작았지만 동굴에 인척을 묻고 암각화까지 그려 망자를 애도하는 장례 풍습을 갖고 있었으리라는 주장까지 나온다. 날레디는 도구도 썼는데 발굴된 이들의 석기는 호모 사피엔스가 개발한 중석기와 흡사해 보이기도 한다.

호모 날레디가 사피엔스의 중석기와 같은 것을 만들 수 있었다는 주장이 나온다는 것은 무엇을 의미하는가? 호모 날레디의 직립 정도는 네안데르탈인 수준에 이르지 못했을 거라고 한다. 그런데 어떻게 그들의 석기가 네안데르탈인의 기술을 뛰어넘을 수 있었단 말인가? 호모 날레디를 연구한 인류학자 리 버거는 전파설을 역으로 이용한다. 동아프리카에서 진화한 호모 사피엔스가 돌을 깨고 식구를 매장하는 호모 날레디를 보고 배웠을 수도 있다는 것이다.(리 버거·존 호크스, 『케이브 오브 본즈』 참고.) 호모 날레디의 존재는 전파의 방향을 특히 호모 사피엔스에만 맞추는 인류 진화의 발달사에 딴지를 걸고 있다.

다시 수양개로 돌아와 좀돌날의 광범위한 분포에 대해 생각했다. 후기 구석기 수양개 사람들은 여기저기를 돌아다녔다고 할 수 있었다. 〈수양개선사유물전시관〉에서 곰이나 매머드 화석을 강조하고 있기 때문이다. 이런 동물들은 계절이나 기후 변화에 따라 이동을 했을 것이다. 사냥꾼들은 숲의 생태를 관찰하면서 동물들과 함께 움직이면서 살았을 것이다. 그러다가, 같은 이유로 이동하고 있던 집단을 만나 서로의 기술을 나누지 않았을까?

좀돌날을 한참 들여다보고 있으려니 석기 전시에서 빠진

부분도 알 수 있었다. 좀돌날은 너비가 1cm 이하여야 하므로 바로 손에 쥐고 쓸 수가 없다. 아마 뼈와 뿔, 나무 등에 끼워서 썼을 것이다. 구석기라고 하니 '석기'만 있을 것 같지만, 동물의 뼈나 뿔, 다양한 굵기의 나무나 풀들도 적극적으로 활용했음이 틀림없다. 구석기시대란 '석기의' 시대가 아니라 '석기와의' 시대다.

좀돌날 옆에는 사냥돌도 있었다. 둥근 자갈의 거의 모든 면을 떼어 낸 까닭에 공처럼 보였다. 돌도끼가 먼저냐 사냥돌이 먼저냐 따질 수 없을 정도였는데, 직각으로 떼어지는 돌을 엄청나게 다듬고 만져서 모 없이 하려고 애쓴 흔적이 역력했다. 대단한 실력이었다. 사용할 때는 나뭇가지로 묶고 서로 연결해서 썼다고 한다. 나뭇가지만이 아니라 짐승의 힘줄로도 돌들을 묶을 수 있었던 모양이다. 멀리 있는 큰 동물을 발을 걸어 넘어 뜨리고자 한다면 여러 개 묶어서 붕붕 날려 던지면 되겠다. 아주 가벼워 보이는 사냥돌도 있었는데, 연습을 많이 한 사냥꾼이라면 낱개로 계속 던지면서 사슴의 다리 등은 충분히 맞힐 수 있었을 듯했다.

석기 기술을 떠받치는 것은 묶기 기술일 수도 있겠다. 기술 자체로만 보면 묶는 기술이 훨씬 더 먼저였을지도 모른다. 돌을 떼려면 손과 팔의 힘이 필요하다. 묶기에 비하면 훨씬 무거운 기술이다. 묶기는 가벼운 기술이지만 손가락의 섬세한 힘과 재치가 필요하다. 수양개 옛사람들이 생계와 문화적 욕구에

　　　　　　　　　　　　　　　1부 구석기, 야생의 테크놀로지

따라 동서남북으로 이동을 했다면 강변에 자리를 깔고 오래 앉아 있어야 하는 무거운 기술보다는 언제 어디서나 발견할 수 있는 나뭇가지나 풀들을 이용할 수 있는 가벼운 손기술을 더 개발했을 수도 있다. 종종 구석기인들을 오랫동안 미용실 못 다녀온 지저분한 사람처럼 재연하는 것을 보는데, 묶는 기술을 익혔다면 긴 머리카락을 잘 묶고 땋으며 단정하게 지냈을 것도 같다.

③ 슴베찌르개

세번째는 슴베찌르개였다. 중학교 역사 시간에 들었던 적이 있는, 한반도 선사의 대표 석기를 여기서 보게 되었다. '슴베'란 양날을 곱게 뗀 작은 석기의 아랫부분인데, 슴베를 잘 깎으면 자루가 될 나뭇가지와 멋지게 결합시킬 수 있다. 전시실의 슴베는 아주 깜찍했다. 이 양날도 좌우 대칭이 아주 잘 맞추어져 있었다. 작고 날카로운 슴베찌르개는 수양개의 것을 기준으로 평균 길이 6cm, 너비 2.4cm, 무게 11g이며 주로 셰일을 갖고 만들었다. 공주 석장리의 주먹도끼는 석영이었다. 셰일이 석영보다는 훨씬 더 잘게 떼지는 모양이다. 슴베를 보니, 이 찌르개 역시 긴 나무봉과 연결되어 있었음을 알 수 있었다. 석기는 손과도 연결되고, 풀이나 나무와도 연결된다.

슴베찌르개는 좀돌날과 마찬가지로 동북아시아 지역에서 많이 출토된다. 전시관에서 슴베찌르개와 좀돌날 분포도를 한번에 보여 주는 지도를 제공하고 있어 큰 도움이 되었다. 좀돌날과 슴베찌르개는 한반도 전역에서 비교적 함께 출토되는 편이다. 만약 고고학자가 둘 중 하나를 발굴했다면 다른 하나도 찾을 수 있는 가능성이 충분하다. 이렇게 함께 출토되는 유물의 쌍들, 관계들을 '동반한다'고 말한다. 그런데 지도를 보니 평양 만달리에서는 좀돌날만 나왔다 한다. 왜일까? 북한의 고고학계에 물어보고 싶다.

슴베찌르개는 일본 규슈 지역에서도 발굴된다고 한다. 선사시대에도 대한해협을 넘어 문화 교류를 했던 것일까? 그런데 한반도에서처럼 슴베찌르개와 좀돌날이 동반되어 출토되지는 않고 있어, 슴베찌르개만 전파된 것으로 보인다. 그렇다면 한반도만이 아니라 규슈까지가 하나의 슴베찌르개 문화권이라고 해야 하지 않을까? 전시관에서도 이를 '교류'의 관점에서 해석하고 있었다. 슴베찌르개 옆에 작은 흑요석 석기도 전시되어 있었기 때문이다. 흑요석은 충청권에서 접할 수 있는 돌이 아니다. 화산 지대에서만 나온다. 굳이 따진다면, 위로는 백두산에서 아래로는 일본의 규슈에서 가지고 올 만한 물건이다. 그런 흑요석으로 만든 석기가 단양에서 나왔다니, 슴베찌르개와 흑요석을 통한 석기 교류 광역 네트워크를 상상해 볼 수도 있겠다. 그런데 좀돌날이 규슈 지역에서는 나오지 않는다면 교류나 전파의 대상이 따로 있다는 뜻도 된다. 좋다고 다 갖다 쓰는 것은 아닌 모양이다.

   1부 구석기, 야생의 테크놀로지

④ 밀개와 긁개

밀개는 좀돌날처럼 여러 면을 갖고 있지도 않고, 슴베찌르개처럼 결합식 형태도 아니다. 사람이 한 손에 쥐고 작업을 할 수 있는 도구다. 각도가 가파르고 특히 날이 둥글게 호선을 그려야 밀개가 된다. 날이 둥근 이유는 무엇일까? 아마도 동물의 뼈를 깎거나, 수피(樹皮)나 가죽을 벗기고 살을 저미는 데 사용되었을 것이다. 둥근 모양 밀개, 볼록날 밀개 등 형태도 가지각색이었다. 역시 잘게 깨고 다듬을 수 있는 셰일로 만들어졌다.

긁개도 대단히 인상적이었다. 몸돌에서 떼어 낸 격지의 한쪽 가장자리에 잔손질을 더해 날을 만들었는데, 오목날, 볼록날, 곧은날, 가로날, 양날 등 형태가 여러 가지였기 때문이다. 전시실에는 긁개 옆으로 톱니날연모, 홈날석기, 새기개 등이 소개되고 있었다. 날을 톱니 모양으로 깎거나 홈을 파는 등으로 해서 아주 다양하게 다듬어 놓고 있었다. 밀개와 긁개는 주먹도끼 고유의 대칭성을 기본으로 하고 특별히 한쪽에 형태적 강세를 부여했다. 수양개의 석공은 저렇게 작은 도구를 한 손에 쥐고 도대체 얼마 동안 강변에 앉아 있었을까? 이렇게 도구가 다양해진 까닭은 할 일이 많아서였을까? 수양개 옛사람들의 구체적 생활, 그 하루 일과가 궁금해졌다. 거의 석기 제작 공장이라고 해야 한다니, 여기에는 인구도 많았을 것이다. 사냥이나 옷 만들기 등 따로 작업을 분화했을지, 필요에 따라 모여서 함께 했을지 궁금했다.

꼭 생산력 높은 공업 도시를 떠올리면서 수양개 선사시대를 그려 볼 필요는 없을지도 모른다. 2025년 가을에 〈국립중앙박물관〉에서 '분장놀이'를 개최했다. 일반인들이 국가 유물을 다양한 방식으로 표현하고 자랑하는 대회인데, 이 대회에 무려 83개의 팀이 참가했다. 참가자들은 평소 좋아하는 유물을 소개하기 위해, 그저 인생의 추억을 하나 만들기 위해 등등 다양한 이유로 시간과 돈을 들여 분장대회를 준비했다. 대상은 '황오동 금귀걸이'를 흉내 낸 팀에게로 돌아갔다. 사람은 특별한 이익이 없는 일에도 정성을 다해 힘을 쏟을 수 있다. 작은 필요를 해결하기 위해 기회비용이 많이 들어가는 발명에 공을 들이기도 한다. 당연히, 그냥 실험하는 것 자체가 좋은 사람들도 있다. 나는 수양개의 석기들을 너무 생산력에만 맞추어 바라보고 싶지 않았다. 그래서 수양개를 실험 정신으로 뜨거운 한반도의 실리콘밸리라고 부르기로 했다.

<u>뼈에서 얼굴을 보다, 선사 예술의 시작</u>

석기는 다양했다. 돌로 만든 도구들이 다목적적이고 다형태적임은 그 하나하나가 사용하는 사람과 사용되는 대상을 복잡하게 연결시켰다는 것을 의미했다.

수렵채집의 기본 생활 방식은 유목이라고들 한다. 수양개 사람들은 어떤 식으로 이동과 정주를 반복했을까? 그들 중 누군가는 어쩌다 남한강까지 오게 된 규슈 사람일 수 있다. 어떤 이들은 갑자기 짐을 싸서는 더 북쪽으로 탐험을 나섰을지도 모른다. 구석기인들은 주로 한데 혹은 동굴에서 살았다고 하는데 선사 석공들의 집단 거주지, 최첨단의 실리콘밸리였을 수양개에는 몇 개의 그룹들이 모였다 흩어지기를 반복했을까? 다양한 크기의 무리가 이합집산했을 텐데, 그들은 서로 어떤 감정을 나누었을까?

전시관에는 구석기 사람들의 여러 관계를 생각해 보게 하는 전시물이 있었다. 한반도 구석기시대 '예술품'인데, 사진으로만 소개되고 있었다. 청원 두루봉 동굴에서 출토된 '뼈에 새긴 얼굴'과 제천 점말 동굴에서 출토된 '사람 얼굴 모양의 코뿔이 앞팔뼈'였다.

예술품 사진에는 특이한 점이 있었다. 전 세계 호모 사피엔스 선사 유적 대부분은 동굴에서 발견된다. 동굴이 세월의 풍파로부터 유물을 잘 지켜 주기 때문이다. 사피엔스의 예술 작품은 후기 구석기 때부터(약 4만 년 전) 나타나는데 대부분은 동굴의 암각화 형태다. 이 시기에 아프리카나 서유럽에서는 네안데르탈인이 거의 멸종되고, 본격적으로 호모 사피엔스의 활동이 시작되었다(호모 사피엔스와 거의 같은 수준의 복합적 지성을 가졌던 호모 날레디도 이 무렵 멸종한다). 그런데 한반도에서는 석회 동굴 안에 습기가 너무 많아서인지, 혹은 그 밖의 이유 때문인지 동굴 벽화가 발견되지 않는다. 수양개 전시실의 설명으로는, 대신 크기가 아주 작아 몸에 지닐 수 있는 '지닐예술품'(Portable art)이 출토된다고 한다. 그런데 사진으로 보니, 지나치게 커 보이는 코뿔이 앞팔뼈를 누가 항상 휴대한다는 것인지, 잘 납득이 되지 않았다. 어떤 장소에 세워 놓고 장식을 했거나 기도를 했던 것은 아닐까?

예술품 사진을 들여다보고 있으려니 도발적인 질문이 들었다. 얼굴이라고는 하지만 특히 코뿔이 앞팔뼈에 새겨진 얼굴은 실수로 그어진 금인 것처럼 성의가 없어 보였다. 이것은 고고학자들이 과잉 해석한 유물은 아닐까? 두루봉 동굴에서 나온 '얼굴'의 경우에는 어쨌든 뼈에 두 눈을 콕 새기려고 한 흔적은 있었다. 특히 입이 세모로 깊게 깎여 있어서 정말 말하는 얼굴을 만들려 했나 싶기는 했다. 나중에 〈국립중앙박물관〉에 가서 진품을 볼 수 있었는데, 정말로 입 부분의 새김은 날카로운 석기를 이용해 조심스럽게 조각했다는 것을 확인할 수는 있었다. 석장리의 주먹도끼도 처음 보았을 때에는 강변에서 굴러다니던 것인지 석공이 직접 제작한 것인지 아리송했는데, 예술품도 해석하기 나름인 것인지 어떤 공식이 있는 것인지 궁금했다.

이것 하나는 확실했다. 크기가 아주 작다는 것이다. 석장리의 주먹도끼는 생각보다 너무 커서 문제였는데, 수양개에 오니 한반도 구석기 예술품은 너무 작아서 또 문제였다. 수양개에서 보니, 예술적 수준이나 가치로 따지자면 섹시한 큰-주먹도끼 쪽이 훨씬 대단하게 느껴졌다. '예술품'이라고는 해도 두

　　　　　　　　　1부 구석기, 야생의 테크놀로지

얼굴 조각들은 너무 유치해 보였기 때문이다. '예술'과 '기술'을 가르는 기준은 무엇일까? 선사인들에게도 동일한 기준이 있었을까?

그리고 하필 왜 얼굴인 것일까? 누구의 얼굴일까? 각기 다른 예술가의 작품들일 테지만, 두 작가 모두에게 가장 흥미로운 것은 사람의 얼굴이었다. 전혀 문화적으로 교류가 없었을 수도 있는 두루봉과 점말의 예술품 사진들을 나란히 붙여 놓고 보니, 말하는 쪽이 엄마 같고 입을 대충 다물고 조금 불만도 있어 보이는 쪽은 사춘기 아들 같았다. 말하는 얼굴, 듣는 얼굴 조각을 한 사람들은 그들 자신이 수다쟁이들이었을까? 어쩌면 말하는 이가 사람이 아니라 어떤 신이나 정령이었을 수도 있겠다.

보고 듣고 말하는 이 '얼굴'이라는 것은 자연 안에 털이 없는 종인 인간에게 유일하다. 구석기 옛사람들은 인간으로서의 자기에 대해 어떤 자의식을 가지기라도 했던 것일까? 자의식이 있었다면 타의식도 있었다고 해야 한다. 확실히 선사 예술가들은 뼈에서 인간을 볼 수 있었다. 그들은 인간의 고유성에 대해 생각했을 뿐만 아니라 인간이 아닌 대상(동물)의 뼈를 통해 그것을 구현하려 했다. 그렇다면 구석기 예술은 자의식과 타의식이 종합된 물건이라고 할 수 있다. 게다가 구석기 예술가들은 동물의 뼈와 인간의 얼굴이 완전히 다름에도 불구하고 근본적인 차이는 없다고 생각했던 듯하다. 이미 삶을 다한 동물의 뼈에 금을 그어, 숨이든 말이든 나오는 생명처럼 표현했기 때문이다. 나는 뼈다움과 인간다움이 녹아들어 있는 예술품이 더 궁금해졌다.

수양개에서도 예술품이 나왔다. '첫소(Bos Primigenius)의 정강이뼈에 물고기 모양을 새긴 것'과 '활석을 도넛 모양으로 갈고 가운데에 구멍을 뚫어 만든 치레걸이'가 출토되었다는데 전시관에 진품은 없었다. 첫소라니, 선사시대에는 소도 종류가 다양했었나 보다. 사진에서는 단단한 돌에 흘러 다니는 물고기를 표현한 점을 확인할 수 있었다. 역시 수준이 다른 두 개의 정보를 하나로 응축한 흔적이 선명했다. 나중에 〈충북대학교박물관〉 전시실에서 이 뼈-물고기를 진품으로 확인할 수 있었다. 사진으로 상상했던 것보다 모양 자체는 훨씬 작았지만 물고기 모양은 더 선명했다. 진짜 유물을 보니 수양개 전시실에서 사진을 보았을 때의 느낌과는 확실히 달랐다. 세월이 이 오래된 뼈를 삭이는 모습도 볼 수 있었기 때문이다. 첫소 정강이뼈 여기저기에 자연적으로 금이 가고 색이 바랜 흔적이 고스란히 남아 있었던 것이다. 정강이뼈에는 인간도 금을 긋고 자연도 금을 긋는다. 뼈 조각품에게도 고유의 생명이 있어 살면서 늙어간다.

치레걸이는 또 어떻게 보아야 할까? 이 치레걸이는 지금까지도 진품으로는 보지 못했다. 수양개 전시실은 석기에 대해서는 상세한 설명을 주었는데 예술품에 대해서는 간소한 안내만 있었다.

　　　　　　　　　　　1부 구석기, 야생의 테크놀로지

사진으로만 보면 예술품 설명에서 가장 아쉬운 점이 크기와 재질을 알기 어렵다는 것이다. 어쨌든 예술품들이 다 작다고는 하니, 이 치레걸이도 작을 것이다. 가운데 구멍은 정교하게 여러 번 석기를 돌려 홈을 낸 것으로 보였다. 그 구멍으로 실을 넣어 꿰고 목걸이로 차고 다녔을까? 누가? 장신구란 누군가에게 보이기 위해서 차는 물건이다. 누군가라고는 하지만 특정한 인물이 아니라 주변 사람들 전부였을 수도 있겠다. 전시관에서는 이런 예술품을 주술품의 일종으로도 볼 수 있다고 설명했다. 전 세계 구석기 예술, 특히 동굴 예술의 경우 제사 의식의 흔적과 동반되어 나오기 때문일 것이다. 수양개 선사의 제례 의식은 누구에게 무엇을 비는 행위였을까? 치레걸이도 결국 신에게 잘 보이기 위한 것이었을까? 신이 둥근 모양을 좋아한다고는 누가 알려 주었을까?

털코뿔이, 원숭이, 곰, 사슴… 함께라서 더 신비로운 동굴 라이프

상설전시실에서는 구석기 동굴에서 발견된 다양한 동물뼈들도 소개하고 있었다. 전시실 입구에서 만났던 매머드와 동굴 곰, 코뿔소뼈는 구석기 분위기를 대강 알려 주는 박물관 데코레이션이 아니었다. 실제로 이런 동물뼈들은 선사인들의 삶을 알려 주는 중요한 유물이라 할 수 있었다.

수양개 근처에서 살았던 옛사람들은 왜 동굴을 살림터로

선택했을까? 건축 기술이 부족했을 터이니, 어쩔 수 없이 동굴에 들어가 살았다고 해야 할까? 그런데 따지고 보면 왜 힘들게 집을 지어야 하는가부터 검토되어야 할 문제다. 숲속 여기저기에 이미 있는 지형지물에 자리를 잡고, 살다 떠나기를 반복하는 것이 유목에 더 맞는 생활이 아닐까? 또 동굴에는 들판에 집을 지어 올리는 것보다 훨씬 더 큰 매력이 있을 수도 있다. 다만 동굴은 냉방과 난방의 관점에서, 다른 동물들의 침입을 막아 준다는 점에서, 사람만이 아니라 동물들도 좋아하는 장소다. 동굴 안에는 썩어 가는 동물의 뼈 등이 있을 수 있다. 썩어 가는 뼈에서 살아 있는 사람의 얼굴을 볼 정도인 수양개 옛사람들은, 동굴을 공유했던 동물들에 대해서는 또 어떻게 생각했을까?

전시실에서 소개하는 구낭굴 유적 발굴 유물을 자세히 보았다. 구낭굴 유적에서는 남자 어른의 것으로 보이는 인골화석이 출토되었다. 손가락뼈 2점, 손등뼈 1점, 발가락뼈 1점, 발뒤축뼈 1점 등 모두 손과 발 부위의 것이다. 머리와 몸통 부분의 인골이 발견되지 않았다는 건 특별히 매장 의식을 거치지 않았다고 해야 할까? 아니면 머리와 몸통이 묻힌 곳은 따로 있었을까? 한반도 흙은 산성(酸性)이라 뼈는 출토되기 어렵다는데, 특별히 사지 말단 부분이 남게 된 이유는 무엇일까? 누가 다 먹고 뱉은 흔적일까? 돌아가신 구낭굴 아저씨는 평소에 이 동굴을 어떻게 이용하셨을까? 동굴 여기저기에 놓여 있는 동물 뼈들을 더럽거나 무섭다고 치우지 않고 그대로 두었던 이유는 무엇일까? 구낭굴에서는 몸돌, 격지, 새기개, 자르개, 긁개 등 다양한 조리 석기가 나왔다. 그럼 저 많은 동물뼈들은 조리 후 찌꺼기들인가?

구낭굴에서는 짐승 화석도 발견되었는데 원숭이, 사슴, 곰 등이 집중적으로 출토되었다. 매머드도 당황스러웠는데, 원숭이가 또 웬 말인가? 당시 한반도 기후가 열대에 가깝게 엄청 습하고 무더웠던 것이다. 전시 표에 보니 구낭굴 출토 흙을 분석한 결과 구낭굴 주변은 13만 년 전에는 한랭한 기후였다가 9만 8천 년 전에 온난건조하게 되었으며 다시 5만 1천 년쯤 되면 한랭해지고, 그러다가 38,900년 전까지 온난건조, 온난습윤으로 바뀌며 마침내 12,500년 전 즈음이 되어 온난건조한 현재의 숲과 들이 형성되었다고 한다. 구낭굴 외에 청주 두루봉 동굴에서도 쌍코뿔이, 하이에나, 큰원숭이 등의 화석이 나왔다. 전시실에는 두루봉 동굴에서 출토된 쌍코뿔이 아래턱과 머리뼈가 전시되어 있었다. 아래턱에 박힌 이빨들이 어찌나 크고 가지런한지, 충치 하나 없이 깨끗한 건치 쌍코뿔이었다.

구낭굴이나 두루봉 동굴에는 얼마나 많은 동물들의 기억이 잠들어 있는 것일까? 많은 생명들이 살고 죽기를 반복한 장소라면, 그들 각자의 행과 불행이 고스란히 남아 있다면, 그런 동굴에는 어떤 성스러운 기운이 깃들 수 있다. 왜 유럽의 후기 구석기 예술가들, 주술사들이 하필 동굴에 그림을 그렸을까? 보존이 잘 되어서라는 일차적 이유 외에도 생각해 볼 만한 점이 있다. 그쪽 동굴에도 다양한 동물들의 흔적이 성스럽게 간직되어 있었을 것이다. 생명의 기억이 응축된 장소, 인간과 동물이 함께 만드는 영성, 예술은 이런 자리에서 표현되어야 마땅했던 것이 아닐까? 또한 선사인들은 그런 장소야말로 일상의 공간, 먹고 자며 노래할 만한 자리라고 생각했던 것이 아닐까?

답사단과 〈수양개선사유물전시관〉을 나와 단양의 유명한 관광지 고수 동굴로 향했다. 수양개의 동물뼈를 생각하니 실제로 동굴에 한번 들어갔다 나와 보고 싶었기 때문이다. 동굴의 일상성과 영성이 모두 궁금했다.

고수 동굴은 산 중턱에 입구가 있었다. 입장료를 낸 뒤, 내부가 무척 길고 비좁기 때문에 한 줄로 서서 쉬지 말고 쭉 걸어가야 한다는 안내를 들었다. 미끄러우니 껴야 한다며 손등에 박쥐가 그려진 장갑도 받았다. 장갑 손바닥에는 미끄럼 방지 처리가 되어 있었다. 이제 쌍코뿔이도 원숭이도 없고, 더더욱 사람은 물론 아무도 살지 않는다고 생각했는데, 박쥐가 살고 있었다. 세상 어디에도 비어 있는 곳은 없다.

동굴 탐험은 아주 긴장감 넘쳤다. 고수 동굴 안내판을 보니, 동굴의 길이는 1,700m가 넘을 수도 있다고 한다. 사람의 입장에서나 길지 작은 박쥐의 입장에서 보면 어떨까? 박쥐도 동굴이 '길다'고 생각할까? 캄캄한 동굴 안, 구석구석 석회암이 빚은 종유석 기둥들 사이로 어떤 길들이 더 나 있는 것 같았다.

　　　　　　　　　　　　　1부 구석기, 야생의 테크놀로지

하나의 관이나, 방처럼 생각했는데 동굴은 폐쇄된 방이 아니라 끝도 없이 미지로 이어지는 곳이었다. 어디로 이어질지 모르는 통로가 도처에서 스멀스멀 공기를 보내 오고 있다고 생각하니 어딘가 으스스했다. 여름에 시원하고 겨울에 따뜻하며 입구에 불이라도 피워 놓으면 다양한 벌레나 동물을 막기에 좋다는 식의, 실용적인 차원에서 동굴의 쓸모는 충분히 생각할 수 있었다. 한편 그 공간 자체의 어떤 신비로움, 신령함도 분명 있었다.

동굴이 무너져서 갇히지는 않을까, 어른 몸통 하나 겨우 왔다갔다 할 수 있는 좁은 터널을 통과하는 내내 죽음에 대한 공포로 머리카락이 쭈뼛 솟아 있었다. 빠져나오는 내내 마음을 졸였다. 밖으로 나왔더니 환한 여름 태양이 걱정 내려놓으라며 지글지글 박수를 쳐 주었다. 이럴 때에는 아이스크림이 딱이다. 땀과 함께 손에서 녹아내리는 아이스크림을 쩝쩝 하며 먹으니 스릴 만점 놀이공원 다녀온 듯했다. 문득 서울 잠실에 있는 롯데월드 생각이 났다. 인기 있는 대부분의 놀이기구는 롤러코스터 형이다. 잠실에서는 특히 구불구불 지하로 들어갔다 나오는 방식이 많다. 그런 스릴도 결국 구석기 동굴 라이프로부터 이어져 내려온 것은 아닐까? 수양개 옛사람들은 외부의 위험으로부터 나를 안전하게 보호해 줄 곳을 집이라 생각하지 않았다. 다른 세계와 아슬아슬하게 이어진 곳을 스위트홈으로 여겼다.

2. 뼈바늘과 창, 불로 만드는 관계의 윤리

연천 〈전곡선사박물관〉 ①

중력을 거스르는 인류의 손

이 글을 쓰고 있는 이는 누구인가? 쓰고 싶은 내용, 쓰려는 의욕, 이 모든 것들 이전에 나의 손이 있다. 무라카미 하루키처럼 인간 무의식의 심층 속으로 뛰어들기를 주저하지 않는 작가도 글쓰기의 필수 요건은 책상 앞에 앉는 것이라고 한다.{무라카미 하루키, 『직업으로서의 소설가』 참고.} 하루키는 정신이 쓰는 것이 아니라 몸이 쓴다는 사실을 명심한다.

인간의 인간다움을 몸에서부터 생각하자. 석장리에서 확인했던 것처럼, 도구를 쥐려면 무엇보다 손이 있어야 한다. 그런데 손이 있으려면 일단 네 발 동물이기를 그쳐야 한다. 수양개에서 수많은 석기들을 보면서 그 하나하나를 다듬었을 손들을 생각했다. 이제 그 손을 있게 한 인류 발에 대해 탐구해야겠다. 더하여, 석기의 인종주의를 깰 수 있었던 아슐리안 주먹도끼를 제대로 보는 것도 좋겠다. 다음 답사지로 경기도 연천의 〈전곡선사박물관〉을 택했다.

전곡리 유적지도 한탄강을 바로 앞두고 있었다. 과연, 구석기 유적지는 전부 강 옆에 있구나! 〈석장리박물관〉에는 단층에다 흙벽으로 외관을 꾸민 두 개의 작은 전시동, 그리고 금강을 바라보면서 천천히 내려가면 큰 앞마당과 뒤로 낮은 언덕이 있었다. 흙으로 투덕투덕 쌓은 듯한 소박한 박물관에서 몇 십만 년 전의 구석기시대를 느낄 수 있었다. 〈수양개선사유물전시관〉은 단정한 하얀색 타일로 덮인 반듯한 현대식 건물 안에 뜻밖에도 매머드가 있어, 현대가 선사를 품는 형식이었다.

〈전곡선사박물관〉은 구석기 박물관 외관에 대한 기대를 완전히 뒤엎었다. 외벽 자체가 티타늄 금속 재질이었기 때문이다.{유홍준, 『국토박물관 순례』, 27~30쪽 참고.} 번쩍이는 데다가 굽이치는 곡선이 거대한 뱀을 닮은 건물이 우리를 기다리고 있었다. 매끈하면서도 둥글고 금속 광택이 나니 우주 비행선을 닮기도 했다. 석기를 티타늄만큼이나 세련된 기술로 본다는 의미였다. 하이-테크놀로지를 연상시키는 금속과 부드러운 동물 이미지가 관람객을 놀라게 하기에 충분했다.

〈전곡선사박물관〉에는 직립에 대해 생각해 보게 하는 유물과 자료가 가득했다. 나는 바로 2층 상설전시실로 들어가 '선사인과 손'에 대한 문제를 알아보기 시작했다. 손 모양의 변화야말로 다른 영장류와 인간을 구분하게 해주는 특징이기 때문이다. 손이 땅으로부터 자유로워진 정도가 직립의 수준을 결정할 것이다.

2층 상설전시실에 영장류의 손바닥과 인류의 그것을 잘 비교해 놓은 설명이 있었다. 영장류는 엄지의 위치가 손바닥 훨씬 아래에 있고 길이도 짧다. 이렇게 되면 나뭇가지를 잡는 데 유용하다. 하지만 더 가는 물체를 잡거나 한 가지를 오래 잡고 있을 수는 없다. 인류는 나뭇가지뿐만 아니라 바늘도 쥘 수 있는 손 모양을 가졌다. 나는 하루종일 핸드폰이나 연필 등을 손에 쥐고 있는데도 피곤함을 느끼지 못한다. 다양한 형태의 사물을 어떻게든 잡을 수 있고 또 그것들을 오래 붙들고 사용할 수도 있다. 인류가 손으로 쥔 수많은 물건들을 통해 자기 신체를 확장할 수 있었던 것은 그 손이 여러 가지 사물을 잡는 데 특화되어 있었기 때문이었다. 전시실에서 이를 해부학적으로 설명하는 자료를 보니 금방 이해가 되었다.

엄밀한 의미의 호모속屬에 속하는 종들 안에서 손은 거의 200만 년간 동일한 모습을 유지해 왔다. 장골掌骨(손바닥을 이루는 다섯 개의 뼈―옮긴이)로 이뤄진 손바닥의 면은 짧고 넓은 형태로 정사각형에 가깝다. 손가락도 짧고 넓으며, 손가락뼈는 직선으로 되어 있다. 엄지손가락은 두 개의 뼈로 되어 있고, 다른 손가락들보다 굵으며, 그 끝이 집게손가락의 처음 두 뼈를 잇는 관절과 거의 같은 선상에 위치한다. 이러한 형태의 손은 나무 위 생활에서 완전히 벗어나 오로지 두 발로 걸어 이동한 최초의 인류인 호모 에르가스테르(Homo ergaster)와 더불어 나타났다.

침팬지의 경우, '루시(Lucy)'로 불리는 오스트랄로피테쿠스 아파렌시스(Australopithecus Afarensis) 같은 오스트랄로피테쿠스와 마찬가지로 손이 더 길고 좁은 형태를 보인다. 손바닥 면은 직사각형이며, 손가락은 길고 가늘면서 안쪽으로 굽어 있다. 엄지손가락은 다른 손가락들과 굵기 차이가 별로 없고, 긴 손바닥 때문에 엄지손가락 끝이 집게손가락이 시작되는 지점에 위치한다. 이러한 형태의 손은 나무에서 이동하기에 더 적합하며, (……) 잡는 경우도, 침팬지와 일부 오스트랄로피테쿠스는 도구를 인간처럼 엄지와 검지로 잡는 게 아니라 엄지손가락과 손바닥의 옆면 사이에 끼워 잡는다. (……) 침팬지는 손을 써서 땅에서 이동할 때 손가락의 첫째 뼈와 둘째 뼈 사이의 관절로 땅을 짚는다. 이른바 '너클 보행(nuckle walking)'이라 불리는 것으로 현존하는 아프리카 대형 유인원의 특징이다.{파스칼 피크·엘렌 로슈, 『최초의 도구』, 40~42쪽.}

가만히 손 모양을 보고 있으려니 그 장구한 세월 동안 뭔가를 많이, 오래, 잡고 있었음을 알 수 있었다. 떨어지는 꽃잎에서부터 자기 몸보다 훨씬 큰 돌이나 나무 등걸, 온갖 동물의 사체에 이르기까지 그 범위가 얼마나 대단했을까? 인류가 잡았을 수많은 것들이 아찔하게 느껴졌다.

문득 역도 경기가 떠올랐다. 역도, 하면 장미란 선수다. 2008년 베이징 올림픽 때 장미란 선수는 그 몸으로 도저히 들 수 없을 것 같은 무게에 도전했다. 물론 역도 선수에게 필요한 것이 역기 봉 잡는 능력만은 아닐 것이다. 척추의 유연성과 하체 근육의 집중력이야말로 주목해야 할 포인트다. 그런데 보는 재미야 있지만, 선수들에게는 얼마나 가혹한 운동일까? 모든 선수가 신체 능력의 한계치까지 자기를 몰아세운다지만 역도는 중력에 끄달릴 수밖에 없는 사물의 조건을 거슬러야 하는 운동이다. 역도를 보고 있으면 호모 사피엔스가 직립하는 과정을 슬로우 비디오로 재현하는 것 같다. 역도 선수의 탄력 좋은 척추는 대지를 네 발로 걸었던 그 방식을 버린 결과로 만들어졌다.

역도 경기는 인생에 대한 메타포도 함축한다. 뭔가를 들어야 하는 운명 말이다. 우리 각자에게는 감당해야 할 어떤 무게의 운명이 있다. 동물이나 식물과 달리, 인간은 개체적 과제를 넘는 사회적 과제를 들기도 한다. 그런 짐을 드는 과정에서 사람의 몸과 마음은 그 무게에 따라 바뀐다. 장미란 선수가 은퇴를 하고 조금은 가볍게 대중 앞에 등장했을 때, 나는 선수 시절

　　　　　1부 구석기, 야생의 테크놀로지

그가 얼마나 육중한 삶의 무게와 싸웠는지 알 수 있었다. 역도
는 뭔가를 들어야만 하는, 손을 쓰는 인간을 잘 보여 주는 스포
츠이다.

역도라는 힘든 스포츠 이야기를 해서 조금 무거워졌지만,
손을 쓰는 일에는 가볍고 즐거운 쾌감도 있다. 한때 '소확행'이
라는 말이 유행했다. 작지만 확실한 행복을 위해 많은 이들이
했던 것은 전부 손으로 하는 일들이었다. 요리를 하고, 자수를
놓고, 집안의 작은 가구를 직접 만드는 일 등이 다 그랬다. 손으
로 일을 하기 위해서는 자기 주변의 사물들을 직접 다룰 수 있
어야 한다. 손은 가까이에 있는 것들과 친밀한 관계를 맺는 도
구다. 그렇게 일상의 사물들과 따뜻한 관계를 맺다 보면 산만
한 생활에 무게 중심이 잡힌다. 이렇게 사물과 맺는 관계적 충
만감이 사람에게 활력을 주기 때문에 사람들은 계속 손으로 뭔
가를 만드는 것이 아닐까?

인류학자 레비-스트로스는 일상의 우발적 문제들 앞에서
능동적으로 주변의 우연적 상황을 파악하는 사람을 '손재주꾼
(브리콜레르bricoleur)'이라고 했다.{레비-스트로스, 「구체의 철학」, 『야
생의 사고』 참고.} 머리를 쓰는 것이 아니라 손을 쓰는 것이 인류의
본분이라는 의미다. 손으로 뭔가를 쥐는 것을 한자로는 파악
(把握)이라고 한다. 파악이라는 말에는 뭔가를 제대로 깊이 이
해했다는 뜻도 있다. 요리, 조각, 그림, 심지어 글쓰기도 손으로
하는 일이다. 손으로 해보면 안다. 쥐려는 대상의 본질과 내 신

체의 조건, 그리고 이 둘 사이를 중재하는 일이 참 어렵다는 것을. 레비-스트로스의 '손재주꾼'은 자기 한계와 자기 이상 사이에서 이해를 거듭하면서 뭔가를 만드는 사람인 것이다. 손으로 뭔가를 해야, 보람도 기쁨도 느낄 수 있는 존재가 인간이다.

저마다 다르게 걷는 인류의 발

다음으로 인류의 발에 대해 알아보았다. 박물관에 호모 네안데르탈렌시스(네안데르탈인)의 발가락 모양을 복원해 놓은 것이 있었다. 저 발은 영장류의 네 발과 어떻게 다른가? 네안데르탈렌시스 발 모양의 특이성을 알아보려면 그의 손 모양과 비교해 보면 된다. 전시실에 둘의 엄지 손가락과 엄지 발가락 모양을 비교한 것이 있었다. 네 바퀴가 똑같은 사이즈여야 자동차 운행이 부드럽듯, 네안데르탈렌시스가 네 발로 걸었다면 그의 발바닥과 손바닥은 같은 모양이어야 할 것이다. 그런데 네안데르탈렌시스의 손과 발은 모양이 달랐다. 일단 발가락이 손가락에 비해 길이도 짧지만 다섯 개가 나란히 평행하게 붙어 있었다. 반면, 손가락은 그 사이가 크게 벌어져 있다. 엄지 손가락의 경우 다른 손가락들과의 사이가 훨씬 더 많이 벌어져 있고 길이도 길었다. 다른 특징은 발꿈치 부분에 있었다. 발꿈치와 발목에서와 달리, 팔과 손목이 연결되는 부분에 쿠션이 별로 없었다. 호모 네안데르탈렌시스가 이런 손바닥으로 땅을 디디고 걸

　　　　　　　　　　　　1부 구석기, 야생의 테크놀로지

었다면 아파서 몇 걸음 나가지 못했을 것이다.

이렇게 생겼던 발도 한번에 오늘의 모습에 이른 것이 아니다. 〈전곡선사박물관〉 상설전시실로 들어가기 전 2층 복도에는 직립한 인류의 다양한 뼈 모형들이 있다. 비슷한 듯해도 손 모양, 발 모양이 조금씩 다 다르다. 시간 순서대로 모형이 배치되어 있는데, 시작하는 연대가 사헬란트로푸스 차덴시스(Sahelanthropus tchadensis)가 활동했던 약 700~600만 년 전부터다. 호모 사피엔스가 20만 년 전에 아프리카에서 진화했다고 하니까 정말 오랜 시간 인류가 걸었음을 알 수 있다. 그토록 긴 시간이라면, 호모 사피엔스는 정말 많은 곳을 다녔을 것이다.

이 복도 전시물은 인류의 진화에 대해 일반 상식과는 다른 입장을 내놓고 있어 흥미로웠다. 인류 직립의 과정을 직선으로 표현하지 않고 원으로 이어서 설명하기 때문이다. 복도의 인류 인골 배치에 따르면, 인류의 진화는 최초의 직립 인류 오스트랄로피테쿠스인 루시에서 시작해서 호모 사피엔스로 끝나지 않는다. 왜냐하면, 호모 사피엔스가 다시 루시에게로 연결되기 때문이다. 이렇게 원으로 연결된 덕분에 석장리에서 돌을 깨던 30만 년 전 호모 에렉투스만이 아니라 저 아프리카의 루시도 나와 직접적으로 관련이 있는 사이가 된다. 우리는 오스트랄로피테쿠스의 '한계'를 극복하여 더 완성된 모습으로 현재 서 있는 것이 아니다. 우리 안에, 내 안에, 다양한 인류의 흔적이 들어 있다.

상설전시실 안에서도 직립의 역사와 관련해서 감동적인 부분이 있었다. 앞서 복도에서 보았던 뼈들이 살과 털을 붙이고 서서 걸어가고 있었기 때문이다. 전시실 가운데를 꽉 채운 인류들은 마네킹이었지만 복도에서 해골과 뼈로만 보았을 때와는 완전히 다른 모습이었다. 개성 있는 표정과 걸음걸이로 각자는 모두 다른 풍경 속을 탐험했겠지? 복도에서 뼈만 볼 때와는 달리, 피부가 있는 얼굴을 보니 감정 이입도 되었다.

박물관 설명에 따르면, 인류는 18세기에 린네가 '동물 중에서 제일'이라는 뜻으로 분류한 영장류(靈長類, Primates)로, 생물분류상 '척추동물아문 포유강 영장목 사람과'에 속한다. 영장류에는 꼬리가 있는 '원숭이(Monkey)'와 인간을 비롯 꼬리가 없는 '유인원(Ape)'이 있다. 유인원에는 작은 유인원인 기번(Gibbon), 큰 유인원(Hominidae)인 사람, 고릴라, 침팬지, 오랑우탄 등이 있다. 유인원들은 지능, 임신 기간, 월경 주기 등에서 인간과 비슷한 특징을 보인다. 이토록 비슷한데도 인류는 다른 모든 영장류들과 다른 방식으로 산다.

인류의 진화는 아프리카에서 시작되었다. 약 1천만 년 전 아프리카에서는 숲이 사바나 초원으로 바뀌어 갔는데 700~600만 년 전쯤 영장류와 인류의 공통조상으로부터 인류가 떨어져 나왔다. 인류는 줄어드는 나무 위에서 지내기 어려워 땅으로 내려올 수밖에 없었다. 이렇게 처음 땅으로 내려왔을 것으로 생각되는 대표적 인류를 오스트랄로피테쿠스라고 한다.

인류 직립은 1978년 메리 리키(Mary Leakey)가 아프리카 탄자니아 올두바이 계곡에서 45km 떨어진 라에톨리(Laetoli) 유적에서 발견한 발자국 자료를 통해 증명되기 시작했다. 이것은 약 360만 년 전 오스트랄로피테쿠스가 땅에 내려와서 걸었던 흔적이었다.

전시실의 인류들은 종류가 너무 많았다.[*] 직립의 정도에 따른 차이를 보니 일단 키가 다르고, 두개골의 모양에서도 상당히 큰 차이가 있었다. 특히 5만 년 전쯤 살았다고 하는 호모 플로레시엔시스는 『반지의 제왕』에 나오는 호빗족처럼 키가 약 1미터에 불과할 정도로 작았다. 호모 플로레시엔시스는 약 450만 년 전부터 200만 년 전 사이에 활동했다고 하는 오스트랄로피테쿠스보다 키가 작았다. 종이 진화하면 몸집이 커질 것 같지만 더 줄어들 수도 있었다. 그 바로 왼쪽에 서 있는 네안데르탈인은 남성일 경우 키가 165cm 정도가 된다고 한다. 그러고 보니 네안데르탈인보다 더 진화했다고 하는 호모 사피엔스

---

[*] 아프리카의 기후 변화로 인해 다양한 형태의 직립 보행 초기 단계를 보이는 인류들(사헬렌트로푸스 차덴시스, 오로린 튜게넨시스, 아르디피테쿠스 라미두스, 아르디피테쿠스 카디바)이 나타났고, 거기서 다시 오스트랄로피테쿠스 그룹(오스트랄로피테쿠스 아프리카누스, 오스트랄로피테쿠스 가르히, 오스트랄로피테쿠스 아파렌시스, 오스트랄로피테쿠스 아나멘시스)과 파란트로푸스 그룹(파란트로푸스 에티오피쿠스, 파란트로푸스 로부스투스, 파란트로푸스 보이세이)이 나뉘고 오스트랄로피테쿠스 그룹으로부터 다시 호모 그룹이 진화했다. 호모 그룹은 먼저 호모 파베르형(도구의 인류)의 '호모 루돌펜시스'와 '호모 하빌리스'가 있고, 호모 파베르 이후에 호모 에르가스테르형(초기 직립 인류)이 진화하여 나타나는데 여기에는 '호모 에렉투스', '호모 네안데르탈렌시스', '호모 플로레시엔시스'가 있다. 호모 사피엔스는 호모 에렉투스가 호모 하이델베르겐시스 등을 거쳐 진화한 모습이다.

도 네안데르탈인보다는 키와 머리가 작았다.

다양한 인류의 모습을 보니 궁금한 점이 더 생겼다. 특정한 장소에서 공존했을 수도 있는 그들은 서로를 어떻게 바라보았을까? 나보다 키가 작거나 크다고, 눈두덩이가 튀어나왔다거나 턱이 더 꺼졌다고 해서, 혐오하거나 차별하지는 않았을까?

데이비드 그레이버와 데이비드 웬그로는 호모 사피엔스가 대지를 다 점령해 버리기 전에, 정말 다양한 인류가 지구상에 공존했다는 점을 놓치지 말자고 한다. 호모 사피엔스의 인종적 차이라는 것은 과거 인류의 종적 차이에 비하면 정말 한미한 것이기 때문이다.{데이비드 그레이버·데이비드 웬그로,『모든 것의 새벽』참고.} 사피엔스가 너무 같은 종만 보고 살다 보니까, 차이를 과장하고 있다는 것이다. 후기 구석기시대 이전, 저마다의 인류는 저마다의 풍습을 갖고 있었을 것이다. 가끔 마주쳤을 다른 인류에 대해서 훨씬 더 개방적이었을 수도 있다. 호모 에렉투스의 후손인 네안데르탈인과 데니소바인, 그리고 아프리카 고생인류 사이에서 유전자 교환의 흔적이 발견된다. 네안데르탈인과 데니소바인은 훨씬 더 다양한 고생인류, 즉 호모 안테세소르나 호모 에렉투스로부터 많은 유전자를 받았다고 한다. 완전히 종이 다름에도 불구하고 서로 살 맞대며 가족을 꾸렸고 아이도 함께 낳고 길렀던 인류가 있었다.{리 버거·존 호크스,「제2장 인류의 가계도」,『케이브 오브 본즈』참고.}

상설전시실 한가운데에서 '털을 벗은' 인류들이 어딘가를

　　　　　　　　　　　　1부 구석기, 야생의 테크놀로지

보면서 걸어가고 있었다. 2층이 시작되는 복도의 뼈-인류들이 서로 원을 그리며 서 있었던 것처럼 이 마네킹들도 타원형 모양으로 열을 이루면서 움직이고 있었다. 여기서 〈전곡선사박물관〉의 진화관을 알 수 있었다. 맨 앞에 루시가 있고 다른 모든 호모 종들이 진화상 나중에 출현한 순서대로 그녀를 따른다. 관람자는 전시실 안으로 걸어 들어가기 때문에 호모 에렉투스와 호모 네안데르탈렌시스를 차례로 만난 뒤에 호모 사피엔스를 보게 되지만, 마네킹들 자체는 모두 루시를 뒤따르는 모습이다. 여기서 진화를 이끌고 있는 것은 호모 사피엔스가 아니라 오스트랄로피테쿠스이다. 호모 사피엔스가 진화의 목표로 제시되고 있지 않았다.

게다가 인류 직립의 전시물 사이사이로 아프리카 얼룩말, 멸종된 매머드가 함께 걷고 있다. 키가 작은 관목들도 군데군데 장식으로 놓여 있다. 자연과 인간이 '모두', 그리고 '함께' 어디론가 걸어가고 있는 셈이다.[*] 지금은 다 멸종하고 없다지만, 〈전곡선사박물관〉은 우리가 여전히 이들과 함께 걷고 있다고 해석하고 있었다. 전곡의 상설전시실은 황인종이니 흑인종이니 하는 인종적 차이보다 훨씬 더 큰 차이를 가졌음에도 함께

---

[*] 인류가 일직선으로 진화하지 않았다는 것은 1960년대의 인류학자들 사이에서도 상식이었다. 그런데 인류 진화를 단선적으로 그린 그림은 아직도 박물관마다 걸려 있다. 모든 화석 인류를 조상부터 후손까지 한 줄로 세울 수 있다는 것, 인류의 가계도를 하나의 계통으로 정리할 수 있다는 것은 틀린 생각이다.(리 버거·존 호크스, 「제2장 인류의 가계도」 『케이브 오브 본즈』 참고.)

걸었던 공존의 대가들을 상상하게 해주었다.

털을 벗고 사회를 입다

이렇게 걸어가는 사람들 중에 제일 독특한 분은 만달인이었다. 얼굴이 하얗고 매끈한데 어딘가 친절해 보였다. 만달 아저씨는 어떤 사람인가? 1979년 후반, 평양에서 동쪽으로 40km 떨어진 승호 구역 만달리의 석회암 동굴에서 25~30세 정도 되는 남자 인골이 발견되었다. 출토 지역인 만달리의 이름을 따서 '만달인(晚達人)'으로 명명되었다. 주변에서 석기도 동반 발굴되었다. 만달인은 현생인류 고유의 특징인 앞머리뼈에 화살융기가 있었다. 그래서 호모 사피엔스임이 확실했다. 그런데 전시실의 다른 인류와 달리 이 아저씨는 옷을 입고 있었다. 털옷에다가 심지어 가죽 신발까지 신었다.

만달인을 보면서 두 가지 문제를 생각할 수 있었다. 첫번째, 호모 사피엔스가 아프리카를 벗어났다는 사실이다. 저 털옷은 아프리카에서부터 입고 온 옷은 아닐 것이다. 언제, 어떤 경로로 사피엔스가 추운 나라까지 오게 되었을까? 아시아에 호모 사피엔스가 항구적으로 정착 생활을 한 것은 4~3만 년 전이다. 사피엔스는 고인류 중에서도 가장 넓게 이동했다. 아메리카 신대륙을 밟은 최초의 인류이기도 하다. 그럼 그들의 출발은 어떠했을까? 인류가 아프리카를 벗어났다면 그 길목은

　　　　　　　　1부 구석기, 야생의 테크놀로지

또 어디일까? 전곡에 이 경로에 대한 다른 설명은 없었다.

〈국립중앙박물관〉의 지도를 참조하며 구체적으로 더 알아본 바는 다음과 같다. 참고한 책은 제목도 멋진 『인류의 위대한 여행』(앨리스 로버츠)이다. 북부 아프리카에서 호모 사피엔스가 서유럽으로 바로 건너갔다는 직접 증거는 아직까지 나오지 않는다. 지중해가 큰 장애물이니 이는 당연하다. 유럽 고고학자들의 발굴 결과, 그리고 현대 유럽인을 대상으로 한 유전적 분석을 통해 보면, 호모 사피엔스는 일단 동아프리카를 벗어나 동쪽으로 향했다. 이때 시나이 반도를 통과하는 북부 경로와 남부 바브엘만데브(Bab-el-Mandeb)를 통과하는 남부 경로가 있었으리라 추론해 볼 수 있다. 바브엘만데브의 경우 해협은 오늘날 20km 정도 되는데 빙하기 때 해수면이 약 80m 정도 낮고 중간에 섬이 있기도 해서 충분히 건널 수 있었을 것이다.

북부 루트의 경우, 『에덴동산 밖으로』(Out of Eden)를 쓴 스티븐 오펜하이머에 따르면 플라이스토세(Pleistocene, 홍적세) 기간 대부분 사하라와 시나이 사막을 지나야 하는 이 북쪽 경로는 너무 춥고 건조해서 인류가 통과하기 힘들었을 것이라고 한다. 그렇지만 10만 년에 한 번씩 지구가 빙하기에서 간빙기로 넘어갈 때, 이때라면 초원으로 변하기 시작한 시나이 반도 루트를 이용할 수 있었을지도 모른다. 지금 우리는 약 1만 2천 년 전부터 시작된 간빙기에 살고 있다. 그 이전의 간빙기는 13만~12만 년 전에 있었다. 이스라엘의 스쿨이나 카프제의 석회 동굴에서 이 무렵 사피엔스가 아프리카를 빠져나와 살았던 흔적이 발견된다.

그런데 아프리카를 빠져나온 인류는 호모 사피엔스만이 아니었다. 스쿨과 카프제 동굴로부터 약 30km 떨어진 '타분(Tabun) 동굴'에서는 네안데르탈인의 유골이 발견되었다. 약 10만 년 전 전후로 이 지역에서는 호모 사피엔스와 네안데르탈인이 시차를 두고 번갈아 가며 거주했던 것으로 보인다. 그러나 약 9만 년 전 이후부터 약 5만 년 동안 사피엔스의 흔적은 발견되지 않는다. 사피엔스는 그 자리에 더 머무르거나 동쪽이나 북쪽으로 더 나가지 않고 다시 아프리카로 돌아갔다.

사피엔스와 네안데르탈인 사이에 무슨 일이 있었을까? 이 지역에 춥고 건조한 기후가 찾아와 시나이와 사하라 사막이 더 넓어지게 됨으로 해서, 전반적으로 인류의 이동이 제한되었을 것이다.[*] 사피엔스의 '아웃 오브 에덴'이 다시 재기되는 것은 그 후로도 한참 뒤, 지금으로부터 7만 년 전이다.

걷기 시작했으니 곧바로 앞을 보고 막 내쳐 갔을 것 같지만, 최초로 이주를 했던 이들 앞에는 정말 미지의 땅밖에 없었을 것이다. 동진을 하든, 북진을 하든, 그들은 목적지를 정할 수 없었다. 아니, 정하지 않았다. 그들은 자신들의 적응력을 계속

---

* 앨리스 로버츠, 『인류의 위대한 여행』, 119~120쪽. 그리고 위키피디아의 '타분 동굴' 항목(https://en.wikipedia.org/wiki/Tabun_Cave)과 다음의 유튜브(QR코드)를 참고.

1부 구석기, 야생의 테크놀로지

시험하면서 나가기도 하고 물러서기도 했다. 2021년 〈국립중앙박물관〉에서 특별전 「호모 사피엔스: 진화∞관계 & 미래?」가 열렸다. 거기에 미지로 또 미지로 나가는 인류가 결국은 우주로 눈길을 돌릴 수밖에 없다는 듯이 소개하는 인류 이동의 큰 그림이 있었다. 지구는 둥글다. 아프리카가 출발지이며 아메리카가 도착지라고 보는 것은 선형적 사고 방식에 익숙한 우리들 통념이 만든 사피엔스의 이동이다. 사각형의 세계 전도를 놓고 인류의 이동을 생각하면, 마지막에는 더 갈 곳이 없으니 바깥으로, 즉 우주로 나가는 것이 당연해 보이기까지 한다.

하지만 이는 전도된 생각이다. 인류의 여정은 마음 먹으면 성큼성큼 식민지를 개척할 수 있는 그런 마땅하고 쉬운 진행은 아니었다. 아프리카도 나왔다가 들어갔다가를 몇 번이나 반복했고, 더 동쪽인 아시아로 넘어갔다가 다시 아라비아 쪽으로 되돌아오기도 했다. 그 순간순간에 카메라를 들이댈 수 있다면 이들의 이주는 마구잡이식의 무목적적 활동이었을 수 있다. 무엇보다, 아프리카를 출발했던 바로 그 사람이 곧장 아메리카까지 걸어간 것이 아님을 놓쳐서는 안 된다. 중간에 엄청난 종적 교류가 있었고, 다양한 방식의 생존 실험이 있었을 것이다. 단 하나의 인류가 단 하나의 모습으로 이 지구를 휘젓고 다닌 것이 아니다.

계속 한 방향으로 직진하지 않으면 실패한 이주일까? 〈전곡선사박물관〉의 상설전시실은 이런 직선적 진화론을 따르지 않았다. 최초로 사바나를 걸었던 오스트랄로피테쿠스와 만달 아저씨가 거의 나란히 걷다시피 하는 모습으로 인류사를 전시하기 때문이다. 목적지를 정하지 않았다면 실패라고 할 것도 없다. 인류는 살 만한 곳을 찾아갈 수밖에 없는 생존의 압박을 느낌과 동시에 새로운 풍경에 대한 호기심으로 이리저리 몸을 움직였을 것이다. 인류는 관찰력도 솜씨도 좋은, 호기심 많은 종일 것이다. 전곡 상설전시실의 반진화론적 전시는 감동이었다.

두번째 생각거리는 털을 벗고 옷을 입는 일의 의미였다. 직립을 하게 된 인류는 점점 더 이동 범위를 확장했고, 활동 시간도 점차 낮으로 바꾸었을 것이다. 동물원에 가면 호랑이라든가 사자가 낮잠을 자는 모습을 볼 수 있다. 이들에게 낮잠은 우리의 밤잠과도 같다. 털을 달고 아프리카의 뜨거운 태양 아래를 활보하면서 사냥하기는 어려우니, 녀석들은 낮에 자고 밤에 움직인다. 인류는 이런 패턴을 반대로 치고 나갔다. 인류는 직립을 거듭하는 과정에서 털을 버리게 되었고, 등이 아니라 머리로 태양 빛을 직사로 받게 되었다(그래서 머리에는 아직도 수북히 털이 남아 있다), 털이 없어진 덕분에 피부에 구멍이 발달하게 되어 땀 배출도 쉬워졌다.

그런데 이렇게 땀 배출, 즉 발한 작용이 원활하게 되면 체내 수분이 빠르게 고갈되어 수분 보충이 절실해진다. 그래서 요즘 인류학계는 털이 떨어지는 과정에서 물통이 반드시 필요했을 것이라고 본다. 동물의 내장을 이용해서 텀블러쯤은 충분히 만들 수 있었을 것이다. 수분을 보충할 외부 저장 수단이 확실히 뒷받침되었다면, 탈수 위험 없이 더 멀리까지 움직일 생각도 충분히 가능했을 것이다. 그저 맨몸으로 걸어갔을 것 같지만, 손에 뭔가를 들고 걸었다. 그렇게, 직립으로 자유로워진 손으로 여러 보조장치를 달 수 있게 되면서 인류의 신체는 다양한 방식으로 확장되고 변용되었다. 걷는 과정에서 다양한 외부 장치를 탈착하는 트랜스포머가 된 것이다.

몸에서 털을 떨어뜨리기란 단순한 일이 아니었을 것이다. 털이란 무엇인가? 초원의 털 달린 동물들은 왜 털을 벗을 생각을 하지 않았던 것일까? 털에는 추위를 막는 것보다 더 중요한 기능이 있다. 더위를 감수할 만할 정도로 중요한 임무가 있다. 영장류학자 프란스 드 발의 연구에 따르면 침팬지나 보노보 등 인간과 2% 정도의 유전적 차이밖에 나지 않는 영장류들은 하루 대부분의 시간을 서로 털 고르기를 하면서 보낸다. 특히 보노보는 모계 중심적인데, 여성 성체들 사이의 스킨십이 무리를 유지하는 데 결정적으로 중요하다. 이 털 많은 영장류는 서로의 털을 쓰다듬어 주고 이를 잡아 주면서 집단 전체의 사회적 긴장도를 줄인다.[프란스 드 발, 『보노보: 살아가기 함께 행복하게』 참고.] 털 고르기란 그들의 의사와 정서 교류에 있어서 필수적이다. 말을 해야 서로의 차이를 이해시킬 수 있다는 생각은 인류만 하는 것인지도 모른다. 등을 두드리고 머리를 쓰다듬으며 감정을 공유하는 것이 차이가 주는 거리감을 줄이는 영장류 원초의 기술이라면, 그로부터 진화한 사람에게도 스킨십은 정말 중요한 사회화의 기술이겠다.

영장류에서 분기한 인류도 초기에는 털을 고르며 친목을 도모하고 갈등을 조절했을 것이다. 〈전곡선사박물관〉 상설전시실의 털복숭이 아저씨들 얼굴이 강해 보이기는 하지만, 그들이 나보다 훨씬 더 타인의 마음을 잘 느꼈을지도 모르겠다. 털이 많았던 인류는 덜 다투고 덜 미워하며, 서로를 더 깊이 느끼고 이해하면서 지냈을 수도 있다. 그렇다면 '진화'라는 단어가 낯설어진다. 남에 대해 더 많이 불편해하고 더 많이 화를 내는 내가 공생의 관점에서는 너무 퇴화한 듯하기 때문이다.

상설전시실 설명에 따르면, 결국 인류는 털의 보완물로 언어를 개발한 모양이었다. 전시실에 인류 직립으로 달라진 후두 모양이 소개되어 있었다. 후두가 두개골 뒤쪽으로 가게 되었고, 길이도 늘어났다. 전반적으로 구강의 크기도 커졌다. 여기에 더해 돌도끼나 창으로 동물을 잡게 되면서 육식의 빈도와 양이 늘어 씹고 뜯느라 치아와 혀 놀림도 발달하게 되었을 것이다. 이 과정에서 분절적 발음이 가능해졌다. 더하여, 털의 양과 의사소통 방식의 차이에 대해 생각하니 전시실에서 소개하는 인류들마다 독특한 언어가 있었음도 알 수 있었다. 앞에서는 네안데르탈이나 사피엔스가 사이 좋게 지냈을 가능성도 조금 타진해 보았는데, 털의 양을 생각하니 둘 사이의 벽을 넘기가 좀처럼 쉬운 일이 아니었겠다는 생각도 들었다.

구석기의 패셔니스트들

인류는 털을 잃고 혀를 얻었다. 그리고 조금 더 추운 지역으로 이동을 거듭하는 과정에서 털을 대신할 보완재를 다시 개발했다. 그것이 바로 만달 아저씨가 입은 것과 같은 '옷'이다. 호모 사피엔스는 원래 아프리카 열대 출신이어서, 옷을 입지 않은 상태에서는 영상 27도부터 추위를 느낀다. 그보다 내려가면 저체온증을 겪는다. 그래서 동쪽으로 북위 39도인 베이징까지 진출한 호모 에렉투스, 서쪽으로 북위 50도까지 진출했던 네안데르탈인이 옷을 입지 않았을 것이라고는 생각하기 어렵다. 겨우 털을 벗었는데 털을 대신할 무엇을 다시 찾아야 하는 상황을 만난 것이다.

도대체 어떤 방식으로 '옷'이라는 것을 만들기 시작했을까? 현대 고고학자들은 인류가 처음 옷을 입기 시작한 시기를 약 17만 년 전으로 추정한다. 이는 사람에게 기생하는 머릿니와 몸니의 유전자 분석 결과에서 나온 것이다. 몸니는 옷의 섬유에 서식하기 때문에, 머릿니에서 몸니가 분화한 시기를 통해 옷의 사용 시기를 추정할 수 있다.[*] 몸니는 털옷을 입었다는 증거다. 그렇다면 약 10만 년 전에 아프리카를 빠져 나오기 시작

* 옆(QR코드)을 참고.

한 사피엔스가 그보다 이른 17만 년 전부터 옷을 만들 수 있었다는 말인가? 사피엔스의 이동이 가능했던 이유가, 옷을 만들 수 있었기 때문일지도 모른다. 방수, 방한에 대한 자신감이 다양한 방향으로의 이동을 뒷받침한 것일 수도 있지 않을까? 이 점은 인류가 무작정 낯선 곳으로 나가고 보는 대책 없는 모험가가 아니라, 충분히 준비가 되었을 때 조금씩 운신의 폭을 넓히는 신중한 존재라는 점을 말해 준다.

더운 아프리카에서 털옷이 왜 필요했을까? 우리가 더위나 추위를 막기 위해서만 옷을 입는 것이 아니듯, 다양한 종류의 의례에서 털옷이 쓰였을 수 있다. 한편, 동물의 털을 이어 붙일 수 있다면, 다른 것들도 이어 붙일 수 있었을 것이다. 전시실에는 갈대 '깔개'가 재현품으로 전시되어 있었다. 깔개라면 차가운 돌바닥에 두고 앉는 용도였을 것이다. 그런데 사실, 쓰기 나름이 아닐까? 동굴 바닥에서 올라오는 냉기를 잡기 위해서도 깔지만, 비가 올 때는 둘러써도 상관이 없지 않은가? 지푸라기로 엮은 다양한 덮개가 털옷과 함께 만들어졌을 것 같다.

전시실 깔개 옆에는 몸통은 희고 검은 줄무늬로 팔은 짙은 밤색으로 목둘레는 밝은 갈색으로 예쁘게 재단한 모피 코트와 다리를 보호해 줄 털-레깅스도 있었다. 빙하기를 버텨야 했던 호모 사피엔스에게 완전히 안성맞춤이었다. 그 옆으로는 구석기의 등가방과 털신도 있었다. 구석기 사람이라고 하면 눈보라에 허덕이는 헐벗은 사람들이 연상되는데 선사의 전곡 사람들

    1부 구석기, 야생의 테크놀로지

에 비추어 상상해 보니 동물털을 다양하게 오리고 붙이는 바느질 기술이 대단했을 것 같았다. 그런데, 바느질이라니? 바늘은 또 어디서 어떻게 발명하게 되었을까?

구석기 마을에는 전문 디자이너들이 있었을 것이다. 앞서 다녀온 단양 수양개에서 긁개와 밀개를 본 적도 있어서, 구석기 패션을 상상해 보는 데 도움이 되었다. 마침 전곡 상설전시실 앞에서는 '틈새전'이라는 이름으로 「가죽을 다루는 도구들」이라는 전시가 진행 중이었다. 「가죽을 다루는 도구들」에서는 짐승의 표피를 부드럽게 만들고 바늘로 한 땀씩 뜨는 일은 무척 고된 일이라고 설명했다.

구석기 재봉 기술과 관련해선 두 가지 측면을 고려해야 했다. 첫째는 옷감 마련이고, 둘째는 바느질이다. 「가죽을 다루는 도구들」에서는 밀개와 끌개 등 옷감 마련의 도구를 집중 소개했다. 전시에서는 1만 8천 년 전 경기도 남양주 효평동 유적에서 발견된 밀개가 있었다. 수양개에서 본 것과 같았다. 한 손에 꼭 들어올 만큼 작고 아담한데 각각의 면이 어찌나 날카로운지 가죽에 붙은 불순물을 충분히 제거하고도 남을 듯 보였다.

〈석장리박물관〉에는 구석기식으로 옷감을 마련하는 영상이 있다. 석장리를 방문했을 때에는 오직 한반도 석기에만 관심이 있었던 까닭에 다른 유물들이 눈에 들어오지 않았었다. 나는 연천에서 돌아와 바로 다음 날 공주로 가서 구석기 패션에 관련된 영상을 확인했다. 석장리의 옷감 제작 영상에서는 무엇보다 죽은 동물의 피부를 벗기는 일이 쉽지 않아 보였다. 죽은 동물의 피부가 서서히 썩어 가는 동안 다양한 불순물이 생기기 때문이다. 선사의 패션 디자이너는 일차적으로는 지방부터 제거했다. 그는 지방과 다른 불순물들을 돌칼로 하나하나 정성스럽게 벗겨 내야 한다. 그런 다음, 가죽을 적시거나 말린 뒤에 부드러워지도록 밀개로 문지르는 무두질(Tanning)을 해야 한다. 이 과정이 다 끝나야, 표면에 여러 가지 풀 혹은 나무 껍질, 동물의 뇌나 골수, 황토 등을 발라 내구성 있고 부드러운 가죽으로 만들 수 있다. 염색 훈연을 할 수도 있고 기름을 발라 방수 처리를 할 수도 있다.

어쨌든 전체적으로 가죽 만드는 과정 하나하나에 시간이 엄청 소요되었다. 뿐만 아니라, 대단한 지식과 솜씨가 필요했다. 골수를 바르려면 물에 골수를 녹여 거의 풀처럼 만들어야 했는데 그러려면 미리 만들어 둔 가죽 물통 같은 데에 맨손으로 골수 하나하나를 쭉쭉 쓸어내리면서 그 성분이 녹아들도록 하고, 골수-물통에 빠트렸던 가죽을 다시 짜고 말리기도 해야 했다. 말리려면 널대 같은 것을 만들어서 바짝 널어 놓아야 한다. 훈연을 하면 부패를 방지할 수 있는데 그냥 불을 피워 놓고 훈기가 다 날아가도록 옷감을 걸어둘 수는 없으니, 작은 오두막을 짓고 그 안에 불을 피워 옷에 연기가 스며들도록 할 수밖에 없었다.

가죽이 다 만들어지면 날카로운 돌로 자르고, 각각의 가죽

　　　　　　　　　　1부 구석기, 야생의 테크놀로지

들을 이어 붙일 때는 뚫개로 규칙적으로 구멍을 뚫고 뼈바늘로 바느질을 하면 된다. 그런데 이것이 또 쉽지가 않다. 뼈바늘을 만들자면 어디에서 튼튼한 동물의 뼈도 구해야 할 것이고, 부서뜨리지 않고 섬세하게 뼈에 구멍만 뚫을 수 있는 뚫개도 깎아 와야 할 것이다. 효평동 디자이너는 골각기 제작에도 일가견이 있었을 것이다.

한반도에서는 뼈바늘이 함경북도 웅기 굴포리 서포항 유적에서 나왔다. 큰 것의 길이는 10.8cm이고 바늘통 길이는 9.9cm나 되었다. 짐승의 뼈를 정교하게 깎고 끝에 작은 구멍을 뚫어 실을 끼울 수 있게 만들었다.(한국생활사박물관 편찬위원회, 『한국생활사박물관 1: 선사생활관』, 56쪽.) 바늘통까지 나왔다니, 굴포리에는 바느질에 진심인 디자이너들이 살고 있었나 보다.

실은 무엇으로 쓰냐고? 동물의 힘줄이 좋다. 동물의 힘줄은 단양의 〈수양개선사유물전시관〉에서 사냥돌을 묶는 데에 쓰인 것을 보기도 했다. 현대의 우리 옷에서도 단추가 떨어지는 일이 비일비재한데, 활동적이었던 구석기 옛사람들의 옷도 이어 붙인 부분이 떨어지는 일이 잦지 않았을까? 언제라도 쓸 수 있게 동물의 힘줄만 또 따로 모으고 말려 꼬아 놓을 필요도 있었겠다. 그럼 그런 실을 담는 작은 파우치 같은 것도 제작하지 않았을까?*

* 구석기 시대 옷 제작에 관한 다음(QR코드)의 영상도 참고.

전곡을 다녀온 뒤, '악기 인류학'을 위해 〈세계민속악기박물관〉을 따로 방문하게 되었다. 아프리카 야생의 민족들이 보유한 악기 중에는 현악기가 많았다. 놀랍게도 여기에도 동물의 힘줄이 사용되고 있었다. '실'이라고 하면 식물이 떠오르는데 동물의 몸에서 출발했던 것이다. 인류는 17만 년 전부터 바느질을 할 수 있었다. 나뭇가지나 힘줄로 꼬고 엮고 하는 일은 훨씬 더 이른 시점부터 했을 것이다. 덕분에 구석기 사람들은 바구니, 가방, 이불, 천막, 온갖 것을 다 갖고 있었을 것이다.

효평동, 굴포리 디자이너들이 혼자 일했을까? 그럴 리 없다. 천을 마련하는 공정에 시간과 에너지가 많이 들기 때문에, 또 죽은 동물이 주변에 그리 흔하지도 않기 때문에, 무엇보다 무두질이라든가 바느질도 기술인 한 어떻게든 서로 전수하는 것이 좋기 때문이다. 그러니 옷을 입었다는 사실은 석기(뼈바늘의 구멍을 뚫기 위한) 가공, 바구니 등 생활도구 제작 기술이 뛰어났다는 점에서만 평가될 수 없다. 함께 옷을 지어 입는 사람들의 공동체를 떠올려야 이들의 패션관에 대해 더 넓고 깊게 이해할 수 있다. 털을 벗은 인간은 공동체라고 하는 관계의 옷을 입게 되었다.

함께 옷을 지어 입는 사이란 어떠할까? 포근하고 안정적일 것이다. 털옷보다 따뜻한 것은 함께 일하며 사는 사람들이 나누는 온기, 친밀한 유대감일 것이기 때문이다. 효평동 스타일이 있고, 굴포리 스타일이 따로 있었을지도 궁금하다. 각자

　　　　1부 구석기, 야생의 테크놀로지

가 살아가는 주변 환경의 풍경에 따라, 또 디자이너의 취향에 따라 바느질하는 법이라든가 무늬에 차이가 있지 않았을까?

개인에게는 털옷이 공동체 안에서 유대감과 개성을 표현하는 수단이 되었을 것이다. 한편 동물 가죽을 두름으로써 이들은 자신의 피부에 자신들이 먹고, 자신들을 먹기도 하는 동물들과의 유대감도 더 돈독히 입힐 수 있었을 것이다. 그러니 효평동 디자이너들은 사냥도 잘했을 것이다.

지금도 야생에서는 특별한 제의 때 동물의 옷을 입고 풍요를 기도하는 부족들이 많다.(나카자와 신이치, 『곰에서 왕으로』 참고.) 「우리가 인디언으로 알던 사람들」 전시에도 독수리털로 잔뜩 장식된 추장의 꼬리 긴 모자가 있었다. 커다란 날개로 힘차게 창공을 가르는 한 마리 독수리를 보라! 강력한 새의 힘을 머리에 두르고서야 추장은 부족민들을 이끌 수 있었다. 강하고 위엄 있는 새를 닮아야 추장이 될 수 있는 것이다. 가죽옷을 입었던 구석기 사람들은 동물과 자신이 피부를 공유하는 사이라고 생각했을 수도 있겠다.

매머드 뼈집 축제

한 사람이 털옷을 입을 때 동물과의 밀접한 유대감을 느낀다면, 하나의 공동체는 어떤 방식으로 자기 외피를 두르게 될까? 개인에게 몸이 있듯, 공동체에도 몸이 필요하다. 집단적 정체성은 손에 잡히지 않기 때문에, 그 현실성을 확인하게 해줄 어떤 의식적-물질적 틀이 더욱 필요하다.

구석기인들이 자기 집단의 고유성을 고려하면서, 이동하고 살았을지는 알 수 없다. 거듭 이동하는 사람들이었다고 하면(그 속도와 규모가 어떠하든 간에) 언덕을 넘을 때마다 이탈하는 사람이 생길 수도 있고, 정신 차릴 때마다 낯선 누군가와 함께 걸어가고 있을 수도 있다. '정체성'이란 타집단과의 관계 속에서만 의미 있는 개념이다. 항시적으로 특정된 타자를 보고 살아야, 그들과 구별되는 나의 정체성을 생각하게 된다. 자타가 불확실한 상태에서 계속 움직이고 살았다면, 구석기 옛사람들에게 선명한 집단 정체성은 없었을 수도 있다.

그들은 어떻게 무리를 지었을까? 무리들끼리는 또 어떻게 연대했을까? 〈전곡선사박물관〉의 상설전시실에는 여기에 대해 힌트를 주는 재현물이 있었다. 바로 매머드 뼈막집인데, 실제로 이 막집을 '막 지었다'고 보기는 어려웠다. 엄청난 수의 매머드 뼈를 쌓고 이어 붙였다고 설명하기 때문이다.

이 매머드 뼈집은 한반도에서 발견되지는 않았다. 우크라이나 메지리치(Mezhirich) 유적에서 발견된 매머드 뼈집 복원물이었다. 구석기 연구자들에게는 아주 유명한 주거 형태인지 선사 문화를 다룬 책마다 구석기 가옥으로 소개되는 유명한 유물이었다.{김상태, 『단단한 고고학』, 100~101쪽.} 1만 5천 년 전에 만들어졌다는데, 적어도 95마리의 매머드에서 나온 15톤 정도의

　　　　　　　1부 구석기, 야생의 테크놀로지

뼈가 필요했던 집이었다. 매머드의 상아 두 개로 강력하고도 우아하고 날렵한 선이 살아 있는 아치를 만들어 입구를 마련했다는 점이 무엇보다 인상적이었다. 전체적으로는 정강이뼈는 정강이뼈대로, 척추뼈는 척추뼈대로 그 형태를 고르게 맞추어 하부 틀을 둥글면서도 단단하게 했고, 위로 반구형의 틀을 잡을 때에는 긴 뼈들을 세로로 쌓아 올렸다. 제일 위쪽에 구멍이 뚫린 것으로 보아 안에서 불을 피웠을 수 있겠고, 밖으로는 가죽 천을 덧대었으니 보온에 힘썼다고 할 수도 있었다.

이 엄청난 구조물을 도대체 왜, 어떻게 만든 것일까? 이 정도로 웅장한 집이 메지리치 유적군에서는 몇 채씩 나왔던 모양이다. 매머드의 뼈 구조에 대해 아주 정통한 사람들의 작품일 뿐만 아니라, 본드나 끈을 사용하지 않고 뼈들의 기본 골격을 이용해서 철저하게 입체적으로 쌓았으니 이들의 건축학적 지식과 재능도 탁월했다 하겠다. 게다가 아름다웠다. 심미적 만족감도 너끈히 충족시켜 주는 집이었다. 너무 화려하고 웅장해서 일반 가정집이라고 볼 수 없었다.

도대체 어떤 용도였을까? 일반적으로 두 개의 가설이 논의된다. 첫째, 개성 있는 공동체의 출현이다. 이 정도의 매머드 뼈집을 한 세대 만에 지을 수는 없다. 95마리의 매머드 뼈로 지어진 집을 개인적인 용도로 사용하기는 어렵고, 만약 그런 개인이 있다면 그의 정치적 권력은 타의 추종을 불허했을 것이다. 이런 주장을 뒷받침하듯 전시 공간 안에는 매머드 코뼈 위에 붉은 안료로 독특한 기하학 무늬를 그려 놓은 제의물이 있었다. 앞에서 구석기인들의 자기 정체성 표현으로서 '옷'의 기능에 대해 이야기했다. 그런 의미에서 이 뼈집도 공동체의 집단성을 표현했다고 볼 수 있다. 매머드 집이 일상 주택이라고 보기는 어려우므로, 사람들은 시와 때를 정해 놓고 매머드의 집안에 들어갔다 나오면서 매머드와 같이 크고 담대한 마음을 가지려고 했을 수 있다. 뼈막집을 장식했던 특별한 그림은 매머드를 닮고자 했던 집단의 정체성을 의식적으로 표현한 것일지도 모른다. 뼈막집의 주인은 그런 정체성을 대표하는 사람이었을 것이다.

둘째, 네트워크의 출현이다. 이 주장은 첫번째 가설에 숨겨진 정치적 의미를 비판한다. 첫번째 가설을 뒷받침하는 가장 큰 증거는 95마리라는 매머드의 숫자다. 이 정도 무리의 매머드에서 나온 뼈를 하나의 집단이 모으려면 엄청난 시간이 필요하다. 때문에 매머드의 뼈를 모으고 관리하고 축성된 것을 보존하려면 특정한 정치적 권력이 있어야 한다. 애써 모은 뼈를 흐트러뜨리지 않고 보존하기 위해, 막집은 오랫동안 같은 자리를 지키고 있으면서 집단적 상징 건축이 되어 갔을 것이다. 사실, 뼈만 생각해서 그렇지 뼈에 붙어 있는 고기까지를 고려하면 이러한 주장은 타당해 보인다. 강력한 정치적 구심이 있어야만, 잡은 매머드 뼈를 간추리기 직전에 고기를 공정하게 분배할 수 있을 것이기 때문이다.

　　그런데 매머드 네트워크론의 주장자들이 거절하는 것은 뼈집을 강력한 왕권의 출현지로 보는 관점이다. 매머드 집이 그렇게 중요한 권력의 표지라면 왜 그렇게 드문드문 발견되는가? 네트워크 가설은 이 95마리의 매머드를 한꺼번에 잡을 수도 있다는 데에서 출발한다. 각기 다른 장소에 흩어져 있던 소규모 집단들이 잡은 고기를 서로 한꺼번에 나누기 위해 특정한 때를 맞추어 모였을 수도 있다는 것이다. 이 주장은 매머드 뼈집이 주거지가 아니라 일종의 기념물이라고 본다. 각기 다르게 흩어져 있는 대규모 사냥 무리들의 연대를 확인하는 장치였으리라는 것이다. 과연 수백 명의 사람들이, 적어도 석 달은 먹을 수 있는 고기가 충분한 바로 그 자리에서, 축제를 벌이며 각기 따로 보냈던 지난 계절의 일화를 나누었을 수도 있겠다.{데이비드 그레이버·데이비드 웬그로, 『모든 것의 새벽』, 133~135쪽.} 매머드 뼈집을 계절성 축제 장소라고 결론 내리는 고고학자들은 거대한 매머드 기념물이 있는 메지리치, 유디보노, 코스텐키 같은 장소는 먼 거리에서 왔던 사람들이 호박, 조개껍질, 동물가죽 등을 교환하는 중심지였을 가능성을 발굴을 통해 확인하기도 한다.

　　두번째 가설을 따라, 메지리치 등에서 사람들이 서로 활발하게 교류했다고 가정한다면 각 공동체의 형태가 매우 유동적이었다고 생각할 수 있다. 가끔씩 크게 만났다 헤어지는 일이 정기적으로 있었다고 한다면, 메지리치 인근의 많은 부족들 구성원들은 느슨한 연대감을 갖고 이 무리 저 무리 여기저기를 들락날락했을 수도 있다. 이렇게 집단을 바꿀 가능성이 높다면 자기 입성에 더 신경을 썼을지도 모른다. 잘 마름된 가죽옷이나 장신구는 '내가 이 정도로 멋지고 훌륭한 사람이다!', '나에게는 이런 옷차림을 허락해 준 가족과 친구들이 있다'를 자랑하기에 좋았을 것이다. 사람들은, 나의 매력이 곧 내가 관계 맺는 많은 무리들의 매력이라는 점을 과시하면서 매머드 뼈집 앞에서 헤어지고 만날 준비를 하지는 않았을까?

다시 나의 시선을 끈 것은 매머드 뼈집에서 발견되었다는 독특한 무늬였다. 압도적인 힘을 가진 왕이 자기 집단의 정체성을 표현한 것인지, 여러 무리들이 매머드의 힘을 공유하는 관계적 사고를 표현한 것인지, 진실은 알 수 없다. 어쩌면 이 기호는 추장이나 샤먼이 본 무엇을 그린 것일지도 모른다. 또 남아 있지는 않지만 당시에는 다양한 유형의 기호가 더 많이 사용되었을 수도 있다. 어쨌든 매머드 뼈집은 고도의 상징 건축이었다.

껴묻거리 털부츠, 끝까지 가려는 인류의 지혜

상설전시실의 제일 왼쪽 끝 부분에 아기자기하게 전 세계 구석기 동굴의 분위기를 재현한 곳이 있었다. 고수 동굴도 다녀왔던 터라 이런 가짜 동굴쯤은 전혀 무섭지 않았다. 그런데 들어갔다 나와 보니, 고수 동굴에서와 다른 방식으로 으스스한 전

　　　　　　　1부 구석기, 야생의 테크놀로지

시였다. 왜냐하면 누군가의 죽음이 깃든 동굴이었기 때문이다. 재현 동굴 입구 바닥에는 털옷 차림의 한 소년이 털부츠까지 신고 곱게 누워 있었다. 관람을 하려면 그 위를 밟고 지나가야 했다. 그 옆으로 붉은 칠이 되어 있는 한 구의 인골 사진도 있었다. 같은 사람이었다. 소년이고, 아레네 칸디데의 '어린왕자'로 불린다 했다. 전곡 전시실의 동굴은 구석기시대 매장 풍습에 대한 전시관이었다.

매장이란 일부러 형식을 갖추어 시신을 묻는 행위다. 망자를 죽은 그대로 내버려두지 않고, 특별한 장소에 특정한 방식으로 묻을 수 있으려면 생과 사에 대한 철학이 필수다. 이생의 가치와 저승의 의미가 확실히 다르다는 것을, 망자의 몸을 통해 두 차원을 연결할 수도 있음을 생각해야지만 매장을 할 수 있다. 이렇게 장례를 치르게 되면, 이생과 저 생 둘 중 어느 쪽도 절대적으로 우월한 세계가 되지 않는다. 레비-스트로스는 이런 관계적 사고를 대칭적 사고, '야생의 사고'라고 했다.

이 '어린왕자'도 단순히, 아무렇게나 묻혔다고 볼 수 없었다. 어린왕자의 인골은 전부 가지런히 배열되어 있을 뿐만 아니라, 특별한 자세까지 취하고 있었다. 이는 상설전시실의 동굴 제일 마지막 부분에 전시된 네안데르탈인의 매장과도 확연히 달랐다. 한반도 안에서 비교하자면, 〈수양개선사유물전시관〉에서 알게 된 구낭굴의 인골과도 차원이 달랐다. 구낭굴 인골 유적은 손가락 발가락 등 사지의 뼈들뿐이었다.

구석기 인류의 정신 세계를 알아보는 데 매장처럼 중요한 것은 없다. 석기라든가 화덕자리와 같은 것들은, 누군가의 의도와 무관하게 어쩌다 남게 된 것이다. 하지만 구석기 매장 유구는 선사인이 인위적으로 삶과 죽음을 해석한 흔적이다. 때문에 매장 방식이야말로 선사인들의 정신 세계를 심층적으로 이해할 수 있게 하는 중요한 단서가 된다.

일반적으로 '매장'이라고 할 수 있으려면 다음 여섯 가지 조건 중 한두 가지 이상을 만족시켜야 한다. ① 사람의 뼈대가 해부학상 연결 상태를 유지하고, 죽은 뒤에 바로 묻었어야 한다. ② 구덩이를 파거나 바위 틈 등을 살려 의도적으로 묻었어야 한다. ③ 구조물이 없어도 같은 유적 내에 비슷한 형태의 매장형이 여럿 발견되어야 한다. ④ 돌이나 흙을 의도적으로 사용해야 한다. 이런 요건을 만족시키기 위해 수장, 풍장, 화장, 토장의 방식으로 시신을 처리하는 방법이 동원된다. ⑤ 시신 자체를 안치하는 방식을 따질 수 있다. 뼈가 많이 보존되는 방식으로는 굴장(屈葬)과 신전장(伸展葬)이 있다. 최종적으로 ⑥ 부장품이 있어야 한다. 그래야 그 집단의 사회관과 자연관, 생사관을 종합적으로 해석할 수 있다.

'어린왕자'는 모든 것을 만족시키고 있었다. 뼈 전체가 붉은 흙으로 덮여 있는 것으로 보아 유족들이 그의 시신 위에 붉은색 안료를 덮었을 것이다. 붉은색은 전 세계적으로, 문화를 막론하고 장례식과 관련되어 인류의 큰 사랑을 받았던 색이다.

일본의 신석기라고 할 수 있는 조몬(繩文) 문화에서는 부장품으로 붉은 토기를 깨서 묻기도 한다. 왜 붉은색인 것일까? 망자의 근처에 그런 흙이 있어서는 아니다. 라스코 동굴 벽화의 그림들도 붉은색 물감으로 그려져 있는데, 인근에서는 구할 수 없는 광물의 색이다. 전시실 안 매머드 뼈막집의 장식도 붉은 안료로 그려져 있었다. 붉은색이 피를 연상시키기 때문일까? 숨쉬는 모든 것은 그 안에 흐르는 피를 갖고 있으니 망자의 몸 위로 붉은색을 덮었다면, 그가 다시 태어나기를 바란 것일지도 모른다.

그의 매장 당시 모습을 담은 그림을 보니 붉은 안료만 있지 않았다. 왕자는 다양한 부장품으로 치장되어 있었다. 수백 개의 조가비가 붙어 있는 머리그물이라든가, 엘크뿔로 만든 구멍 뚫린 굼막대 4개라든가, 고둥과 사슴 송곳니로 만든 목걸이라든가, 조가비로 만든 팔찌라든가 오른손에는 23cm 길이의 플린트 돌날을 쥐기까지 했다.

이 정도로 꾸미고 치장을 했다면 부장품을 준비하는 데 따로 시간이 필요했을 것이다. 모자며 팔찌에 붙은 수백 개의 조가비들은, 평소에 차고 다녔다면 그의 살아생전 위세를 말해준다고 할 수 있다. 만약 아니라면, 그의 죽음이 공동체에 큰 의미를 지닌 것이었다고 해야 한다. 구석기인들 전부가 이런 방식으로 매장되지는 않았을 것이다. 전시실 설명으로는, 구석기 매장 유구의 대부분은 남성이며 아이나 여성은 극히 적다고 한다. 일단 묻혔다면 '어린왕자'처럼 엄청나게 화려한 부장품과 함께하는 경우가 많단다. 어린왕자 옆에는 러시아 숭기르 지방의 추장 무덤도 사진으로 소개되어 있었다. 3만 년 전의 이 무덤 주인은 매머드의 상아를 깎은 2,936개의 구슬로 장식된 옷을 입고 누워 있었다고 한다. 이 정도를 제작하려면 역시 그에게 부와 권력이 집중되어 있었다고 보아야 할까?

다시 어린왕자에 대한 설명을 읽어 보니, 나이가 이상했다. 12~14세다. 그런데 키가 170cm이다. 14살이면 막 사춘기에 들어섰을 텐데, 미숙한 소년에게 공동체의 권력을 위임하기라도 했을까? 위대한 추장이 가장 아끼는 아들이었을까? 아니면 그에게 신통방통한 재주가 따로 있었을까?

장례 문제를 생각하려니 다른 유물을 볼 때보다 훨씬 더 머리가 아파왔다. 박물관 2층에 카페가 있다는 안내를 보고 잠깐 앉아 있다 가기로 했다. 카페에서는 석장리라든가 여러 선사박물관에서 진행되었던 다양한 특별전의 도록이 전시·판매되고 있었다. 2010년에 석장리에서 「To the Next World : 구석기인들의 죽음과 매장」 전시회가 있었던 모양이다. 전시 도록을 펼쳐 보았다. 역시, 여러 구석기 매장 유구들 중에서도 칸디데의 '어린왕자'를 중요하게 소개했는데, 적은 나이와 큰 키를 주목했다.

다시 상상을 해보았다. 열네 살인데 170cm 정도로 돌아다녔다면 단연 사람들의 이목을 끌었을 것이다. 이탈리아 칸디데의 옛사람들은 그를 어떻게 대했을까? 아끼고 사랑하지 않았을까? 이렇게 블링블링하게 작고 아름다운 장식으로 치장한 모자와 옷, 그리고 칼과 함께 묻혔다면, 그는 살아 있을 때에도 특별한 대접을 받았을 가능성이 높다. 그의 신분이 추장의 아들이었는지까지는 알 수 없다. 그런데 추장의 아들이 아니라면, 왜 추장의 아들들을 제치고 이 '어린왕자'만 어린왕자로 대접받은 것일까? 수렵과 채집을 하며 이동하는 공동체라면 영구적인 권력자를 데리고 있기는 어려울 것이다. 그러므로 모든 가능성을 종합해 볼 때, 아이 자체가 존경받을 만했다고 생각해야 했다. 14세의 그에게 어떤 능력이 있었을까? 어렸을 테니 충분한 사냥 기술, 석기 제작 기술 같은 것을 익힐 수는 없었을 것이다. 자신의 경험으로 입증할 능력은 없었겠지만, 미래를 예언하는 능력이라면 어떨까?

인류 역사에는 특이한 사람들이 정치적 지도자가 되는 경우가 없지 않다. 고대 로마, 공화정 말기에는 초자연적인 인물 타게스(Tigès)에 대한 이야기가 널리 퍼져 있었다. 전설에 따르면 타게스는 어느 날 고랑에서 솟아났다. 아이의 모습을 했지만 노인의 지혜를 갖고 있어서, 타게스 주변에는 금세 사람들이 모여들곤 했다. 그는 많은 가르침을 설파했고 그것은 '신성한 책'의 형태로 퍼져 있었다.(미르치아 엘리아데, 『세계종교사상사 2』, 178~179쪽.) 이렇게 독특한 개인은 인류사에 많다. 20세기 초반 남수단 목축민인 누에르(Nuer)족은 정치가들을 독특한 방식으로 선출했다. 특히 그들의 예언자는 침을 흘리거나 다언증과 뇌전증 환자의 기색 같은 것을 늘 보여야 했다. "예언자는 방언을 읊고, 황홀경에 빠지고, 금식하고, 물구나무서기를 하고, 머리에 깃털을 꽂고, 낮보다 밤에 활동하고, 심지어 지붕 위에 올라앉아 있기도 한다. 어떤 사람은 항문에 막대기를 꽂고 쪼그리고 앉는다."{바이덜먼; 데이비드 그레이버·데이비드 웬그로, 『모든 것의 새벽』, 143쪽에서 재인용.} 인류가 미래를 묻는 자로 신체적으로 특이한 사람에게 관심을 두었다는 사실은 놀랍다. 지금이라면 육체적으로나 정신적으로 병자에 가까운 그들을 어떻게 집단의 선구자라고 생각할 수 있었을까? 칸디데 어린왕자의 큰 키는 그의 영적 능력을 말해 주는 증거였을 수 있다.

칸디데의 소년에게 압도적인 권력을 지닌 아버지가 있었던 것이 아니라, 어린데 몸이 크다고 따돌리는 사람들이 있었던 것이 아니라, 늘 흥미롭고도 존경하는 마음으로 자문을 구하던 사람들이 있었다고 상상해 본다. 갑작스런 그의 죽음으로 아레네 칸디데 마을 사람들은 큰 충격을 받았을 것이다. 그렇지만 그들은 소년이 죽은 후에도 물어 준 사람들이 필요할 때 중요한 이야기를 전해 주리라고 믿었다. 그래서 꾸미고 단장시켜 곱게 묻었다. 칸디데의 옛사람들은 삶과 죽음은 본질적으로 구분되는 무엇이 아니며, 삶과 죽음을 이을 수 있는 존재는 참으로 비-정상인이어야 한다고 생각했을 것 같다.

재현 동굴을 나오면서 입구에 누워 있는 왕자의 신발을 다시 보았다. 구석기인들은 사람이란 죽어서도 저승에서 계속 걸어야 하는 존재라고 생각했다. 어린왕자는 상아 걸개로 고정된 멋진 장화를 신고 있었다. 숭기르 추장도 신발을 신고 무덤에 누워 있었다. 전시실에서는 어린왕자가 나온 칸디데 동굴에 매장된 다른 어린이에 대해서도 소개하고 있었는데 6~8세 정도로 추정되는 이 아이도 신발을 신고 있었다.

포유류 중 가장 오래 걸을 수 있는 종이 인류다. 지구가 둥근 한, 인류 걷기에 최종점이란 없다. 서기 1300년 무렵이 되면 태평양에까지 더 이상 인간의 발자국이 찍히지 않은 섬은 없게 된다.{브라이언 페이건, 『인류의 대항해』, 127~128쪽.} 인류는 도대체 어디까지 걷고 싶은 것일까? 자연사박물관 같은 곳엘 가면 화성이나 그 너머 우주 끝까지 가 보려는 인류 상상도를 볼 수 있다. 하지만 인류가 오랫동안, 매일같이, 걸어 보기를 생각했던 데는 다른 곳이었다. 바로 저승이었다.

연천 〈전곡선사박물관〉 ②

자작나무 타르, 연결로서의 기술

구석기시대는 호모 사피엔스만의 것도, 더 나아가 인간만의 것도 아니었다. 전시실 한가운데에서 인류와 함께 걷고 있는 얼룩말, 매머드, 그리고 그 주변으로 보이는 아프리카의 사자, 누, 툰드라의 큰뿔사슴 들을 보니 정말 그러했다. 인류는 다양한 동물들을 따라 걷고, 함께 살고, 같이 죽었다. 그들의 털로 옷을 입고, 그들의 뼈로 집을 짓기도 했으니 사람과 동물 사이의 거리는 아주 가까웠다. 그런데 이 가까움을 평화롭고 목가적인 풍경 속에서 해석해서는 안 된다. 동물과의 근본적 관계는 서로 먹고 먹히는 사이라는 데에 있기 때문이다. 대지의 자식이라는 점에서 동등하고, 서로에게 목숨을 빚지고 있다는 점에서 절대적으로 의존적인 사람과 동물과의 관계에 대해 선사인들은 어떻게 해석했을까?

상설전시실에는 동물과의 관계를 추론할 수 있는 유물로 '창던지개'가 있었다. 석장리에서도 탐구했지만, 주먹도끼 하나로 동물을 때려잡을 수는 없다. 실제로 사냥에 있어서는 사냥돌이라든가 창이 더 적극적으로 이용되었을 것이다. 수양개에서는 사냥돌도 썼다.

설명에 따르면, 창은 호모 사피엔스가 아니라 네안데르탈렌시스의 발명품이었다. 그들은 30만 년 전부터 나무 끝에 돌날이 달린 창을 만들어 썼다. 전시실에는 12만 년 전부터 자작나무 수액을 끓여 돌날을 나무창에 붙일 수 있었다는 설명이 있었다. '붙였다'니, 이것이 무슨 말인가? 인류가 12만 년 전부터 본드를 사용했다는 뜻이다. 창 하나를 던지려고 해도 정말

　　　　　1부 구석기, 야생의 테크놀로지

다양한 기술이 결합되어야 한다는 의미다. 수양개에도 옛사람들이 만든 작은 슴베찌르개가 있었다. 슴베찌르개도 나무에 붙이려면 아주 가늘고 질긴 나뭇가지를 이용해 둘을 잘 묶든지, 아니면 정말로 본드 같은 것으로 둘을 꼭 맞게 붙일 수 있어야 한다. 슴베 모양으로 돌을 깰 수 있었다는 것은, 그때의 선사인들에게 돌과 나무를 잇는 기술이 있었다는 것을 의미한다.

수양개에서 슴베의 연결고리에 대해서는 왜 생각하지 못했을까? 석장리에서부터 줄곧 선사 유물을 개별적으로, 전시실에 놓여 있는 결과 자체로만 관찰했었다. 이런 질문이 들지 않았던 일차적 이유는 내가 창을 만들어 본 적이 없어서다. 근본적으로는 주방제품, 가전제품, 자동차용품 등 모든 것을 그저 사서 쓰느라 바빴기 때문에 과정을 생각할 여유가 없었던 까닭이다. 어떤 물건이든 '만들어지는 과정'을 거친다. 공장에서 찍어 내는 상품이라 해도, 바코드로 찍히기 직전까지 이 공정, 저 공정 사이에서 많은 일들을 거치기 마련이다. 앞으로는 특정한 도구의 형태 자체만이 아니라 제작의 과정과 실제로 그것을 사용하는 장면까지 조금 더 전방위적으로 생각하는 습관을 길러야겠다.

다시 창던지개를 보았다. 구석기시대 전곡의 맥가이버는 어떻게 나뭇가지와 작은 돌을 결합할 생각을 했을까? 타르 만드는 기술을 먼저 알고 있어서 둘을 붙일 궁리를 했을까? 〈석장리박물관〉에는 자작나무 타르 제작 영상이 있다. 석기 시대의 타르는 기본적으로 자작나무로 만든다. 자작나무 껍질을 오래 태우다 보면 검고 끈적한 물질이 조금씩 똑똑 떨어지게 되는데 이것을 모아 식히고 굳히면 고체 본드 같은 타르가 생긴다. 이 타르를 다시 녹여서, 날카롭게 뗀 석기에 묻히고 그것을 다시 나무에 끼우면 찰떡처럼 붙어 절대로 떨어지지 않는다. 단순해 보이는 공정이지만, 조금의 타르를 얻기 위해서는 자작나무 껍질을 엄청 많이, 오래 태워야 하기 때문에 진짜 인내가 필요하다.*

자작나무 타르에는 주먹도끼나 털옷, 털부츠와는 또 다른 의미가 있었다. 타르가 자연 그대로의 물질이 아니기 때문이다. 이 타르는 불에 탄 나무껍질이 재로 변하기 전에 공기와 만나 엉겨 붙은 새로운 물질이다. 구석기 기술의 일등공신은 인간의 손이라고만 생각했는데, 매개자로 불이 있었음을 알 수 있었다.

전곡의 맥가이버는 화학에 일가견이 있었음이 틀림없었다. 눈 밝은 그는 막 불이 꺼진 자리에 끈적하게 남아 있는 자작나무의 흔적들을 보았을 것이다. 이 맥가이버 씨는 먼저 자작나무의 결들을 이리 만지고 저리 만지고 했을 것이다. 그다음 자연 발화를 다시 흉내 내어, 천천히 자작나무를 태우면서

* 자작나무로 타르를 만드는 과정을 담은 옆의 영상도 참고할 수 있다.

           1부 구석기, 야생의 테크놀로지

떨어지는 검은 액체의 냄새를 맡고 그 성질을 이해하는 실험을 했을 것이다. 어느 정도로 식혀야 하는지, 보관은 어떻게 하는지도 연구했을 것이다. 그런 과정에서 그의 손은 점점 더 검게 거칠어졌을 것이다. 경주의 천마총 전시관에 가면, 옛 통일신라 사람들이 자작나무의 희고 깨끗한 수피를 사랑하여 종이 삼아 글씨를 썼음을 볼 수 있다. 그런데 이 하얀 나무는 불을 만나면 검은 본드가 된다. 불은 자연물의 원래 성질을 바꾸면서 다른 수준의 기술로 도약할 수 있게 해준다.

일상적으로는 고체 상태로 휴대하면서, 필요할 때마다 불을 피워 녹여서 사용하는 자작나무 타르는 나무와 돌만 연결하지 않았다. 〈석장리박물관〉에는 타르로 뼈피리 만드는 영상과 그 재현품도 있다. 맥가이버가 음악가이기도 했던 것이다. 재현된 전시물은 독일 가이센클뢰스테를레(Geißenklösterle)에서 출토된 매머드 상아로 만든 피리인데, 역시 그 제작이 쉽지 않아 보인다.

일단 날카로운 흑요석으로 매머드 상아의 거친 외면을 뽀얗게 다듬어야 한다. 그다음 구부러진 매머드 상아를 길게 두 조각으로 잘라야 하는데, 애초에 상아가 구부러진 모양인 데다가 내구성이 아주 강하지는 않아서 매우 조심스럽게 갈라야 한다. 잘라 내려는 부분에 세로로 하나하나 작은 금을 내면서 천천히, 그러나 확실하게 뼈를 둘로 쪼개야 한다. 겨우 잘라 낸 두 조각의 내부는 칼로 깨끗하게 긁어 다듬어야 한다. 그런 다음에 자작나무 타르를 이용해 둘을 본격적으로 다시 붙인다. 홈이 가늘고 많을수록 본드가 제대로 붙어 떨어지지 않게 된다. 잘 붙고 난 뒤에는 깨끗한 면에 일정한 간격으로 홈을 깎아 내서 손가락으로 공기를 잘 여닫을 수 있게 한다. 입으로 부는 쪽은 돌로 매끄럽게 갈아 공기가 부드럽게 들어갈 수 있도록 한다. 마지막으로 식물을 가늘게 꼬아 만든 줄을 이용해 마디마디를 다시 한번 묶는 것으로 제작은 끝난다. 가이센클뢰스테를레의 악사는 세로로 낸 가는 금 사이로 타르가 흘러 들어가면 더욱 잘 붙는다는 것을 어떻게 알았을까?

속이 빈 상아가 악기가 되는 순간은 언제일까? 아마도 길게 쪼개지고 난 뒤, 타르를 통해 다시 붙여졌을 때일 것이다. 원래도 하나의 통이었고 다시 또 통이 되었지만 두 단계는 질적으로 완전히 다르다.

독일 가이센클뢰스테를레의 선사인들은 이런 피리를 언제 불었을까? 이 뼈피리는 가이센클뢰스테를레에 있는 어느 동굴에서 발견되었다. 이 동굴이 생활 터전이었는지 종교적 의례만 했던 곳인지는 확실치 않다. 일상적으로 불었다면 욕망과 번뇌로 산만해진 각자의 마음을 평화롭게 했을 것이고, 의례 때 불었다면 공동체 전체가 신성한 의미를 함께 느낄 수 있었을 것이다. 동굴이므로 그 울림이 바깥과는 사뭇 달랐을 것이다. 한때 땅속에 뿌리를 내리고 살던 자작나무는 타르 덕분에 동굴 안에서 낯설고 새로운 소리를 만들고 그것을 허공으로 날

　　　　　　　　1부 구석기, 야생의 테크놀로지

려 보낼 수 있게 되었다. 가볍지만 숭고한 상아 뼈피리의 울림은 나와 너에 대해, 웃음과 눈물에 대해, 삶과 죽음에 대해 명상하기에 참 좋았을 것 같다.

거칠고 질기면서도 하얗고, 속살도 매끄러운 자작나무 껍질은 뜨겁게 타는 불을 만나 고무처럼 찰진 본드가 되었다. 하나의 물체에 다른 목적이 깃드는 과정에서 사물은 새로운 생명을 거듭 얻는다. 타르로 돌을 붙인 창은 동물을 죽인다. 그렇지만 타르로 뼈를 붙인 피리는 사람과 사람, 사람과 자연의 마음을 잇는다. 자작나무 타르 입장에서는 누군가를 죽이고, 누군가를 기쁘게 하는 것이 같은 일이다. 이런 타르를 제작할 수 있었다면, 구석기의 맥가이버는 삶의 놀라운 관계성을 느끼면서 사냥도 하고 피리도 불었을지 모르겠다. 그렇다면 피리 부는 사냥꾼, 맥가이버를 우주의 신비를 통찰하려는 현자라고 생각해도 되지 않을까?

죽이지만 살리는 창던지개

인류 최초의 창은 독일 쇠닝겐(Schöningen)에서 발굴되었다. 쇠닝겐이라는 땅, 그 숲은 어떻게 생겼을까? 쇠닝겐에서는 30만 년 전 나무까지 보존된다고 하니, 그곳의 숲은 분명 선사의 기억을 품은 신비로운 분위기를 풍길 것이다. 쇠닝겐에서는 대량의 동물뼈, 석기, 골각기와 함께 여러 형태의 창이 나왔다. 출

토된 동물 뼈들 중 야생말의 뼈에 도살 흔적이 집중되어 있어서
인류가 특정한 동물을 가려 계획적으로 사냥한 증거가 된다.

전시실의 소개 그림을 잘 보니 창보다 더 놀라운 것이 있
었다. 바로 창던지개다. 창 뒤쪽 끝에 붙여서 창을 더 멀리, 더
빠르게 날려 보내는 속도 증강 장치였다. 원심력을 배가시킴으
로써 날아가는 창의 속도를 높이는 물건이었다. 전시된 창던지
개는 2만 년 전 것의 재현품이었다. 그 무렵 사냥꾼들은 창끝에
던지기까지 붙여서 자기 팔 길이를 연장시켰다. 정말 인류는 연
결의 달인, 변형의 기술자, 트랜스포머다. 피식자였다가, 구덩
이를 파서 함께 매머드를 잡는 사냥팀을 이루었다가, 이제 인류
는 자기 팔을 기계적으로 변형시켜 혼자 사냥을 할 수 있게 되
었다. 물론 창던지개를 쓰는 와중에도 함께 사냥하고 때로는 동
물에게 잡아먹히기도 했을 것이다.

창던지개는 인류 최초의 기계식 도구다. 전시실에 소개된
사냥 재연의 그림, 그리고 창던지개를 착장했을 때의 유효 사
거리(射距離)를 보면 알 수 있다. 찌르개를 쓰면 0~3m 정도에
있는 매머드를 찌를 수 있다. 창을 쓰면 18m까지 사거리를 늘
일 수 있는데, 이 정도면 빠르게 뛰는 곰을 겨냥할 수 있다. 여
기에 창던지개까지 붙여 날리게 되면 30m 정도 멀리 있는 코
뿔소까지도 잡을 수 있다. 창던지개는 최대 100m까지 사거리
를 확보할 수 있다.

조금 전에 자작나무 타르를 보고 왔기 때문에, 창과 창던

                                  1부 구석기, 야생의 테크놀로지

지개 사이의 홈이 어떻게 맞추어졌는지를 중요하게 보았다. 재현품을 보니 여기에는 타르를 쓰지 않았다. 당연했다. 타르로 붙이면 아예 창던지개가 빠지지를 못한다. 창던지개의 목적은 창을 날려 보내는 것이다. 창과 함께 날아가서는 안 된다. 자세히 보니 창던지개의 끝부분이 창 안에 박혀 있다. 창던지개가 딱 맞게 박혔다가 빠질 수 있게 창의 끝부분을 잘 깎아야 했다. 그런데 창에 박혀 있는 창던지개 부분에 뭔가가 조각되어 있었다. 창던지개 자체가 달리는 사슴 모양인데, 엉덩이 부분에 뭔가가 나와 있고 그것이 창에 박혀 있었다. 단지 기술력을 높이기 위해서라면 굳이 저런 조각까지 애써 할 필요가 없다. 사냥꾼들은 왜 던지개에 조각을 했을까?

자세히 보니 사슴이 어리다. 사슴은 앞이 아니라 고개를 뒤로 돌려 자기 엉덩이를 보고 있다. 엉덩이 꼬리 밑에서 뭔가가 나오는 모습인데, 덩어리가 뭉툭하고 큰데 부드러워 보이기도 했다. 창던지개는 르 마스 다질의 새-새끼사슴으로 불리는 것의 재현품이었다. 꼬리털 밑으로 나오는 것을 '새'라고 하는 모양이다. 이렇게 새 모양을 응용한 형태의 창던지개가 프랑스 피레네 산맥 여기저기 후기 구석기 유적지에서 발견된다고 한다. 어떤 창던지개에는 엉덩이에 새가 두 마리나 앉아 있다고 한다. 다시 전시물을 보았다. 어린 짐승은 이제 확실히 사슴처럼 보였다. 그런데 엉덩이에서 나오는 것이 새인지는 확실하지 않았다. 사슴이 왜 새를 낳는다는 것인지 말이 되지 않았다. 새가 아니라면 무엇일까? 똥인가?

창던지개에 큰 관심을 보이는 인류학자들 사이에서 이 엉덩이 문제는 아직 다 해결되지 않고 있다. 새냐 똥이냐의 차이가 쉽게 좁혀지지 않는 것이다. 배변설을 주장하는 측의 근거는 사슴이 새를 낳을 수는 없다는 점에 있다. 새 가설의 근거는, 우선 동물들은 아플 때가 아니면 배변할 때 뒤를 돌아보지 않는다는 데에 있다. 결정적 이유는 엉덩이에서 나오는 것이 어쨌든 날개를 말고 태어나는 새를 가장 닮았다는 점이다. 그런데 두 해석 모두가 혼란스러운 이유는 사슴이 어리다는 점이다. 어린이는 똥은 눌 수 있지만 어린애를 낳을 수는 없다. 게다가 사슴이 왜 사슴을 낳지 않고 새를 낳아야 하는가?

예술 인류학자 장 클로트(Jean Clottes)는 선사 예술품을 사실적으로 보아서는 안 된다고 한다.* 상징적으로 접근해야 하는데, 창던지개는 특별한 메시지를 담고 있다는 것이다. 창던지개 조각과 관련해서 떠오르는 관념은 '어리다', '난다'이다. 창던지개는 사냥에 쓰인다. 창을 날려 보내 생명이 쉽게 끊어

---

* "정확한 의미가 무엇이든 간에 이런 집기 물건이나 동굴에 그려진 그림들은 훨씬 정교한 사유를 하는 특별한 사람들이 있다는 것을 증명해 준다. 더욱이 이처럼 상상적인 세계는 아무나 쉽게 가질 수 있는 게 아니다. 이처럼 작품에서 보이는 동물들 간의 관계나 인간과 동물 간의 관계는, 먹잇감을 사냥하던 자들이 평소의 생활 장면을 단순하게 재현한 것과는 차원이 다르다. 요컨대, 남자이자 들소인 존재와 여성의 관계, 새 머리를 한 남자, 새를 낳는 새끼 사슴과 같이 앞에서 소개한 후기 구석기시대에 나온 세 가지 예들의 공통점은, 자연에 있으므로 충분히 인식 가능한 세계와 눈에 뻔한 현실의 세계에서 나와 버린 듯한 상징 세계가 절묘하게 혼합되어 있다는 것이다."{장 클로트, 『선사 예술 이야기』 213~214쪽.}

지게 한다. 새-사슴 창던지개가 기술적으로 사냥의 성공 확률을 높이는 도구라는 점에 착안하면, 선사인들은 창던지개가 동물의 죽음과 사람의 삶을 바로 연결하는 장치라고 생각했을 수 있겠다. 이때 굳이 '새'로 그것을 표현한 까닭은 무엇일까? 새야말로 하늘과 땅을 가장 큰 범위에서 연결할 수 있는 존재이니, 생과 사를 연결하는 기호로 쓸 수 있을 것이다.

〈전곡선사박물관〉에서 본 창던지개에는 사슴이 붙은 봉에 지그재그 선 무늬까지 새겨져 있었다. 단지 짐승을 잡는 도구라고 볼 수가 없을 정도로 아름답고 귀해 보인다. 천천히 보고 있으려니, 사슴의 긴장하는 얼굴에서 생명을 노리는 사냥꾼의 야심과 미안함이 함께 느껴졌다. 왜 이런 창던지개가 많이 제작되었을까?

창던지개로 날려 맞히게 되면, 내 가시거리 바깥에 있는 사냥감도 쉽게 잡을 수 있다. 기술적으로 대상을 맞힐 확률이 높아서이기도 하지만, 동물을 가리지 않고 사냥을 할 수 있게 된 탓에 잡을 대상에 감정 이입할 여지가 없어지기 때문이다. 이렇게 나와 무관한 동물을 잡을 수 있게 되다 보니 사냥을 더 자주, 더 많이, 할 수 있다. 창던지개는 사냥꾼과 사냥감이 서로 대치하는 상황, 누가 먹힐지 결정되지 않은 상황, 그 사이에서 생명을 나누던 두 존재 사이의 긴장감을 소거하는 도구인 것이다.

반려동물을 식용으로 바꾸기란 매우 어렵고 곤란하다. 그와 맺었던 생기로운 관계를 다 죽이고, 상대를 하나의 생명 없는 사물로 대해야만 한다. 일상을 나누는 반려까지는 아니더라 해도 눈앞에 살아 있는 동물을 직접 잡는 것, 생명을 해치는 일에는 어쨌든 윤리적 부담이 뒤따르기 마련이다. 주먹도끼로 동물을 때려잡는 것과 총으로 쏘아 잡는 것은 대상과의 연결에 있어 본질적으로 다른 일이다. 전자의 경우, 대상을 사물로, 나와 무관한 존재라고 '애써 생각해야'만 한다. 그런데 사냥 도구의 발달에 따라, 잡는 대상과의 거리가 점점 멀어지게 되었다. 창이 개발되고 창던지개까지 나오게 되었을 때, 사냥꾼들은 동물을 그저 먹거리로만 생각하게 될 위험을 예감했던 것이 아닐까? 그래서 그들은 창던지개에 사냥의 본분을 조각했다. 사냥은 단지 동물을 죽여 내 배를 불리는 일이 아니다. 사냥은, 우리가 타인의 목숨을 받아 살아가는 존재임을 깊이 이해하는 일이다. 누군가의 배려와 헌신에 기대어, 더 훌륭한 삶을 낳기 위해 하는 일이다. 이것이 선사의 사냥관이었을 수 있다.

함께 전시실에서 창던지개를 본 답사단원들끼리 공통적으로 내린 결론 중 하나는 어떻게 해석할 수 있든지 간에, 창던지개가 아름답다는 사실이었다. 그저 사냥 도구라고 할 수 없을 정도였다. 마스 다질의 사냥꾼들은 동물의 목숨줄을 단숨에 끊어 놓을 수 있는 사냥도구에 지나치게 아름다운 장식을 했다. 요즘은 사냥꾼을 찾기도 어렵지만, 있어도 총으로 동물을 잡는다. 총도 아름다울까? 얼마나 빠르게, 얼마나 많이, 상대를 잡는 일에만 목적을 두는 도구는 아름답지 않다. 하지만 선사의 도구들은 주먹도끼조차도 우아한 대칭미를 자랑하며 아름다웠다. 그런 도구에는 상처를 주고받는 둘의 구체적 관계가 들어가 있을 것이다.

마음씨 고운 육식주의자들

〈전곡선사박물관〉에서는 또 다른 기획전을 하고 있었다. 이름이 아주 충격적이었다. '고기'였기 때문이다. 사냥이란 죽인 동물과의 관계를 끝까지 성찰하는 일이니, 구석기 사냥꾼들의 식탁은 어떠했을지 궁금했다(지금은 〈전곡선사박물관〉 홈페이지에서 온라인으로「고기」전시를 관람할 수 있다).

사실대로 말하면, 전시 공간 자체가 매우 불편했다. 입구부터 다양한 고기들을 동물별로, 먹는 부위별로, 저장 방식별로 매달아 전시해 두었는데 머리 위로 피가 뚝뚝 떨어지는 것은 아닐까 두려울 정도였다. 전시관 전체가 선홍색 고기 빛이었고 군데군데 하얀 줄무늬가 고기의 마블링처럼 그려져 있어서, 내가 고기인가 고기가 나인가 어지러웠다. 이리저리 바닥의 화살표를 따라 전시물을 볼 때에는 가다 멈추고 가다 멈추고 하게 되는 탓에, 음식물이 뱃속에서 소화가 잘 되지 않는 느낌마저 들었다. 그래도 답사자의 탐구심을 다지며 두 눈 부릅뜨고 끝까지 전시관을 떠나지는 않았다.

「고기」는 고기를 대하는 선사 인류의 모습을 '고기를 먹기 시작하다', '고기를 잡는 법', '먹은 고기의 종류', '고기를 해체하는 법', '고기를 요리하는 법'의 차원에서 하나씩 설명했다. 중간에 고기가 되지 않았던 개 이야기도 잠깐 나오고, 과도한 육식에 반대하는 채식 문화도 소개되었다. 마지막에는 이 모든 과정을 남기게 된 선사인의 쓰레기터에 대한 이야기로 끝이 났다.

① '반드시 잡아라'

전시는 두 부분으로 구성되어 있었다. 하나는 벽면에 전면으로 선사인들의 사냥을 그린 커다란 수묵화이고, 다른 하나는 그 아래 진열장에 가지런히 놓여 있는 사냥 도구[石器]들이다. 선사의 사냥 장면은 기가 막혔다. 사냥꾼이 창을 들고 높은 언덕 위에서 매머드, 야생 들소, 사슴, 말과 하이에나 등을 무섭게 내려 보고 있었기 때문이다. 멀리 보이는 동물들이 원근법 때문에 작게 표현되어 있었다. 동물들을 지나치게 왜소화시키지는 않아서 다행이었다. 오른쪽 하단의 들소들의 눈에는 살기가 어려 있어 사냥의 긴장감이 느껴졌다.

문제는 선사의 인간을 어떻게 표현했는가였다. 화폭의 왼쪽 면 전체가 두 명의 사냥꾼으로 채워져 있었다. 한 사람은 그림 밖으로까지 나온 나무 창을 쥐고 있었다. 화면에는 마음만 먹으면 그의 창이 저 멀리 매머드 등 위에라도 꽂힌다는, 먹거리에 집착하는 인간중심주의적 자신감이 가득했다. 게다가 이 그림 아래 놓인 석기들은 지나치게 깨끗했다. 재현품이니까 당

1부 구석기, 야생의 테크놀로지

연하지만, 이런 방식의 재현은 사냥이라는 행위 자체가 '잡고 싶으면 잡고, 먹고 싶으면 먹는다'로 매끈하게 정의할 수 있는 일이라는 착각을 안길 것이다.

북극권 코유콘(Koyukon)족의 신앙에는 자연을 대하는 행동 지침이 가득하다. 그들의 자연은 불경하거나 모욕적인 인간의 행동 또는 헛된 낭비에 즉각 벌을 내릴 수 있는 강력한 정령이다. 코유콘 사람들은 동물을 죽이는 것을 죄라고 생각하지 않는다. 그런데 어떤 경우에도 무례하지는 않아야 한다. 그래서 코유콘 사냥꾼들은 동물을 손가락으로 가리키지 않고, 동물에 대해 떠벌리는 법이 없으며, 사냥에 대해서는 특히 조심스럽게 말한다. 죽일 때에는 고통이 없도록 해야 하며, 상처 입은 사냥감을 포기해서도 안 된다. 이 점은 특히 인상적이다. 내가 쏜 창에 맞고 도망간 사슴이라면 끝까지 쫓아가서 죽일 수 있어야 한다는 말이기 때문이다. 이놈 쏴 보고 안 되면 저놈 쏴 보고 하는 식이 아닌 것이다. 나에게 목숨을 내어 주기로 결심했을 그 동물의 뜻을 존중한다면 절대로 그 생명을 포기하지 말고 거두어들여야 한다는 의미이다. 참으로 관계에 책임을 지는 태도다. 코유콘족의 경우, 죽인 동물에 대해서도 다루는 방식이 철저하다. 해체와 나눔에 있어서는 엄격한 격식이 있어서, 누가 어떤 부위를 가르고 만지며 운반하고 요리할 것인가에 대한 금기도 확실하다.

「고기」전에서도 동물을 어떻게 해체하는가에 대해 간단히 소개하고 있었다. 프랑스 아브리 파토(Abri Pataud)에는 후기 구석기 유적지가 있는데, 여기서 총 53,294점의 순록뼈가 출토되었다. 이 가운데 4,386점에 뼈에서 절단된 자국이 발견되는데 귀뼈를 제외한 모든 부위에 그 흔적이 남아 있었다. 머리뼈에는 가죽을 벗긴 흔적이 있고 몸통뼈에는 불규칙하게 자른 자국도 있다. 팔다리에는 관절마다 자른 자국이 있었는데 그 자국들이 함부로 마구 그은 듯하지 않았다. 분명히 어떤 규칙을 가지고 반복적으로 해체했다는 것이다. 아브리 파토 옛사람들도 죽인 동물에 대해서 함부로 하지 않았다.

아프리카 남부의 수렵인 산(San)족은 거대한 영양 무리, 누, 얼룩말 등 다양한 유목 동물들 속에서 살아간다. 이들은 자신들이 사냥하는 동물들에게 아주 친밀한 느낌을 가지는데 이 부족의 영양 춤이 특히 인류학자들 사이에서 유명하다. 최근까지도 산족의 샤먼은 죽은 지 얼마 되지 않은 영양의 사체 옆에서 춤(San Bull Dance)을 추었다. 이 의식에서 샤먼은 몸을 부들부들 떨고 식은땀을 흘리면서 코피까지 쏟는데, 죽어 가는 영양 또한 경련을 일으키면서 땀을 흘리고 벌어진 입으로 피 섞인 토사물을 쏟아낸다. 샤먼은 영양 춤을 추며 죽어 가는 영양을 본다. 영양의 고통을 자기 것으로 만들면서, 샤먼은 그것을 먹고 죽어 간 자신의 일족을 본다. 코유콘족이 죽어 가는 동물에게 예를 다하고 산족이 죽어 가는 동물의 환각을 체험하는 것은 인간과 동물이 동등한 자연의 자식이라고 깊이 느껴서다.

② **선사의 고기 vs 현대의 고기**

고기에 대한 현대인의 시선을 가장 확실하게 보여 준 코너는 바로 '선사의 고기와 현대의 고기'였다. 선사시대 한반도에서 발견된 동물뼈로 다양한 것들이 소개되고 있었다. 옛코끼리, 쌍코뿔이, 하이에나, 원숭이, 털코끼리 등 지금은 우리나라에 살지 않는 것들이 있었고, 사슴, 노루, 호랑이, 너구리, 말, 소 등 현재에도 볼 수 있는 것들도 있었다. 한반도는 토양이 산성이라 동물의 뼈가 거의 발견되지 않는데 남아 있는 것은 전부 동굴 유적지에서 나왔다. 동굴에 남은 뼈들을 전부 사람이 먹었다고는 볼 수 없겠지만 그래도 사슴은 확실히 많이 사냥되었던 모양이다.

「고기」전에 따르면 현대 한국인들은 돼지고기를 가장 많이 찾는다. 1년 동안 한국인 한 사람이 약 55.3kg의 고기를 먹는데 이중 돼지고기가 32.3kg이며, 2위는 역시 닭고기로 19.5kg, 3위는 소고기로 12.4kg이다. 선사시대에는 닭, 돼지, 소가 먹거리가 아니었다는 점도 흥미롭고 현대인은 확실히 내다 팔 목적으로 기른 가축만 먹는다는 점도 새로웠다.

동물이 아니라 가축-상품을 먹는다는 것이 무슨 말일까? 내가 먹은 것이 나라고들 한다. 신성한 정령으로서의 사슴이 아니라 상품으로서의 고기를 먹을 때 무슨 일이 일어날까? 이는 간단한 차이가 아닐 것이다. 구석기 식탁에 앉았던 사람들과 내가 같은 호모 사피엔스라고는 해도 실은 완전히 다른 심성, 태도, 윤리감을 갖고 있을 수 있다. 그러니 겸상은 힘들 수 도 있겠다.

이 통계 바로 옆에 고기를 어떻게 부위별로 나누는가에 대한 설명이 있었다. 숲 정령의 보호를 받고, 인간과 동등하게 대우받던 동물들이 완전히 다른 방식으로 정의되고 있었다. 부위별로 나눈 고기를 모아 붙이면 다시 그 닭이 되고 그 돼지가 되고 그 소가 될까? 삶이란 부위별로 나눌 수 있는 것이 아니다.

일본의 농생태학자 후지하라 다쓰시는 먹거리의 정의를 다음 세 가지 측면에서 찾는다. 비내구성, 자연성, 정신의존성이다.(후지하라 다쓰시, 「제4강 먹거리의 종언」, 『전쟁과 농업: 먹거리와 농업을 통해 본 현대 문명의 그림자』 참고.) '비내구성'은 먹거리라면 반드시 썩는 것이어야 한다는 말이다. 신선한 것이 아니라 썩는 것이야말로 먹거리라니? 그런데 맞는 말이다. 자연 상태의 모든 것은 그 개체의 생애 주기에 따라, 자연의 거대한 리듬에 따라, 나고 죽으며 썩는다. 각자가 처한 저마다의 삶 리듬이 썩음이라는 사건을 통해 새로운 생명력으로 전환된다. 그러므로 '썩어 가는 것을 먹는다'라는 말은 '먹는 때를 알다', '나고 죽는 리듬을 보다'라는 의미가 된다. 나는 유통 기한이 긴 제품을 골라 한꺼번에 많이 사 두는데, 이것은 내가 먹는 것들의 생애는 물론이고, 그것을 먹고 늙어 가는 내 처지도 전혀 생각하지 않고 있다는 뜻이 된다.

비내구성은 '자연성'과 바로 연결된다. 죽고 썩을 수 있는

　　　　　　　1부 구석기, 야생의 테크놀로지

것이야말로 생명이며 생명에게는 생명만이 밥일 것이다. 우리 생에 결코 썩는 일이 없을 것들로 무엇을 떠올릴 수 있는가? 방사능 물질이 있다. 인체에 흡수되면 칼슘을 대체해서 뼈 구성 성분이 되고 골수암과 백혈병을 일으키는 스트론튬90은 반감기가 28년이다. 폐암을 일으키는 플루토늄94는 반감기가 더 긴 88년이다. 요오드129는 반감기가 무려 1,570만 년이다. 인간은 자연에서 나고 죽는 것을 먹어야 하는데, 자연이 도저히 소화시킬 수 없는 것을 지금 생산하고 있다.

후지하라 다쓰시에 따르면, 한때 살았던 것(자연성)을 먹기 때문에 인류는 오래전부터 먹거리에 특별한 의미를 부여했다. 심지어 요리는 살아 있었던 것을 먹는다고 하는 윤리적 부하감(Ethical Overload Burden) 때문에 개발한 특별한 '생명의 의미 전환' 기술이다. 날것으로 먹기보다는 다양한 형태로 조리해서 동물의 원래 상태를 다르게 바꾸어야 먹을 수 있다는 의미이다. 후지하라 다쓰시는 화식(火食)을 하거나 발효를 하는 까닭도 영양가가 높아지고 보존에 용이하기 때문이 아니라 동물을 동물로서는 먹을 수 없기 때문이라고 해석한다. 구석기에는 확실히 이 세 가지 먹거리 특징 중 세번째가 가장 문제가 되었을 듯하다. 요리란 본디 먹거리와의, 먹는 사람들과의 관계를 조정하고 예를 다하는 일이니까 말이다. 나는 경외심을 가지고 바라보았던 대상을 몸 안에 들이는 것의 숭고함을 생각해 보았다.

③ 고기의 풍미

후지하라 다쓰시는 먹거리의 정신의존성을 지적하면서 요리의 중요성을 강조한다. 요리란 인간이 먹거리에 의미를 쏟아붓는 행위다. 의미가 잔뜩 들어가면 맛도 풍부해진다. 물질로서의 먹거리와 의미로서의 관념이 서로 섞이기 위해서는 변용과 화합의 물질이 필요하다.

차마 눈 뜨고 보지 못할 '돼지고기 발골' 동영상을 지나니, '고기의 풍미'에 대해 소개하는 그림과 그 밑으로 화덕에 놓였던 구워진 돌과 탄화된 곡식이 나왔다. 그림에는 꼬챙이에 고기를 끼워 불에 굽는 장면도 있었다. 인류는 불을 언제부터 다룰 수 있었을까? 불 자체는 인간의 발명품이 아니지만 불을 길들이는 기술은 인간의 발명품이다. 그런데 정말 불을 어떻게 길들였을까? 불을 길들일 수 있기나 할까?

「고기」전에 소개되고 있는 화식 이야기를 보고 있으려니 2층 상설전시실에서 보았던 연천 선사인들의 불 발견 영상이 떠올랐다. 처음에는 번개가 남긴 조그만 불씨가 있었다. 불씨가 메마른 풀줄기에 달라붙고, 점차로 번졌다. 호모 에렉투스로 추정되는 연천인 중 한 사람이 약하게 타고 있는 나무토막을 들었다. 그는 아슬아슬 죽었다 다시 타오르곤 하는 불씨를 친구들과 나누어 가졌다. 영상에서는 너무 자연스럽게 설명되고 있었지만, 정말 인간이 불을 길들일 수는 없었을 것이다. 사실 인간은 어떤 존재도 길들일 수 없다. 자기 자신마저도.

전곡리 사람들은 큰 돌 등으로 불길을 가두고 지푸라기나 물로 그 범위와 강도를 조정하면서 불을 이용하게 되었을 것이다. 인류사에서 최초의 모닥불을 누가 언제 발명했는지 찾아볼 수는 없다. 화덕자리가 이 긴 세월에 남아 있을 리 만무하기 때문이다. 고고학자들은 같은 장소에서 두 번 이상 모닥불을 피우게 되면, 주변 토양이 지하 15센티미터까지 그을리고(자연 발화의 경우 토양이 지하 1~2센티미터 이상 그을리지 않는다) 그 일대의 자성도 바뀐다는 점에 착안해 최초의 모닥불 발화 지점을 유추하기도 한다. 그 결과로 최초의 모닥불은 160만 년 전 케냐에서 피워졌다는 추정도 있다. 최소 네닷새 동안 불을 피운 흔적이 나왔다는데, 이 주변에서는 수천 점의 석기와 뼛조각도 발견되었다. 연구팀은 근방의 흙을 분석했는데, 고기를 굽지는 않았다는 결론을 내렸다.

이스라엘에서는 수십만 년 전부터 화덕을 사용한 흔적이 발견되며 특히 6만 년 전 케바라 동굴 화덕자리는 매우 유명하다. 주변 환경을 바꾸기 위해 불을 사용한 증거는 1만 2천 년 무렵부터 나타난다. 오스트레일리아의 애보리진과 아메리카 원주민 등 오늘날의 수렵-채취 부족 가운데 상당수가 사냥감을 유인하기 위해서 초목을 태워 식생을 새로 조성하는 데 불을 사용한다. 구석기시대에는 당연히 그 방식이었을 것이다. 선사시대 경관 변용에 불을 사용한 대표적인 예로는 1만 1500년경 영국 요크셔의 스타 카가 꼽힌다. 이곳 호수의 퇴적층에서 나온 숯 조각을 조사했더니 갈대밭을 태웠다는 증거가 나왔다.(스티븐 마이든, 「15장 스타 카」, 『빙하 이후』 참고.)

이렇게 불을 길들이려고 했던 종은 인간뿐이다. 오직 인간만이 요리하고, 오직 인간만이 따로 모여 식사한다. 전시실에서 소개하는 구석기시대 요리법은 굽기였는데, 통구이와 꼬치구이로 나눌 수 있었다. 꼬챙이에 꿰서 굽거나 석쇠 위에 음식물을 올려놓고 구우면 지방은 동일하지만 열량과 단백질 함량이 20%가량 는다. 그런데 지방을 녹여 밖으로 나오게 하는 조리법도 있다. 그럼 구석기시대에 끓이는 것도 가능했을까? 갈비탕에는 뚝배기가 필요하니, 토기가 나오지 않는 이상 구석기인들이 탕을 먹었다고 생각할 수는 없겠다.

「고기」전에 식사 장면은 없었다. 전시 그림과 유물들을 통해서는 각자 자기 일에 집중하는 사냥꾼과 요리사를 떠올릴 수 있었다. 그렇지만 선사인들은 불 앞에 도란도란 모여 요리하고 수다를 떨었을 것이다. 혼밥의 시대가 왔지만, 인류는 본디 혼자 먹지 않았다. 또 식사의 본령이 배를 채우는 것에만 있지도 않았다.

2층 상설전시실의 설명을 참고하면, 수다를 떨기 위해서라도 고기를 먹어야 했다. 육식의 결과로 인류가 신체 구조에 변화를 맞았기 때문이다. 채식을 주로 하는 동물은 큰 창자가 길고(소장은 더 길다), 육식을 주로 하는 동물은 작은 창자가 길다. 창자가 길면 돌돌 말게 되어 배가 커진다. 채식주의자였던

　　　　　　　　　　1부 구석기, 야생의 테크놀로지

저팔계가 그토록 빵빵한 몸을 가졌던 것은 소장이 보통 이상으로 길어서다. 저팔계와 달리 인류는 육식 덕분에 아담한 배를 갖게 되었다.

육식을 많이 하면 두뇌의 크기와 구조에도 변화가 생긴다.{전곡선사박물관, 『인간은 사냥꾼인가?: 선사시대의 기술, 사냥』, 16쪽.} 기후변화에 따라 새로운 환경 적응력을 시험받았던 인류는 엄청난 정보를 처리하면서 창의적으로 생계 문제를 해결해야 했다. 어쩔 수 없이 머리를 계속 굴려야 하니 동물성 단백질을 섭취해야 했고, 그 결과로 머리를 더 쓰게 되었다. 다시 그 결과로 고기를 더 찾게 되었고…. 이런 되먹임에 걸리면서 머리가 커진 것이다. 그러자 두개골 자체에서도 변화가 생겼다. 가장 큰 일은 이빨과 턱의 크기가 줄어든 것이다. 덕분에 성도(聲道) 끝 부분의 모양과 용적이 변해 사피엔스는 유인원들보다 훨씬 다양한 발성을 만들어 낼 수 있게 되었다. 먹는 입은 말을 할 수 없다. 말하는 입은 먹을 수 없다. 하지만 인류에게 먹는 일과 말하는 일은 똑같은 진화 과정을 거친, 똑같이 중요한 일이었다. 「고기」 전시장을 나오면서 알게 되었다. 인류는 먹기 위해서만 살지 않았다. 잘 살기 위해 먹었고, 무엇을 어떻게 먹어야 잘 사는 일일지를 줄기차게 생각했다. 그것이 구석기 주방과 식탁에서의 제일 중요한 화제였을 것이다.

관람하는 내내 동물을 도륙하는 기분이 들어서 불편했다. 그런데 사실 그 불쾌한 느낌은 '나는 (너와는 달리) 절대로 고기

일 수는 없다'라고, 동물을 단지 먹거리로만 생각했던 평소의 시선 때문이었다. 「고기」전은 관람자가 누군가의 뱃속에 있다는 느낌을 주기 위해 애쓴 전시였다. 고기에게 고기임을 각성토록 한 과감한 기획이었던 것이다. 박물관의 결단력 있고 공격적인 전시에 박수를 칠 수밖에 없었다.

채집의 공산주의

구운 고기에는 채소 곁들임이 제격이다. 구석기 식탁에 고기만 있었으랴? 채소 혹 버섯도 불판 위에 올리지 않았을까? 「고기」에서 소개되고 있는 육식의 인류사를 보니 다른 먹거리에도 관심이 갔다. 인류는 잡식성이었을 것이기 때문이다. 매일 안정적으로 고기를 잡기가 어렵고, 오랜 시간 저장해 두기에도 불편함이 있었기 때문에 선사 일상식의 절대적 부분을 차지하는 것은 식물들이었다. 가을 단풍이 좋아 등산을 나서면 산 입구에서부터 예쁘게 떨어져서 '날 주워줘' 하고 부르는 도토리들을 만날 수 있다. 도토리묵을 만들 것도 아닌데 보이기만 하면 일단 한 알 두 알 손이 간다. 어디 나만 그런가? 귀 기울여 보면 심심치 않게 '어머, 도토리야!' 하며 반가워하는 감탄사를 들을 수 있다. 아득한 채집의 추억이 우리를 도토리에게로 이끈다.

〈전곡선사박물관〉 상설전시실에는 전곡인들이 채집했던 먹거리가 있었다. 이 전시물은 두 가지 점에서 놀라웠다. 첫째,

전시물 중에 도토리가 없었다. 참나무는 신석기시대에 비로소 진화한 나무란 말인가? 아니다, 진작부터 무성했다. 둘째, 채집이라고 해서 식물만 생각했다. 윤기 나는 까만 머루라든가 살이 두툼한 꾸지뽕, 작은 산딸기류의 열매들, 우엉이나 마, 인삼 등 구근류 등등. 하지만 그뿐만이 아니다. 사람은 온갖 모양의 버섯, 새알, 작은 애벌레, 곤충까지 다 '주워' 먹을 수 있었다. 인간은 꽤 다양한 것들을 먹어 왔다.

그런데 줍자고 치면 숲에서보다 바닷가 특히 갯벌이 쉬웠을지도 모른다. 다시마, 미역 등의 해조류, 여러 종류의 갑각류, 또 이런저런 모양의 조개들이 널려 있을 테니 말이다. 연안가에는 사슴이나 곰보다는 잡기 쉬울 작은 물고기들이 많이 있다. 구석기시대에도 어부가 있었을까? 석장리도 수양개도 전곡리도 전부 강변이었으니 민물고기는 잡았을지도 모른다. 하지만 〈전곡선사박물관〉에 어로(漁撈) 유물은 없었다.

주먹도끼에 집중해서 선사 이미지를 그린 탓에 전곡 옛사람들이 고난이도의 사냥만 했을 것 같지만, 채집을 했다면 여기에서도 다양한 기술을 개발했을 것이다. 사냥과 사냥감 해체에 쓰이는 도구인 석기는 제작에 있어 아주 오랜 숙련이 필요한데, 채집은 두 손으로 쉽게 할 수 있다. 숲 바닥에 있는 것은 주우면 되고, 나무 위에 있는 것은 긴 가지 등으로 쳐서 떨어뜨리면 된다. 오를 수 있다면, 나무 위 새 둥지도 털 수 있다. 채집은 특별한 기술이나 숙련을 요구하지 않기에 남녀노소 누구라도 할 수 있다. 어린이라도 자기가 먹을 것을 스스로 찾을 수 있을 테니, 수집 능력이 있다면 공동체 안에서 어리다고 과한 보호를 받지 않았을 수도 있다.

생각을 이어나가다 보니 채집이 쉬운 일이 아닐 수도 있겠다. 채집이 대단히 상황 의존적인 활동이기 때문이다. 특정한 장소에서 열매 등을 다 따 버리고 나면, 다음에는 다른 곳으로 이동해서 따야 한다. 그러니, 채집 활동을 하는 사람들은 생활 범위를 상당히 넓게 가져야 한다. 열매나 곤충의 생태에 맞게 또 계절에 따라서도 이동해야 한다. 구근류와 같이 흙인지 돌인지 구분이 잘 되지 않는 땅속 먹거리를 발견하고, 색감이라든가 질감에 있어서 짙은 갈색빛의 숲 바닥과 거의 구분되지 않는 버섯류를 찾으려면 엄청난 수준의 숲 이해 능력도 필요할 것이다.

이처럼 채집에는 엄청난 주의력이 필요하고, 여기에도 사냥 못지 않은 훈련이 필요하다. 채집을 하려면 공감각적이어야 한다. 탈중심화하는 글쓰기로 인류학을 실험하는 애나 로웬하웁트 칭은 버섯 채집가를 따라다니며 자본주의를 지탱하는 엄청난 수준의 생태적-경제적 연결망을 분석했다. 『세계 끝의 버섯』이라는 책의 앞부분에는 미국 오리건주의 숲에서 번번이 버섯을 찾지 못해 낭패스러워하는 애나 칭이 나온다. 반면 그의 옆에는 능숙하게 버섯을 찾아내는 라오스 출신의 미엔인들이 있다. 애나 칭에게는 버섯 향에 대한 숙련된 감수성이 없었던 것이다. 그는 버섯 찾기의 과정을 이렇게 소개한다.

좋은 버섯을 찾기 위해서는 나의 모든 감각이 필요하다. 송이버섯 따기에는 비밀이 하나 있기 때문이다. 그 비밀은 버섯을 거의 찾지 않는 것이다. 이따금씩 온전한 버섯 하나를 발견한다. 아마도 동물이 버렸거나 너무 늙어서 벌레가 먹었던 것이다. 그러나 좋은 버섯은 땅 밑에 있다. 때로 나는 버섯을 발견하기 전에 자극적인 향을 맡는다. 그러면 나의 다른 감각이 곤두선다. 나의 눈은 어떤 채집인이 설명하듯이 '자동차 앞유리의 와이퍼'처럼 땅을 훑는다. 때때로 나는 더 좋은 각도로 쳐다보기 위해, 또는 느끼기 위해 땅에 엎드린다.
나는 버섯이 성장한 흔적, 버섯의 활동선(activity line)을 찾는다. 버섯은 자라면서 땅을 조금 움직이는데, 그 움직임을 찾아야 한다. 사람들은 그것을 혹이라고 부르는데, 윤곽이 분명한 둔덕을 말하고 매우 드물게 존재한다. 그렇게 생각하기보다는 나는 가슴으로 숨을 들이마실 때와 같은 들썩거림을 느끼는 것으로 생각한다. 그 들썩거림을 버섯의 호흡으로 상상하면 쉽다.{애나 칭, 『세계 끝의 버섯』, 430~431쪽.}

오리건주의 채집가들처럼, 버섯을 찾기 위해서는 전방위적이어야 한다. 현대인에게 익숙한 시각에만 의존해서는 절대 안 된다. 네모난 건물, 네모난 도로, 네모난 TV, 네모난 전화기 등 무엇이든 직각으로 이해하는 도시 생활에 익숙해지면, 일단 눈이 나빠지고 관계도 나빠진다. 보이는 것 너머의 꿈틀거리는, 존재하는 것들의 호흡에 둔감해지기 때문이다. 시력이 떨어지는 것만이 아니라 보이는 것을 늘 자로 재고 판단하는 식으로 가져가게 되니까 이해도 잘 안 되고 소통도 어려워진다. 그런데 우리 주변의 모든 것에는 색, 질감, 부피감 등이 있다. 존재의 느낌은 공감각적으로 다가온다.

관계는 전방위적일수록 좋다. 채집인이라면 수많은 냄새 속에 농축되어 있는 특정 생물의 과거와 미래에 관한 거대한 감각 지도를 구상할 수 있어야 할 것이다. 애나 칭은, 채집을 하려면 땅속에 숨어 있는 버섯의 숨 같은 것을 포착할 수 있을 정도로 숲 바닥 전체의 이야기를 들을 수 있어야 한다고 주장한다. 구석기 채집인도 그러했을 것이다. 채집은 숲 전체의 이야기를 듣기 위해 온 감각을 열어 놓는 일, 그러면서 나의 주의를 끄는 무엇을 향해 손을 내뻗는 일일 것이다. 석장리나 수양개에서 나는 석기를 배우기 위한 학교 같은 것이 있지 않았나 생각했었다. 그런데 채집 모델 공동체는 또 다를 것 같다. 엄마나 아버지 꽁무니를 쫓아다니더라도 자기 자신의 느낌에 집중하는 아이들이 보인다. 채집가에게 알기란 개념을 얻는 일이 아니라 숲의 이야기에 내 느낌을 맡기는 일, 내가 커다랗고 깊은 숲의 일원임을 느끼는 일일 것이다. 숲에서는 모든 것이 내 것이지만, 나 또한 숲속 모든 존재들의 것이다.

　　　　　　　　　　　　　　1부 구석기, 야생의 테크놀로지

사냥꾼을 생각하면서 전곡에 들어갔었다. 그런데 나오면서는 채집 문제에 골몰하게 되었다. 마지막으로 선사 노동의 젠더에 대해서 남는 궁금함이 있었다. 선사를 다룬 책들을 보면 보통 사냥은 남자가 하고, 채집은 여자가 한다고 되어 있다. 석장리나 수양개에서도 석공은 전부 아저씨 모습으로 재현되었다. 그런데 공감각적 채집 활동이 꼭 여성의 일이어야 하는지 이상하다. 선사 노동의 젠더 배치에 대한 해석은 산업 사회에서 '남자-임금 노동자'와 '여자-그림자 노동자'로 구분하는 편견이 작동된 까닭이 아닐까? 동물은 크고 무섭고 식물은 작고 다루기 쉽다는 식으로, 사냥과 채집을 포획한 결과물만 놓고 생각하지 않는다면 선사 노동을 다른 방식으로 바라볼 수 있다. 동물을 이해하는 일도 식물을 이해하는 일도, 숲 전체에 대한 이해력이 없으면 안 된다. 남자들도, 여자들도, 아이들도, 노인들도 이 능력은 필수다.

전곡을 떠나면서 친구들과 토론을 한 끝에 도토리 문제도 해결할 수 있었다. 도토리는 탄수화물이 풍부하기는 하지만 생으로 먹을 수가 없다. 도토리에는 쓴맛을 내는 탄닌이라는 성분이 있어서 2차 손질이 필요하다. 물에 푹 담가서 그 독기를 빼야 하니까 그릇 같은 것이 필요하다. 냇가에 둑이라도 만들어서 쓴맛을 제거한다고 해도 그냥 먹을 수는 없고 죽이나 빵으로 만들어 먹어야 한다. 갈돌과 갈판, 오븐 같은 것이 필요하다. 한반도에서도 구석기 식료로 도토리를 썼다는 흔적은 발견되지 않는다. 강원도 양양 지경리 신석기 집터에서 탄화된 도토리가 발견되었다고 하니, 도토리가 먹거리로 각광을 받는 것은 신석기시대의 일이다. 그런데 도토리처럼 가을철에 사랑받는 열매로 밤이 있지 않은가? 밤은 생으로도, 구워서도 먹을 수 있다. 구석기시대에는 도토리보다는 밤이 더 주목받았을지도 모르겠다. 구석기시대 채집의 상징이 밤이라고 생각하니, 우리를 선사시대로 데려다 줄 군밤의 계절이 기다려졌다.

제2부

신석기,
연결의 대모험

양양 〈오산리선사유적박물관〉
〈시흥오이도박물관〉
〈창녕비봉리 패총전시관〉
부산 〈동삼동패총전시관〉

1. 토기의 제작, 공동체의 시작

신석기인들은 구석기인들보다 훨씬 발달한 기술, 보다 윤택한 물질 문화, 더 풍요로운 인간 관계를 누렸을까? 그런데 이런 생각도 어딘가 이상하다. 구석기인이라든가 신석기인이라든가 시계나 달력을 썼던 시절도 아닌데 누가 어떻게 한 시대를 지정할 수 있을까? 그리고 현대에도 산업화된 기술을 거부하고 살아가는 사람들은 도처에 있다. 누군가의 시대를 결정하는 것은, 그가 태어난 때와 장소인가 아니면 그의 생활방식인가?

〈전곡선사박물관〉에 한반도 구석기와 신석기의 선사유적 지도가 있었다. 그 분포가 확연히 달랐다. 구석기 유적 발굴지는 주로 내륙, 굽이치는 강 언저리(경기도 연천의 전곡리, 충청남도 공주의 석장리 등)에 있었다. 특히 석회암 지대가 넓게 퍼져 있는 충청도를 중심으로 풍화의 영향을 덜 받는 동굴 유적지가 많았다(단양 수양개, 제천 점말). 반면 신석기 유적지는 대부분 동해, 남해, 서해의 삼면에 있었다. 구석기 사람들이 갑자기 다 바닷가에 몰려가 새로운 문명을 일으키기라도 했단 말인가?

이런 질문을 하게 되는 이유는 지도의 본질을 놓쳐서다. 지도는 특정한 정보를 가리키기 위해 현실을 심하게 단순화시킨다. 특별한 목적에 따라, 시대의 세계관에 따라, 지도 위 공간은 독특하게 압축된다. 전곡의 선사 지도도 구석기나 신석기 유적들만을 특화시키려다 보니 마치 완전히 구별되는 두 시대가 있는 것처럼 착각을 일으킨다. 신석기시대가 되었다 해도, 여전히 산에서 수렵 채집에 열중하는 이들이 있었을 것이다. 또 한 사람이 삶의 방식을 이렇게 저렇게 바꾸는 일이 흔했을 수도 있다.

'신석기시대'는 개념적으로 다음의 요건, 즉 청동기시대의 특징들을 예비하는 문명 기틀 마련의 시기이다. ① 재배, ② 정주 ③ 잉여 생산 ④ 하향식 관리질서의 출현이 그것들이다. 특히 관료제적 관리체계가 수립된 결정적인 증거로 문자의 유무가 중요한 증거 지표가 된다. 역사는 이 네 가지 사항을 완전히 충족한 지역를 '문명의 발상지'라고 한다. 그런데 한반도에 신석기 유물이 많이 나왔을 뿐만 아니라 정주터가 있었다고 하는 양양 오산리, 시흥 오이도, 부산 동삼동 등에서는 이런 기틀의 증거가 나오지 않는다. 특히 '재배' 기술에 관해서는 다양한 편차가 보일 뿐만 아니라, '수렵·채집' 생활의 흔적이 더 많이 나타난다. 그럼 세계사 일반의 '신석기'가 있고, 한반도식 '신석

기'가 따로 있다고 해야 할까? 한반도 신석기의 독특한 특징을
공부해 보고 싶으니 직접 찾기로 했다.

한반도 신석기 박물관을 찾으니 크게 세 곳이 나왔다. 동
해 바다 양양의 오산리, 남해 바다 부산의 동삼동, 서해 바다 시
흥의 오이도다. 더 멀리로는 섬마을 제주 고산리와 내륙으로는
한강 유역의 암사동도 있었다.

각각의 박물관 홈페이지를 찾아 들어가 보았다. 다섯 곳의
박물관 소개에는 구석기 박물관과 확연히 다른 점이 있었다.
양양에서는 첫 화면을 토기가 가득 채우고 있었고, 부산에서는
'빗살무늬 토기' 파우치 만들기 체험 광고가 튀어 나왔고, 시흥
은 아예 박물관 내부가 나무로 흙 느낌을 내면서 거대한 토기
처럼 둥글게 말려 있었다. 특히 맨 꼭대기 부분은 아예 뻥 뚫려
있어서, 상설전시실이 있는 3층까지 걸어 오르도록 한 모양인
데 관람객이 토기 안을 돌아다니는 착각을 유도한 듯했다. 제
주 고산리 역시 핵심은 토기였다. 신석기의 대표 유물은 그릇
인 것이다. 구석기시대를 상징하는 물질이 돌이라면 신석기시
대는 흙이었다.

홈페이지를 더 자세히 살펴보니 삼면의 바다마다 대표로
삼는 토기가 달랐다. 양양의 대표는 덧무늬 토기로 한반도 신
석기 토기 중 아주 오래되었다고 하고, 시흥 오이도는 그 유명
한 빗살무늬가 특징이었다. 특히 빗살무늬 토기는 하부가 삼각
형이라 아마 땅에 파묻었던 것으로 보이는데 양양의 토기 바닥

은 평평했다. 제주도와 부산의 토기는 동서 양쪽 바다 모양이 두루 나타나는 듯했다. 형태상 가장 큰 차이가 있어 보이는 동해와 서해 신석기 유적지를 먼저 답사해 보는 것이 좋겠다.

양양 〈오산리선사유적박물관〉

갈대로 엮은 집과 마을

이제 신석기시대로 들어간다. 빽빽한 숲에서 사냥하고 쉼 없이 흐르는 강 어귀 풀숲에서 채집하는 사람들이 아니라, 대양을 바라보며 사는 사람들의 심성을 상상하는 일은 분명 또 다른 재미를 줄 것이다. 세종에서 출발해 거의 네 시간 정도 걸렸지만, 답사단과 함께 차 안에서 구석기, 신석기, 이 사람 저 사람에 대해 이야기 나누느라 순식간에 도착한 듯했다. 거리는 교통 기술의 발달 때문이 아니라, 누구와 무엇을 나누는가에 따라 좁혀진다.

양양 〈오산리선사유적박물관〉에 도착하니 그 앞으로 넓은 늪지가 펼쳐져 있었다. 산책 데크도 있어서 늪지 사이를 걸어 볼 수가 있기에 먼저 산책을 했다. 바닷가라고 해서 파도 치는 해변만 생각했는데, 조금 안쪽으로 들어오면 늪도 있고 야트막한 언덕도 있었다. 한반도 삼면의 토기 모양이 다 달랐던 것처럼, 바다마다 그 모습도 다 다르겠지. 풍경에 대한 천편일률적인 상식 너머로 나가고 싶어졌다.

양양 〈오산리선사유적박물관〉의 정면이 보이는 곳에서 기념사진을 찍고 있으려니, 박물관 오른쪽 옆으로 지푸라기로 엮은 집이 하나 보였다(휴대폰 카메라로 확대해서 보니, 엮어 올린 형태였다). 박물관에 들어가기 전에 이 주거 모형부터 보기로 했다. 근처에 도착하니 주거 모형이 여럿이 있었다. 큰 주거 모형은 관람객을 위해 실제의 것을 과장했는데, 전체는 둥글게 나뭇가지를 촘촘히 엮은 원뿔형이었다. 내부에는 기둥이 세워져 있었다. 입구 설명을 보니, 한반도 신석기 집들은 둥근형과 네 모형이 고루 발견된다고 한다. 일반적으로 지름은 5~6m, 면적은 20~30㎡, 그렇다면 대략 4~5명이 생활할 수 있다. 처음부터 4~5명이 살려고 이런 모양으로 만들게 된 것일까? 아니면 건축 기술의 한계로 4~5명밖에 살지 못한 것일까?

집은 위로 꼭대기가 뚫려 있었는데, 그 위에 다시 삼각형 짚모자를 엮어 얹어 놓았다. 굴뚝 역할을 할 것 같았는데, 모든 신석기 가옥에 이런 굴뚝이 있었는지는 모르겠다. 이런 신석기 주거 양식은 기본적으로 땅을 파서 기둥을 나무로 세우고 다양한 나뭇가지 등으로 집체를 올리는 형태라서 '움집'이라고 부른다. 공주의 〈석장리박물관〉에도 야외에 구석기 한데 유적[野外遺跡/ Open air site] 주거 모형이 있었다. 한데 유적은 주로 하천 주변의 낮은 언덕이나 산지가 들과 만나는 지점에서 발견된다. 양양 한데 유적의 나뭇가지 집과의 차이라면 기둥의 유무겠다.

안에 들어가니, 모델하우스인 까닭에 내부로 땅을 한 20cm 정도 파내어 방으로 꾸며 놓았다. 실제로 신석기 주거는 바닥을 조금 깊게 파 내려가는 모양이다. 석장리의 구석기 한데 유적은 그냥 보통의 바닥 위에 갈대 등으로 지어 올렸었다. 신석기에 집 개념에 변화가 있었다고 해야 했다. 일단, 이렇게 안으로 움푹 들어간 형태라면 여름이나 겨울에 더위와 추위를 피하기 좋았을 것이다. 그런데 이런 실용성 너머에 대한 해석도 가능하다. 단차를 두었다는 것은 집이 그냥 앉아서 쉬는 휴게소와는 다른 공간이라는 의미가 아닐까? 설명에도 '모래로 된 바닥에 5cm 정도의 두께로 점토를 깐 다음 불을 놓아 단단하게 처리했다'고 나와 있었다. 바닥의 마감에 신경을 썼다는 점은 함께 공간을 나누어 쓰는 그 관계에 대해 특별한 의미를 부여한 행위로 보인다. 든든한 '우리 사이'를 공간적으로 확실하게 구축하겠다는 의지가 읽히기 때문이다.

건물 외장재도 의미심장했다. 신석기 유적에서는 볏짚 같은 것은 나오지 않는다. 쌀농사 이전이기 때문이다. 자연 환경이 천 년 단위로 확확 변하는 것도 아니기 때문에 벼농사를 했다고 해서 전부 볏짚으로 재료를 바꾸지도 않았을 것이다. 선사 유적지에서 나온 여러 생활 흔적들, 예를 들면 탄화된 곡식이나 도토리 등을 찾아 관찰하면 과거 집짓기 재료 추측이 가능하다. 양양에서는 주로 갈대풀을 썼다. 갈대풀을 쓴 덕분에 방수방풍에 뛰어나고 병충해를 막기에 편했을 법했다. 집이 원추형이니 비가 와도 갈대를 타고 흘러내렸을 것이다. 갈대를 아주 두껍게 겹쳐 묶는다면 눈이 많이 내려도 보온에 큰 지장이 없을 수 있겠다.

그런데 어쨌든 갈대는 갈대다. 비와 눈에는 강할지 모르지만, 얼었다 녹았다를 반복하는 가운데 곰팡이가 필 수도 있을 테고 자칫 잘못 하다 불이 붙는 일도 잦았을 것이다. 그리고 결국은 썩게 될 것이다. 잦은 개보수가 필수적인 집인 것이다.

비가 오면 집 안의 습기는 어떻게 되나? 양양 신석기 모델하우스 안에는 화덕자리가 있었다. 이 화덕으로 요리와 난방을 겸했다고 한다. 서해의 〈시흥오이도박물관〉에서도 신석기 주거 일반에 대한 설명을 볼 수 있다. 오이도에서는 내부 화덕을 조리보다는 난방과 조명으로 썼다고 한다. 둘을 놓고 표준을 따질 수는 없고, 큰 틀에서 신석기 주거 양식은 내부에 불을 피우며 사는 식이었다고 해석하면 되겠다. 집 안에서 불을 피웠다면 연기가 나가야 하니 양양이나 시흥의 주거에서 구멍은 필수였을 것이다.

현대 건축은 대규모 석재를 주로 쓴다. 신도시 세종에는 구도심이 없기 때문에 시내에서 콘크리트가 아닌 집을 보기 어렵다. 경주나 서울 남산의 한옥마을 같은 곳을 탐방하면 흙과

 2부 신석기, 연결의 대모험

나무로 지은 집들을 볼 수 있다. 그런데 신석기의 집 재료는 나무조차 아니다. 갈대 같은 풀이다. 양양의 갈대집들은 한번 지어 놓으면 얼마나 유지할 수 있었을까? 지었다고 일이 끝나지는 않았을 테고, 부분부분 계속 유지 보수를 해야 했을 것이다. 이런 조건이니 신석기 양양 사람들은 매일매일 집 고칠 걱정을 했을까? 언제 물이 들어찰 것인가, 언제 마를 것인가, 언제 불이 붙을 것인가… 등으로 전전긍긍하면서?

어쩌면 반대였을 수도 있다. 주거 공간의 불안정성이 한편으로는 생활을 더 여유롭게 했을 수도 있다. 식물은 누구나 얻을 수 있는 소재이고 굵을 필요조차 없다. 10cm 정도 폭에 3cm 길이 정도만 되어도 얼마든지 붙이고 잇고 엮어서 구조물을 만들 수 있다. 그 기본 재료를 갖고 자유자재로 구상하고 구축하고 분해할 수 있을 테니 만드는 이가 자신의 직관적 창의력을 고도로 발휘할 수 있다. 신석기 오산리의 건축가들은 자신이 다루는 어떤 재료도 영원하지 않다는 걸 알고 있었을 것이고, 상황에 맞게 계절에 맞게 계속 집을 손보면서 살았을 것이다. 그들에게 집은 마치 생물처럼 나고 자라고 다치고 병들고 늙는 존재가 아니었을까? 식구끼리 서로 돕고 돌보며 살듯, 사람과 집이 서로를 돌보면서 사는 관계였을 것 같다.

양양으로 출발하기 전날, 서울 마포에서 오래간만에 친구와 점심을 할 기회가 있었다. 마포역에 도착하니 주변에 큰 건물을 올리는 공사가 한창이었다. 친구가 일하는 곳은 건물의

18층이었는데 엘리베이터에서 내리니 창밖으로 공사 현장이 보였다. 인부들은 자기 집을 짓고 있지 않았다. 재료는 콘크리트였다. 콘크리트라는 재료는 산업화시대를 상징한다. 지속 가능한 재료를 땅에 박아 올린다는 것은, 대지를 지배하고 하늘에 도전하는 인간의 능력을 자랑하는 일이 된다. 양양에 와서 마포를 떠올리니, 콘크리트를 이용한 대규모 공사에서는 만드는 이도 이용하는 이도 소외를 겪게 되지 않을까 싶었다. 반면, 자연의 무한한 힘과 자신의 유한한 능력을 동시에 바라보면서 삶을 꾸려 가는 신석기 건축가는 소외를 알지 못했을 것이다. 자기가 살아가는 공간을 스스로 만들고 꾸미고 고치고 하는 일은 수고스럽기는 했겠지만 나름의 보람을 안겨 주었을 것이다.

신석기 공동 주거터도 재현해 두고 있다 해서 전시관 근처를 더 둘러 보았다. '마을'의 개념적 정의는 '여러 집이 모여 있는 장소'이다. 모여 있게 된 과정을 생각하면 한 집, 두 집, 무작위로 모이게 되었을 수도 있고, 누군가의 계획에 따라 일시에 배치가 결정되었을 수도 있다. 오산리는 어떤 케이스였을까? 집 안에 단차를 두었다면 집이라는 공간에 대한 특별한 의식이 있다고 보아야 하니, 그 정도라면 함께 사는 마을에 대해서도 특별한 장소 의식이 있었을 수도 있다. '우리 마을'에 대한 공동체적 의식이 있었다면 함께 파티를 한다든가 제사를 지낸다든가 했을 수도 있다. 공동의 주방, 공동의 축제, 공동의 제사, 공동의 쓰레기장 등 신석기 스타일의 공동생활이 궁금해졌다.

　재현 마을을 둘러보니, 무덤이나 쓰레기장은 없었다. 대신 모여 있는 집들 입구에 눈길이 갔다. 앞서 체험한 신석기 주거 전시물의 입구는 어른 한 명이 걸어 들어갈 수 있을 정도로 높았는데, 재현 마을의 집들 입구는 아주 낮았다. 기어서 들어가야 할 정도였다. 이런 식으로라면 집 안에 아무나 못 들어온다. 이런 집들은 개방감을 줄이고 폐쇄성을 높였으므로 집의 안과 밖을 분명히 했다고 할 수 있다. 신석기 식구(食口; 혈연적 친족이 아닌)의 형태와 성격이야 알 수 없지만 최소한 '그 집'에 누가 들어가 사는지는 중요하게 따졌을 것이다.

　문득, 그 집 안에 동물이 들어갔을 수도 있겠다 싶었다. 그런데 저렇게 입구가 작다면 동물의 크기 또한 특정된다. 전시된 입구 크기로 보아 양이나 돼지까지는 힘들어 보였다. 소는 당연히 불가능할 것이다. 개라면 어떨까? 개는 인류의 길들임 역사에서 제일 앞에 있는 동물이다. 하지만 노동력을 보충하거나 고기의 용도로 가축화된 것은 아니었다. 그 생김이나 성정이 인간과 함께 지내기에 좋았을 뿐이다(우리나라 최초의 반려 동물 개의 뼈는 창녕 비봉리 선사유적지에서 발견되었다).

　신석기 재현 마을의 작은 입구들은 생각할 거리를 더 주었다. 몇 채 되지 않지만, 집들의 입구가 다 다른 방향으로 나 있었기 때문이다. 최소한의 '공동' 생활을 했다면 입구가 다 한가운데로 나 있었을 법한데, 왜 그렇지 않은 것일까? 각기 다른 방향으로 입구를 낸 이유는 모여 살지만 독자적인 생활을 존중했기 때문일까?

이음낚시, 그물추, 작살, 가락바퀴 : 다이내믹 동해 낚시

밖에서 신석기 공동생활의 이모저모를 상상한 뒤 박물관 안으로 들어갔다. 눈이 네 개인 커다란 토우 인형이 우리를 반겨 주었다. 석장리의 상징이 '오른손-주먹도끼'였던 것처럼 오산리에서는 '네 개의 눈 토우'가 상징물 역할을 했다. 전시실에 들어가자마자 보게 되는 토기 중심의 신석기시대 구분은 흥미로웠다. 구석기시대에는 '토기가 없다'라고 단정하고 있었기 때문이다.

전시실에서 신석기 생활 도구로 소개하는 것은 7종이었다. 결합식 낚시바늘, 돌톱, 흑요석, 돌칼, 돌촉, 그물추(어망추), 돌도끼가 그것들이다. 돌도끼와 흑요석을 제외하고는 모두 처음 보는 도구였다. 돌촉도 수양개에서 본 슴베찌르개나 좀돌날보다 훨씬 더 세밀하게 가다듬어져 있었다. 돌촉들은 자작나무 타르를 이용해서 결합한 것으로 보였다. 작살로 이용되었을 것 같았다.

가장 신기한 것은 결합식(이음) 낚시바늘이었다. 결합을 한다고 해서 자작나무 타르가 붙어 있나 보았더니 그것은 아니었다. 동물의 뼈를 아주 매끄럽게 깎았는데 기둥으로는 약간의 곡을 살렸고, 끝부분을 현대의 낚시바늘처럼 갈고리 같은 모양

                                        2부 신석기, 연결의 대모험

으로 만들었다. 돌을 떼고 다듬을 수 있는 실력이면 그보다는 연한 뼈도 얼마든지 깎을 수 있었을 텐데, 구석기 박물관에서 뼈로 된 도구는 많이 보지 못했다. 뼈는 신석기시대에 들어와 어로 도구로 적극 활용되는 모양이었다.

이 뼈바늘은 석봉에 묶여 있었다. 석봉은 돌을 아주 부드럽고 길게 다듬은 것이었는데, 석봉의 끝에 가느다란 홈이 있어서 실을 맬 수 있었다. 석봉과 뼈바늘을 잇는 것은 타르가 아니었다. 신석기 연결의 기술을 보장하는 것은 실인 것이다. 그 옆에 소개된 그물추에서도 이를 확인할 수 있었다. 그물추는 평평하게 작은 돌을 갈고 양쪽으로 조금 홈을 낸 그물용 돌을 말한다. 이 돌들을 이어 묶는 데에도 역시 실이 필요했다. 구석기시대에는 나뭇가지와 동물의 힘줄을 실로 썼다. 그런데 결합식 낚시바늘의 실은 훨씬 더 가늘게 꼬여 있었다. 신석기시대에는 식물 자체에서 실을 뽑았다.

나는 가락바퀴 쪽으로 걸음을 옮겼다. 작은 방추차에 위아래로 구멍이 뚫려 있고, 실의 원료를 동여맨 막대(가락)를 꽂아 회전시키면서 쓰는 모양이었다. 가락바퀴가 회전하면 실의 원료가 더 튼튼하게 꼬이고 또 감기도 잘 된다. 그러므로 실을 뽑아 쓰기에도 좋을 것이다. 이 팽이 모양의 방추차에는 무늬도 있었다. 위아래에 작은 구멍을 뽕뽕 뚫어, 선 모양이나 나선 모양으로 가락바퀴 외관을 장식했다. 그냥 실만 뽑아 쓰면 될 일인데, 방추차에 장식이 왜 필요했을까? 도구를 이런 식으로 장식하는 것은 연천의 〈전곡선사박물관〉에서 보았던 창던지개의 철학과 연결되는 것일까? 그렇다고 한다면 오산리 옛사람들은 실을 꼬아, 뼈와 돌을 연결하고, 그것으로 다시 물고기와 사람을 연결하고, 이렇게 계속 뭔가를 묶고 잇는 일에 대한 철학을 했음이 분명했다.

이음낚시 도구에는 구석기시대의 결합 도구인 창과 다른 점이 있었다. 첫째, 기술의 정교함과 매끄러움이다. '이음'이란 낚싯대의 허리 부분과 바늘 부분을 이었다는 말이다. 허리 부분에 해당하는 돌이 진짜로 대형 멸치처럼 날렵하고 부드럽게 깎여 있었다. 뼈로 만든 바늘도 끝이 날카로워서 요즘의 낚싯바늘과 다른 점이 없었다. 이음낚시 도구를 만든 신석기 어부는 돌과 뼈가 이어지는 부분을 딱 맞추어서 둘이 원래 한몸이었던 것처럼 설계하고 제작했다. 언뜻 보아도 대단히 정교했다. 곧바로 신석기식 어로는 현대 어로와 별 차이 없다는 생각도 들어, 어로에 한정하는 한 21세기는 여전히 신석기인가 싶었다. 선사와 현대로 시대 구분을 하기보다는 '구석기'와 '현재까지 이어지는 신석기'로 기술의 역사를 다시 쓸 수도 있을 것 같았다.

둘째, 이음낚시 도구는 물고기 맞춤형이었다. 창던지개가 '어떤 동물'이라도 잡을 수 있었던 것과는 달랐다. 이음낚시 도구 앞에 만들어 놓은 연어 모형이 있었다. 이음낚시 도구는 연어에 특화된 도구였던 것이다. 이음낚시 도구에 쓰이는 뼈바늘은 딱 연어의 입에 걸리기 좋게 맞춘 것이었다. 양양 옛사람들은 특히 연어를 즐겼다는 것이 확실했다.

그런데 연어라니? 나는 평소 연어는 알래스카나 노르웨이산이라고만 생각했었다. 그런데 한반도 동해안의 신석기인들에게는 연어가 거의 주식이다시피 했던 모양이다. 태평양을 크게 회귀하는 연어는 예로부터 양양 등의 동해 안쪽에 대략 10월에서 12월 사이에 나타났다. 연어 식사권이라니 동해 너머의 홋카이도도 떠올랐다. 홋카이도의 선주민인 아이누 사람들은 연어피로 된 신발을 신고 물고기를 잡는다. 그들에게 연어란 껍질에서부터 고기까지 어느 하나 버릴 것 없는 완벽한 자연의 선물이어서, 아이누의 고유한 의례에서는 연어를 귀한 손님으로 모신다.

연어가 어디 북해도와 동해만 들를 것인가? 태평양 건너 캐나다 북서 해안의 인디언들도 연어를 크게 즐긴다. 이 지역에서는 지금도 연어가 특산물이어서 연어 스테이크, 연어 튀김 등 다양한 연어 요리가 널리 사랑받는다. 연어라는 먹거리를 중심으로 두고 보니, 태평양을 한가운데로 두는 커다란 식문화 지도가 그려진다. 한반도에 회귀하는 어류로는 은어, 황어, 숭어도 있다. 각각의 물고기가 돌아오는 시기와 방식을 잘 알았을 테니, 한반도 신석기 사람들은 함께 회귀하는 대형 어족인 연어나 은어 등을 나누어 먹을 저 먼 바닷가 사람들도 상상할 수 있지 않았을까? 양양 옛사람들에게는 바다를 공유하는 다른 공동체들이 있었을 것이다.

　신석기시대 낚시 도구로는 작살(자돌刺突)과 그물도 있었다. 작살은 창보다는 가늘지만 그 끝부분의 날이 대단히 뾰족해서 제법 큰 물고기라도 한번에 내리꽂을 수 있어 보였다. 그물 낚시는 풀로 꼰 실을 엮어 그물을 만들고 그 밑에 비슷한 무게의 돌을 매달아 휙 던지는 형식이었다. 재현품이기는 했지만 그물이 참 튼튼하고 아름다웠다. 꼬임이나 패턴은 아주 균일했다. 이 그물추 옆에 그물 모양이 새겨진 토기 사진이 하나 있었다. 옛사람들이 그물을 너무 좋아해서 토기에다가도 표현했던 것일까? 이 토기는 부산 동삼동에서 나왔다고 한다. 한참 뒤에 진품을 〈국립중앙박물관〉에서 볼 수 있었는데, 삐뚤삐뚤한 선이긴 했지만 분명 그물을 표현하고 있었다. 뭔가를 담는 것으로 '그물'이 '토기'에 앞서 있음을 알 수 있었다.

　그물 낚시에는 그물추[漁網錘]가 필요하다. 그물추의 관건은 무게에 있고, 무게가 문제가 된다면 바다의 조차(潮差) 때문일 것이다. 보통 서해안이 동해나 남해보다 조차가 크다고 하니까, 서쪽 그물추는 사이즈가 더 클지도 모르겠다. 그물과 같이 짜서 거두어 들이는 도구로 통발도 있었다.

　그 옆으로 쌍호에서 고기를 잡던 오산리 사람들을 재현한 모형이 있었다. 수초들 사이로 물고기를 몰아서, 나뭇가지로 튼튼하게 잇고 엮은 통발로 잡아 가두는 형식이었다. 마네킹들이 재현하고 있는 어로 모습을 자세히 보니 전부 공동작업이다. 그물이 생각 이상으로 큰 까닭이다. 던지거나 거둬들이기 위해서는 열 명 정도는 필요한 듯 보였다. 열 명이 마음을 맞추는 것이 어디 쉬운 일일까? 답사단과 거제의 〈조선해양문화관〉에 전 세계 배 모형을 보러 간 적이 있다. 가는 길 아침에 잠깐 외포항에 들르게 되었는데 운이 좋게도 멸치를 잡아 입항하고 있는 배들과 벌써 멸치를 걷는 어부들을 보았다. 어떤 배 위에서 6명의 어부들이 함께 그물을 길어 멸치를 털고 있었는데, 동작이 기가 막히게 착착 맞았다.

가까이에 갔더니 어부들이 함께 부르는 '어기어차!' 노래를 들을 수 있었다. 아침 태양이 높아지고 있었다. 고개를 드니 그 배만이 아니라 이 배, 저 배, 모든 배들이 저마다 노래를 부르며 뜨겁게 뱃일에 한창이었다. 외포항 앞에서 특산인 멸치탕과 멸치무침을 먹으며 식당 아주머니께 여쭈니, 배마다 분위기가 다르다고 하셨다. 배마다 선창자가 선택하는 노래나 동작이 다르고, 일하며 부르는 합도 달라 구경하면 재미가 있단다. 오산리 뱃사람들도 노동요를 불렀을 것이다. 마음을 모으고 동작을 합치기에 노래만큼 좋은 것은 없으니까. 그러니 잡은 고기를 나눌 때에도 고루고루 함께 잘 구워 먹지 않았을까? 어망도 함께 짜고 노래도 함께 부르고 물고기도 나누어 먹는 양양의 하루를 생각해 본다. 소란스럽고 활기찬 오산리였음에 틀림없다.

외포항의 어부들은 '분업'을 하지 않았다. 그물과 노래와 서로의 동작이 하나가 될 때 멸치가 잡혔다. 구경꾼에 불과한 나조차도 멸치와 친해지는 기분이 들 정도로 어울림이 큰 외포항이었다. 그런데 횟집 아주머니는 요즘은 선장이 아닌 어부들 대부분이 외국인 노동자이고 그마저도 일꾼을 찾기가 어렵다고 하셨다. 바닷일이 너무 고되서다. 작디작은 멸치라지만 그 누군가의 노고 없이는 내 식탁에 오르지 못한다. 양양의 박물관에서 그물추를 보는 것에서 시작해 외포항까지 다시 떠올리다 보니 도처의 바다가 생물과 사람의 노고로 뜨거움을 알겠다.

덧무늬 토기, 담기고 변용되는 관계의 시작

낚시 도구를 쭈욱 둘러보고 났더니 전시관을 가득 채운 양양 옛생활 재현 장면들이 눈에 들어 왔다. 주로 토기 제작에 관련된 것들이었다.

우선, 다섯 명 정도의 오산리 옛사람들이 다들 고개를 박고 분업에 열심인 것이 보였다. 누군가는 흙을 찰지게 만들고, 누군가는 그것을 꼬아서 둘둘 말아 성형을 하고, 또 누군가는 성형된 형태의 외면을 매끈하게 다듬고 있었다. 손잡이까지 있는 토기에 날카로운 도구로 막 그림을 그리려 하는 사람도 있었다. 오산리에 가면 '덧무늬 토기'를 볼 수 있다고 했는데, 이 마네킹 아저씨는 토기에 무늬를 '덧대지' 않고 새기고 있었다. 어찌된 일일까? 박물관이 재현을 잘못하고 있는 것일까?

이들 가운데 피워 놓은 모닥불 위에서 토기가 구워지고 있었다. 이처럼 전부 전문적으로 자기 할 일에만 집중하고 있었다. 앞서 그물추를 보며 '어기어차' 함께하는 공동체를 떠올렸는데, 같은 마을에서 토기를 제작하는 사람들은 그릇 공장에 취직한 인부들 같았다. 물론, 토기의 제작 과정을 하나하나 설명해야만 하는 박물관의 입장에서는 이런 형태로밖에 전시할 수 없었을 것이다. 신석기시대 일상의 노동은 정말 어떠했을까?

전시실 안쪽에는 바닷가에서 식재료를 다듬는 현장도 재현해 놓았다. 잡은 물고기를 걸어 놓고 말리는 대(臺)도 있었고, 그 앞에 생선의 배를 갈라 건조하기 쉽게 만드는 아주머니도 계셨다. 아주머니는 토기마다 다른 생선을 집어넣으셨다. 오산리의 토기는 이렇게 생선을 분류, 저장하는 도구였을까? 아주머니는 미역이나 다시마 같은 해조류도 따로 잡아 말리셨다. 오산리 옛사람들이라면 말린 해조류 등을 토기 안에 갈무리했겠다.

해조류와 육지 식물은 어떤 점이 다를까? 육지 식물 대부분에는 독성이 있다. 육지에서 식물을 채집하려면 각각이 품은 독성을 잘 알아야 한다. 또 숲속의 식물들은 나고 자라 꽃을 피우고 열매를 맺는 과정에서 특별히 계절을 탄다. 하지만 바다는 그렇지 않다. 해조류에는 독이 없다. 그리고 미역이나 다시마도 계절을 타기는 하지만 육지 식물보다는 덜하다. 무엇보다 해조류는 거친 파도에 잘 찢기면서도 회복이 빠르다. 해조류 숲은 수많은 조개, 바다 갑각류들이 알을 보듬고 키우는 훌륭한 터전이기도 하다. 그래서 해조류가 풍부한 바다에는 물고기나 해삼 등 다양한 먹거리도 함께 넉넉하다.{《국립해양생물자원관》, 해조류 설명.} 여러 가지로 바닷가 식물 채집이 육지 식물 채집보다는 안정적이면서도 수월할 수 있다.

오산리의 숲속 생활도 재현되고 있었다. 나뭇가지로 열매를 털었다는 설명 뒤로 신석기 옛사람 마네킹 둘이 앉아 있는데, 토기에 도토리가 담겨 있었다. 여성인지 남성인지 알 수 없는 한 분이 갈판에 도토리를 갈 준비도 하고 있었다. 그 모습 뒤로 한 어린아이가 채집 바구니를 매고 웃으며 서 있었다. 그물추를 쓸 수 있을 정도면 어망을 만들었다는 이야기이고, 망을 짤 수 있었다면 구멍이 아주 촘촘한 바구니도 만들었을 것이다. 그러고 보니 도토리가 전부 토기에 담겨 있었다. 도토리야말로 다람쥐나 다른 동물이 따로 들고 갈 수 없게끔 잘 갈무리해서 보관해야 하는 식료인 것이다. 인간만의 숲이란 없기 때문이다.

전곡리에서는 구석기 채집물로 도토리를 발견할 수 없었다. 그런데 오산리에서는 도토리를 식재료로 많이 쓰고 있었다. 오산리 옛사람들은 물이 담긴 토기에 도토리를 담가서 쓴맛을 제거했을 것이다. 한쪽에는 토기에 수프를 끓이고 있는 마네킹도 있었다. 안을 보니 각종 해물이 끓고 있는 '탕'이다. 토기가 있으면 따로 식재료 등을 구분하고 보관도 할 수 있고, 불 위에 놓고 끓이면서 다양한 국물 요리도 할 수 있다. 본격

　　　　　　　　　　2부 신석기, 연결의 대모험

적으로 국의 시대가 시작된 것이다. 구이와 달리 국물 요리는 개별 재료의 맛을 모두 혼합해서 전혀 다른 맛으로 바꾼다. 모두가 전부 같은 국을 나누어 맛보게 되므로, 국만 놓고 말하면 맛-민주주의의 시작이라고도 할 수 있다. 구워 먹어야 하는 고기는 불판에 가까운 부분이 더 많이 익어 타 버리기도 해서 각자 부위별로 다른 맛을 먹게 되니 계층적이다.

한편 국을 '끓이려면' 불이 많이 필요하다. 토기를 만들 때에도 불을 써야 하고, 국물 요리를 할 때에도 불이 있어야 한다. 역시, 이들 마네킹 주변으로 나뭇가지가 많이 쌓여 있었다. 숲에서 떨어진 나뭇가지를 주워 오는 일이 일상이 되었을 수도 있겠다. 주변의 나무를 베어서 늘 떨어지지 않도록 쌓아 두어야 하니, 계절과 주변 환경에 맞추어 생활의 필요를 해결하기보다는 필요한 땔감을 먼저 계산해서 계획적으로 찾아 다녀야 한다. 이렇게 집에 갖추어야 할 짐이 많아지게 되면 움직이기가 쉽지 않을 것이다. 그래도 영구적으로 한 자리에 있을 수는 없다. 역설적으로 가까이에 있는 나무를 다 베고 나면 나무가 많은 다른 장소로 움직일 수밖에 없기 때문이다.

토기를 만든다는 것은 계속 나무를 베고 있다는 말이었다. 전곡리에서 본 창던지개에는 태어나는 새를 보는 사슴이 조각되어 있었다. 창던지개는 생명에 대한 고마움을 담고, 동물을 향해 조심스럽게 창이 날아가도록 하는 도구였다. 오산리 옛마을의 토기 제작자들에게도 이런 감각이 있었을까? 오직 인간의 생계만을 위해 나무를 베야 했다면, 그들에게도 숲에 대한 윤리적 부채감이 생기지 않았을까?

전시실의 끝부분에 동해 지역 토기 대표 선수들이 전시되어 있었다. 마침내 진짜 덧무늬 토기를 보게 되었다. 기원전 4000~5000년 무렵 오산리에서 제작된 것이라고 한다. 단군 할아버지가 이 땅에 내려오시기도 전이다. 목이 있고 바닥이 평평한 형, 목이 없고 끝이 뾰족한 형이 있었다. 야외에서 구워 그러한지, 토기 표면에 불 그을림이 남아 있기도 했다. 서툴다고는 할 수 없었다. 토기를 만든 도공의 악력이라든가 그의 타고난 재주 같은 것도 느껴졌다. 덧무늬 토기라서 기본적으로 무늬를 덧대었는데, 패턴으로는 직선을 강조했다. 지그재그의 선들이 횡열로 반복되면서 만드는 삼각형 무늬들 중에, 어떤 삼각형은 빗금의 줄로 그 면을 메우고 어떤 것은 그대로 면을 비워 훌륭한 장식 패턴이 만들어졌다. 이런 덧무늬 토기에서는 파도가 연상되었다. 덧무늬 중에는 흙으로 아주 얇은 띠를 만들어서 돌돌 꼬듯 해서 이어 붙인 것도 있었다. 아가리 쪽에만 붙여 놓은 형식이었다.

덧무늬만이 아니라 누른무늬 토기[壓印文土器]도 있었다. 누르기[壓印] 기법은 끝이 뾰족한 도구를 써서 토기의 표면을 살짝 눌러 당기거나, 끝이 가늘고 납작한 도구로 비스듬히 눌러 당기면서 연속적으로 패턴을 만드는 것으로 구분된다. 아까 토기를 제작하던 재현-아저씨가 누른무늬 토기를 만들고 있었던 것이다. 눌러 찍은 무늬는 동해와 남해만의 특별한 형태라고 했다. 왜 무늬를 넣어야 했을까? 우선은 누른무늬 토기에서 힌트를 얻을 수 있었다. 토기를 잡을 때 미끄러지지 말라고 특히 잡는 부분에 무늬가 있는 것 같았기 때문이다. 그런데 빗살무늬 토기와 민무늬 토기도 함께 전시되어 있었다. 전부가 덧무늬나 누른무늬는 아니었던 모양이다. 그럼 무늬-손잡이 설을 일반화할 수는 없겠다. 빗살무늬는 한반도 전역에서 발견된다고 했다. 그 밖에 귀 있는 토기도 있었다. 손잡이라고 보기에는 귀가 너무 얇아서 이것도 그저 장식인가 싶었는데, 용도랄까 의미는 알 수 없었다.

함께 전시되기에는 좀 어울리지 않는 토기도 있었다. '붉은 간 토기'[赤色磨研土器]다. 발굴되었을 때에는 다 깨져 있었던 모양인데, 전시를 위해 틀을 만들어 붉은 토기 파편을 끼워 붙여 놓았다. 토기의 색이 붉어서 이색적으로 보였다. 강릉 초당동에서 출토된 이 토기는 고운 바탕흙을 사용해서 성형을 한 후에 표면에 산화철을 발라 구워 내었다고 한다. 산화철 속의 붉은 성분이 토기의 빛깔을 바꾸었다면, 이 토기를 구운 도공은 조형에도 능할 뿐만 아니라 광물학, 화학에도 일가견이 있었을 것이다. 가마가 따로 있었던 것도 아니었을 테니, 도공은 바람 부는 야외에서 화력을 이리저리 조절하면서 많은 공부를 했을 것이다. 흙으로만 성형할 때와 산화철을 입혀 성형할 때 불의 세기가 같아야 하는지도 궁금했다. 기회가 닿는 대로 토기 박물관에도 가 보아야겠다.

왜 하필 붉은색일까? 덧무늬 토기 등에서 확인할 수 있는 것처럼 붉은색은 토기의 색으로 평범하지 않다. 〈전곡선사박물관〉에서 봤던, 뼈 전체가 붉은 흙으로 덮여 있던 이탈리아 아레네 칸디데 동굴의 '어린왕자' 매장 사진이 떠올랐다. 그렇다면 이 붉은색 토기도 특별히 장례 때 사용되었을 수 있겠다. 언젠가 옛 가야 지역에서 한반도식 독무덤이 나왔다는 기사를 보았다. 토기에는 뭔가를 담을 수도 있고, 토기에 뭔가를 담아 끓여 그 성질을 바꿀 수도 있다. 오산리 옛사람들도 토기 제작에 열심이었다면 죽음과 토기 사이에 어떤 연관성을 보지 않았을까? '고개 숙인 도공'들의 진지함은 물건 하나하나를 어렵게 만들고 거기에 의미를 부여했기 때문일지도 모르겠다.

안면 토우에서 보는 예술의 인간성

굽는 것으로 토기만 있지 않았다. 전시실 끝에 곰 모양 흙인형과 배 모양 흙인형이 있었다. 나무로 배도 깎을 수 있었고, 양양 인근에서는 곰도 살았음을 알 수 있었다. 인형의 크기는 망원경으로 확대해야 할 정도로 작았다. 엄지손가락 길이밖에 되지 않았다. 왜 더 크게 만들지 않았을까? 옛사람들이 만들기는 했지만, 남아 있지 않은 것일까?

곰 모양 흙인형과 배 모양 흙인형의 공통점은 무엇일까?

　　　　　　　　　　　2부 신석기, 연결의 대모험

둘 다 만든 사람보다 큰 대상을 모방했다. 일단 거리로만 따져 보아도 서로 멀리 있는 존재들이다. 배도 먼 곳에 나가기 위해서 타는 것이고, 곰도 일반 사람보다는 크고 힘이 세다. 오산리 옛사람들은 이렇게 멀리 있는 큰 존재들을 아주 작은 인형으로 만들어 손안에 꼭 들어가게끔 하고서 갖고 놀았다.

레비-스트로스는 인류가 숲속의 모든 존재들 전부와 균형감 있게 사는 지혜를 모색하는 사고를 했다고 주장했다. 그러기 위해서는 복잡한 사태를 단순하게 응축시켜 놓고 바라볼 수 있어야 할 것이다. 문제를 작게 압축시키면 어디를 어떻게 다루어야 할지도 감이 올 것이다. 인류는 이런 식으로 상징 기호를 쓰면서 우주 전체의 사건들을 부분적으로 재조망하면서 삶의 구체적 문제들을 겪었다는 것이다.{레비-스트로스, 「구체의 과학」, 『야생의 사고』 참고.}

오산리에서 배 모양이나 곰 모양 토우를 구웠던 옛사람들도 마찬가지가 아니었을까? 그들도 어떻게 하면 배를 잘 만들 수 있을지, 어떻게 하면 곰과 잘 지낼 수 있을지 흙으로 빚고 굽고 만지고 놀면서 계속 생각했을 것이다. 작아서 인형 같지만, 뱃사람들, 사냥꾼들의 사고 도구였을 수 있다. 신석기 움집에는 그런 인형들이 많이 놓여 있지 않았을까? 아이들은 어려서부터 그것들을 갖고 놀면서 배를 타고 나가는 상상, 곰과 조우하는 상상을 했을 것이다. 압도적인 자연과 마주하는 마음을 길러 주므로, 이런 토우는 교육적이면서도 주술적이었을 것이다. 토우들은 먼바다를 꿈꾸고, 강력한 숲속의 왕을 두려워하는 마음을 잘 다스릴 수 있는 주물(呪物) 역할을 했을 수 있다.

　마지막으로 오산리에서 나온 정말 중요한 토우, 박물관의 상징인 얼굴 모양 가면을 잘 관찰했다. 이 토우는 특별히 '예술' 코너에 분류되어 있었다. 박물관 밖이나 입구에서 워낙 크게 과장되어 있었기에, 직접 보았을 때 깜짝 놀랐다. 가로 4.3cm, 세로 5cm밖에 되지 않았기 때문이다. 안면 토우는 작고 둥근 점토판을 손가락으로 눌러 눈과 입을 표현한 것이었다. 왜 눈이 네 개일까? 그 형태의 비밀에 대한 설명은 따로 없었다.

　이 안면 토우 옆에 세계 선사 예술의 예가 사진으로 소개되고 있었다. 부산 동삼동에서 나온 조개 얼굴 가면, 울산 신암리에서 나온 여신상, 그리고 일본 조몬 시대의 것인 얼굴 토우였다. 특히 일본 조몬 토우는 두 눈이 양쪽으로 쭉 찢어져 있는 것도 있어서 무서워 보였다. 조몬 문화권에서는 이런 토우가 누군가에게 질병, 상해, 재해를 전가시키는 데에 쓰였다고 한다.

　〈오산리선사유적박물관〉은 왜 안면 토우만 예술적이라고 할까? 단 하나의 차이는 토우가 인간을 모방했는지 아닌지에 있었다. 선사 '예술'일 수 있으려면 인간적인 너무나 인간적인 그런 자의식이 들어가야 하는 것일까? 전곡의 상설전시실 안쪽에는 구석기 동굴 모형이 있었다. 모형 동굴 벽에 라스코나 쇼베, 알타미라와 같은 유럽 구석기 동굴의 예술품들을 모방해 그려 놓았는데 전부 들판을 뛰고 구르는 네 발 달린 동물들이

　　　　　　　　　　　　2부 신석기, 연결의 대모험

었다. 후기 구석기 유럽의 예술에서는 인간, 그것도 사람의 얼굴을 주된 모티프로 쓴 것을 찾을 수 없다. 때로 인간의 모습이 그려지거나(라스코의 버드 맨), 인간을 닮은 모습으로 조각된 것도 있지만(쇼베 동굴의 곰-인간), 반인반수의 형상으로 얼굴은 반드시 동물로 표현했다.

조르주 바타유는 인류사 최초로 인간다움이란 바로 이런 동물상을 통해 표현되었다고 보았다. 직접 라스코를 방문했던 바타유는 동굴 안에서 약한 불빛에 흔들거리는 수많은 동물들의 영적 활력을 보고 크게 감동을 받았다. 바타유는 호모 파베르가 자신이 만든 도구는 자신보다 훨씬 더 오래 영속한다는 데에서, 노동으로 꽉 채워진 실용적 세계의 영구적 조건을 새로이 발견하게 되었다고 생각했다. 동시에 그들은 영구적이지 않은 나고 죽는 모든 것들의 세계가 따로 있음도 알게 되었다.

단순히 도구를 쓰는 것에서 더 나아가게 된 호모 사피엔스는 속된 노동의 세계와 생사의 원초적 힘들의 장인 성스러운 세계를 예술로 연결하려고 했는데, 그 결과가 라스코의 암벽화라는 것이다. 이 암벽화에서 인간은 새의 얼굴을 한 아주 기괴한 방식으로 그려져 있고 동물은 저마다의 모습으로 엄청난 역동성을 뿜낸다. 바타유는 호모 사피엔스가 이처럼 동물상에 집착한 이유는 노동의 질서에 속박된 그 자신의 인간성을 지우기 위해서, 그리고 실용의 세계가 존재하기 이전의 근원적 자연성을 표현하기 위해서라고 한다.[조르주 바타유, 『라스코 혹은 예술의 탄생/ 마네』 참고.)

오산리의 신석기시대에는 동물적 예술관이 아니라 인간적 예술관이 출현한다. 신석기에 들어서면 최고의 관심이 자연이 아니라 '인간'이 된다고 보아야 할까? 눈은 또 왜 네 개일까? 우연히 이 네 개의 눈 가면을 다시 만날 수 있었다. 영화 〈군도〉 포스터에 눈이 네 개인 탈이 쓰인 것이다. 찾아보니, 우리 전통 문화 유산 중에는 네 눈을 가진 탈이 있는데 바로 방상시(方相氏)다. 방상시는 중국의 고대 나의식(儺儀式)에 등장하는 대표 신이다. 원래 방상시는 곰 가죽을 뒤집어쓰고 머리에는 황금사목(黃金四目)의 탈을 쓰고, 검은 저고리와 붉은 치마[玄衣朱裳]를 입고, 창과 방패를 들고서 나라의 역병을 쫓아내는 역신이었다.(한국민속극박물관, 『우리나라 탈』, 95~96쪽.)

외관으로만 보면, 완전히 수렵·채집 사회의 샤먼이다. 조금 더 찾아보니 방상시는 과연 중국 고대의 궁중 샤먼이었다. 한(漢)나라에서 당(唐)나라에 이르기까지, '팡샹(方祥)'은 통치자의 공식 신앙을 대표하는 무당이었다. 왕조의 궁정 의식에서 그 지위가 점차 낮아지면서 팡샹 계통의 무당 일파는 거의 사라졌다. 당나라 이후에는 민속 신앙에서만 살아남았는데, 일반 장례식에서 두 가지 기능의 민속 신, 즉 길을 여는 신과 현도(顯道)의 신으로 진화했다. 중국-위키피디아를 검색했더니 이 팡샹계 사람들과 그들의 샤먼적 의례가 일본에는 나라시대(710~794) 이전에 전해졌고, 나라시대 내내 퍼졌는데, 그 이미

                    2부 신석기, 연결의 대모험

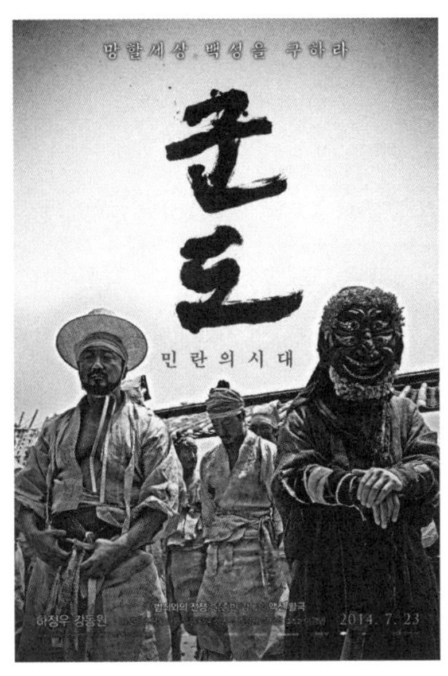

지가 무서워서 역병의 신으로 대접받았다고 한다.[*]

우리나라에서는 고려시대(918~1392)의 나례(儺禮), 즉 귀신을 쫓아내는 종교 행사에 방상시가 처음 등장했다. 1930년 대까지만 해도 방상시가 장례행렬의 선두에서 악귀를 쫓는 역할을 했다. '방상시탈'로 검색을 해보면 1919년 고종 황제 장례식 때에 거리에 등장했다고 나온다. 이 탈을 한번 볼까 싶어

서 〈국립고궁박물관〉을 찾기도 했는데, 거기서는 확인할 수 없었다. 방상시탈이란 악귀를 쫓는 탈이었고 죽음과 관련이 있었다. 방상시의 네 개의 눈은 사방을 보는 것으로 알려져 있다. 눈으로 사방을 보고 만사를 통찰하려고 했던 의식이 오산리 토우가면에도 들어 있었음이 틀림없다. 그런데 너무나도 작은 안면 토우를 다시 보니, 그런 우주적 생각도 꼭 거대한 물건으로 표현될 필요는 없는 듯하다.

〈시흥오이도박물관〉

풍요롭고 신성한 계절 움집

양양 오산리에서는 한반도 신석기생활을 전반적으로 공부했다. 토기 제작을 통해 알 수 있듯, 신석기시대에는 사람들이 집단적으로 정주하며 살았다. 식생활에도 변화가 있었다. 구석기 유적에서 가장 많이 발견된 고기는 사슴이었는데, 바닷가 쪽으로 가니까 연어에서부터 각종 회귀하는 어류들과 다양한 해조류, 패류 들이 먹거리로 사랑받고 있었다. 그렇게 사회생활과 식생활이 복잡해짐에 따라 그들 마음에는 또 다른 번뇌와 보람이 싹텄을 것이다. 신석기시대를 특징 짓는 바닷마을 생활상을 더 알아보기 위해 시흥 오이도로 향했다.

〈시흥오이도박물관〉은 양양에서와는 달리 바다 바로 옆에 자리하고 있었다. 차에서 내리자마자 길게 뻗은 바다와 사방에서 부는 세찬 바람을 바로 맞았다. 간조(干潮) 때 박물관을 찾게 된 것이다. 사각형으로 반듯한 건물 안으로 들어가니, 저번에 홈페이지에서 확인한 대로 둥근 나선형 모양으로 뻥 뚫린 내부 계단을 이용하게 되어 있었다. 정말 토기 안에 쏘옥 들어와 있는 느낌이 들었다. 건물 천장에 항아리 주둥이처럼 뚫린 창이 있어 아래로 빛이 떨어지고 있었다. 내부에 신성함이 감돌았고, 어떤 의미에서는 굴 안에 들어 있는 것 같기도 했다. 인류가 왜 '램프의 요정' 같은 존재를 상상하게 되었는지, 아라비아 동화의 뿌리가 〈시흥오이도박물관〉과 연결되는 듯했다. 뭔가를 담는다는 것 자체가 특별한 힘을 귀하게 모은다는 뜻이었다.

위에서 빛이 아래로 내려오는 건축적 구조는 몽골인과 북아시아인의 유르트에서 표현되는 우주적 상징에서도 확인할 수 있다. 비교종교사상가인 미르치아 엘리아데는 종교 건축에도 많은 관심을 보였는데 하늘은 가운데에 있는 커다란 기둥이 떠받치고 있는 거대한 천막으로 비유되며, 천막 기둥이나 연기를 배출하는 구멍은 세계의 기둥이나 "하늘의 구멍", 즉 북극성과 동일시되는 일이 많다고 한다. 이런 구멍은 "하늘의 창문"이라고 불린다. 티베트 사람들도 집 지붕 위의 구멍을 "하늘의 운" 또는 "하늘의 문"이라고 부른다.[미르치아 엘리아데, 『세계종교사상사 1』, 77~78쪽.) 서로 문화적 교류가 없는데도 이처럼 기본적인 상상력을 공유한다니, 인류는 저마다 다르게 살지만 매우 많은 문화적 아이디어를 공유하고 있을지도 모른다.

외부는 네모반듯하고, 내부는 둥글게 말려 올라간 형태의 박물관이 재미있었다. 건물 내외가 갖는 상반된 차이를 즐기며 박물관 답사를 시작했다. 상설전시실 안으로 들어가려니 작은 터널처럼 된 통로를 통과해야 했다. 그 안에서는 작은 배를 타고 오이도에 도착하는 신석기 사람들을 따라가게끔 하는 영상이 나왔다. 오산리에서 보았던 배 모양 토우를 영상으로 체험하게 하는 것이었다. 영상은 한 배에 두 명 정도 탈 수 있다고 추정했다. 나는 익숙하게 배 위에 오르는 시늉을 했다.

영상이 끝나고 닫혔던 터널 출구가 열리니, 신석기시대가 기후변화와 함께 새롭게 시작되었다는 설명이 바로 나왔다. 식생 전체만이 아니라 지세(地勢) 자체가 완전히 다른 시대가 한반도 신석기였다. 특히 서해에는 큰 변화가 있었다. 따뜻해진 기후로 인해 해안선에 변화가 생겼기 때문이다. 한때 서해는 대평원이라고 할 정도여서 서해라는 바다 자체가 없었다. 계속 '한반도'인 줄 알았는데 반도가 아니었던 때도 있었던 것이다. 대략 1만 2천 년 전 무렵 바다가 생기기 시작했고 1만 년 전부터 9천 년 전 사이에 서서히 지금과 같은 서쪽 해안선이 만들어졌다. 서해에서 구석기 옛사람들이 살았더라도 그 흔적은 모두 바닷속에 가라앉고 말았을 것이다.

〈시흥오이도박물관〉은 분위기 자체가 오산리와 완전히 달랐다. 들어서자마자 우리를 맞이해 준 마네킹들이 전부 실물 크기에 가까웠다. 다들 고개를 들고 있었는데, 모두 얼굴이 맑고 깨끗한 데다가 환했다. 관람객과 똑같은 눈높이에서 서 있는 마네킹을 보니까 정말로 신석기 어느 동네에 들어선 기분이 들었다.

전시실에서 가장 눈에 띄는 것은 집이었다. 외장재는 역시 다양한 짚이었고, 아주 촘촘하게 묶여 있었다. 바로 집안으로 들어갔다. 내부가 원형이었던 오산리와 달리 네모꼴이었다. 전시 설명에서도 확인할 수 있지만, 한반도 신석기 주거가 네모냐 원형이냐는 기본적으로 큰 문제는 아니다. 동북쪽에서는 원형이 정사각형과 직사각형으로 변한다. 기둥은 움집이 원형과 정사각형인 경우에는 모두 벽을 따라서, 직사각형의 집인 경우에는 일정한 간격을 두고 배치된다. 서북쪽의 움집 구조와 변화도 동쪽과 유사하다. 대동강 유역 및 황해도는 원형 또는 정사각형이 주류를 이루다가 나중에 직사각형이 등장한다.(김범철 외, 『고고학자가 얘기하는 우리의 선사시대』, 123쪽.) 다양한 변이형이 많이 발견되기 때문에 네모는 동쪽, 원형은 서쪽 이렇게 확정할 수는 없다.

여기서도 단차가 있었을지 현관을 자세히 관찰했다. 어른이 조금 고개를 숙이고 들어갈 정도였고 입구가 컸다. 재현된 모델 하우스이니만큼, 이 역시도 관람객의 편의를 위해서 특별히 입구를 크게 만들었다고 할 수 있었다. 나중에 서울 암사동 신석기 주거터에 가서 또 확인을 했는데, 일반적으로 신석기 집은 입구가 다 작았다고 추정되고 있었다.

집 자체는 안으로 푹 꺼지는 형태였다. 경남 창원에는 〈창원중동패총전시관〉이 있다. 3세기 무렵의 것이니 신석기 유적은 아닌데 패총 유적에서 확인되는 집 자리 자체는 신석기 일반 형태다. 움집처럼 땅을 파고 다진 뒤 가운데 화덕자리를 놓았다. 기둥자리가 둥글게 배치되어 있는 것으로 보아 이 집은 원추형이다. 이 집 자리에는 계단이 있어 입구로 사람이 걸어 올라가게 되어 있다. 계단이란 높은 곳과 낮은 곳을 조금 덜 부담스럽게 오르내릴 수 있게 하는 실용적 설치물이지만, 집을 정신 공간적 차원에서 해석하면 현관 입구의 이런 계단은 집안과 집 밖을 의식적으로 구분한 장치가 된다. 중동의 패총 형태가 오이도 신석기 주거와 비슷했을 수가 있다. 어쨌든, 구석기 집, 신석기 집, 청동기 집, 이런 식으로 시대별로 특별한 주거형을 배당할 필요는 없겠다. 선사 옛사람들은 서서히 기존의 형태를, 부분부분 고치고 바꾸어 갔을 것이다. 기존의 집 모양을 계속 이용하기도 했을 것이다.

전시실 재현 집 내부는 인테리어가 잘 되어 있었다. 집안에는 작은 화덕자리가 있었는데, 그것을 기준으로 왼쪽으로는 바닥에 특별히 짚을 깔아서 잠자리처럼 해놓았고, 그 자리 둘레에는 그릇과 바구니마다 다양한 식재료 모형이 담겨 있었다.

집 기둥을 이용해 횡으로 대를 마련하고 식재료를 말리는 용도로 쓰기도 했다. 냉장고가 아니라 건조고가 있었던 셈이다. 방구석 한쪽에는 땔감을 쌓아 두기도 하고, 다른 쪽으로는 도토리 등의 열매를 모아 두는 토기도 두었다. 오산리 선사 마네킹들은 집 앞에서 고기를 굽고 토기를 만지고 있는데, 오이도에는 그런 마네킹은 없지만 바구니 같은 것이 널대 중간중간에 걸려 있는 것으로 보아, 다양한 바구니를 짜며 생활했을 듯했다. 집 안의 불 가까이에서 어른들 어깨 너머로 바구니 짜기를 배웠을 아이들도 상상되었다. 서로 가르칠 것과 배울 것이 집 밖의 자연에서만큼이나 풍부했으리라.

정리하자면, 신석기 주거는 내부 공간 분할에 적극적이었다고 할 수 있었다. 미스터리는 재현 하우스 안, 오른쪽에 있는 특별히 높은 단이었다. 어떤 용도로 쓰였을까? 침대 형태였을 수도 있고, 먹거리 등 귀한 식재료 보관 용도였을 수도 있다. 혹시 제단(祭壇)은 아니었을까? 조상을 생각하는 제물 등을 두지는 않았을까? 제물은 아니더라 해도, 오산리에서 보았던 주물 토우 등을 모아 두는 특별한 장소였을 수도 있겠다.

오산리와 마찬가지로 중앙에는 화덕이 있었다. 현대의 주거, 특히 아파트에서 주방의 위치는 주로 '구석'이다. 특히 화기는 창문과 가까운 곳에 두는 것이 좋아 바깥과 가까운 자리에 둔다. 그런데 신석기 집에서는 불이 주거의 중심이다. 설명에 따르면 신석기 오이도 사람들은 요리는 주로 밖에서 했다고 한다. 공동 주방이 있었던 셈이다. 오이도에서 핵심 역할을 한 불은 조명 기능, 난방 기능에 집중되어 있었다.

현대식 집과 비교하니 몇 가지가 더 눈에 띄었다. 오이도의 선사 집 안에는 수도 시설이 없었다. 물을 길어 와야 하고, 땔감도 밖에서 구해 와야 한다. 화장실도 바깥에 두어야 한다. 마트가 없었을 테니 수렵이든 채집이든 전부 강과 산에서 해결해야 했을 것이다. 하루하루의 날씨라든가 계절의 변화, 집 밖 동식물들의 생태에 주의가 집중될 수밖에 없었을 것이다. 야외에 있었다고 하는 화덕은 땅과 바람과 하늘의 문제와 함께 그들 일상의 감정을 나누는 중심지 역할을 했을 것이다. 이들에게 집은 어디서부터 어디까지라고 해야 좋을까? 가족의 삶은 자연에 깊이 의존한 형태였을 것이고, '집'이라는 개념도 '사생활'이라는 개념도 전부 바깥 활동과 연결지어 생각했을 것이다. '자기만의 방'을 꿈꿀 '여유'가 아니라 그럴 '이유'가 없었던 그들 생활이 그려졌다.

자연을 모방하는 도구, 빗창과 뒤지개

신석기 오이도 마을의 주거를 생각하고 나니 비로소 그들의 서해 바다 일상이 눈에 들어왔다. 오산리에서는 다양한 낚시 도구를 볼 수 있었는데, 오이도에서는 다양한 모양의 채집 도구가 있었다. 서해는 조수 간만의 차이가 크고 갯벌이 풍부하게 발달했기 때문에 손으로 잡을 수 있는 것들이 훨씬 더 다양했던 모양이다.

채집 도구의 대장은 빗창과 뒤지개였다. 빗창이란 굴을 따는 도구다. 돌로도 동물뼈로도 다 만들 수 있다. 끝 부분이 뭉툭하기는 해도 바위에서 굴을 뜯어내기에는 충분해 보였다. 평안남도 궁산에서 발굴된 뒤지개(복제품)는 사슴뿔로 만들어져 있었다. 뒤지개도 굴을 찾고 캐는 데 쓰이는 것으로, 쥐기에도 좋고 뜯기에도 좋아 보였다.

그런데 굴이라니? 굴은 특히 계절을 타는 패류(貝類)이다. 보통 갯벌 채집이라고 하면 누구나 잡을 수 있는 작은 게들이나 아이들 한 손 안에도 쏘옥 들어갈 만한 동죽, 가무락조개, 참조개, 바지락이 주인공일 것 같은데, 오이도의 슈퍼스타는 굴이었다. 굴이었기 때문에 오이도는 사철 채집터가 아니라 겨울철 채집터였을 수 있다. 앞에서 오이도의 움집이 매우 체계적으로 잘 꾸며져 있다고 생각했는데 전시실의 설명을 보니 그렇게 잘 지어진 집도 겨울에만 썼다고 한다. 그렇게 구석구석 귀하게 만들어 두고도 한참을 비워 두고 나중에 찾아오곤 했다는 것이다. 다른 이가 먼저 차지하게 되어도 좋고, 내가 허락 없이 누군가의 집에 들어가 살아도 괜찮았을까? 오이도만의 독특한 공유 문화를 생각하게 되었다.

오산리에서는 바다 채집이 쉬울 것이라고 생각했었다. 그런데 굴은 물에 떠다니지 않고 바위에 붙어 있다. 갯벌이 시작되는 인근 바닷가의 돌들 위에 굴이 서식할 수도 있지만, 대부분의 바다 굴은 물밑에서 자란다. 캐려면 잠수를 해야 한다. 물가 채집이 아니라 물속 채집이라면 신석기시대에 해녀가 있었을 것이다. 그런데 해녀라면 간단히 '채집가'라고 부르기 곤란하다. 그에게는 바람과 물을 읽는 능력, 해류의 역할을 이해하는 능력이 있었을 것이기 때문이다. 무엇보다, 넘실거리는 파도와 예측 불가능한 바닷속 상황을 염려한다면 혼자 물속에 들어갈 수가 없다. 여기에는 매머드를 잡기 위해 협업하는 사냥꾼들의 무리보다 더 친밀하고 강력한 채집 공동체가 필요하다.

이런 협업 공동체의 기원을 굳이 신석기시대에 맞추어야 할까? 한반도에서야 바다 채집이 신석기시대부터라고 추정되지만, 전 세계적으로 보면 조개류의 채집은 구석기시대부터 있었다. 호모 사피엔스가 아프리카에 닥친 극심한 혹한과 건조한 기후변화 때문에 먹거리를 찾아 바다로 눈을 돌렸을 때, 특히 조개가 중요한 먹거리로 포착되었다. 그 증거가 남아프리카 공화국 피나클 포인트(Pinnacle Point)에서 발견된다. 여기에서 여러 구석기 동굴 유적이 나왔는데, 그중 하나에서 약 50cm 두께로 굳어진 다량의 조개류, 홍합, 삿갓조개, 바다 고둥류, 고래에 붙어 사는 따개비류 등이 나왔다. 연대 추정을 해보니 빠른 것은 약 16만 년 전까지 거슬러 올라갔다. 이 따개비는 고래를 잡아 채취한 것이 아니라 죽어 뭍으로 떠밀려온 고래에서 뜯어낸 것일지도 모른다고 한다.

호모 사피엔스만이 아니라 네안데르탈인도 조개를 채집했다는 증거가 있다. 스페인 해안의 코스타 델 솔의 바흔디요(Bajondillo) 동굴에서는 백합의 조개 껍데기를 이용한 도구가 발견되었다. 크기가 크고 표면에 광택이 남아 있어서 2~4m 깊이 바닷속으로 들어가 채취한 것으로 보인다.{B×배달의 민족, 'History', 『CLAM』 참고.} 스페인 지역의 네안데르탈인들 중에서 누군가는 우리 바다 해녀들처럼 잠수에 능했을 수 있겠다. 네안데르탈인에게도 바다 채집은 어려운 일이었을 것이다. 그러므로 우리와는 다른 식이었겠지만, 그들도 바다에서 자기 목숨을 의지할 친구들과 어떤 공동체를 꾸리지 않았을까? '채집'은 구석기요 '농경'은 신석기라는 구분은, 따지고 들어가면 지역에 따라 잘 맞지 않는다. 채집 자체도 숲마다 바다마다 다른 방식으로 이루어졌다고 생각해야 한다.

그런 다양한 채집 기술력을 보여 주는 것이 바로 다양한 채집 도구다. 오산리에서 이음낚시 도구를 보았을 때에도 딱 연어 입에 걸리기 좋게끔 제작한 부분에 감탄했었다. 오이도 어부는 어떻게 빗창과 뒤지개의 재료나 모양을 개발하게 되었을까?

오이도 박물관에서 남쪽으로 차로 30여 분 정도 내려오면 서해 대부도에 〈안산어촌민속박물관〉이 있다. 〈안산어촌민속박물관〉의 설명에 따르면, 서해에는 다양한 종류의 어패류가 잡힌다. 전시된 것만 보아도 홍합, 백합, 바지락, 피뿔고둥, 대수리, 소라 등 종류가 대단하다. 이 전시실에서도 다양한 채집 도구를 볼 수 있다. 일단 맛써개라고 갯벌 속에 숨어 있는 맛조개를 잡는 도구가 있다. 써개는 가늘고 긴 막대기인데 그 끝이 꼬부라져 있는 모양이다. 맛조개가 파고 들어간 곳 주변을 칼, 호미, 대갈고리 등으로 도려내면 동전만 한 구멍이 나온다. 그곳에 써개를 넣었다가 올려서 잡는다.

서해 어부들은 맛조개가 얼마나 깊이 갯벌 속으로 파고 들어가는지, 어떻게 알았을까? 전시실에 힌트가 있다. 갯벌 포식자들이 먹이에 따라서 각자 다른 부리 모양들을 발달시켰던 것이다. 알락꼬리마도요처럼 부리가 긴 새들은 갯벌 깊이 숨어 있는 갯지렁이, 칠게 등을 잡느라 그런 외모를 갖게 되었다. 부리가 짧은 물떼새들은 너부데데한 조개류를 잡고 껍질을 깨어 그 속을 꺼내 먹었을 것이다. 아마도 오이도나 대부도 옛사람들은 새들이 갯벌을 폭폭 파고서 먹이를 가져오는 것을 보고 그 부리 모양을 통해 그들의 식생 활동을 유추하지 않았을까? 그들은 새의 부리를 흉내 내어 맛써개를 맛조개 적합형으로 만들수 있었던 것이 아닐까?

〈안산어촌민속박물관〉에는 재미있는 채집 도구가 더 있다. 주꾸미 갈고리와 주꾸미 주낙이다. 주꾸미가 구멍을 좋아한다는 것을 이용해 소라 등에 갈고리를 붙여서 주꾸미를 유인하는 도구다. 주꾸미는 익숙한 소라껍질 속이라며 파고들겠지만, 아뿔싸! 그것은 덫이다. 대부도 옛사람들도 주꾸미를 속이

　　　　　　　2부 신석기, 연결의 대모험

려고 머리를 썼을 것이다. 주꾸미를 속일 정도가 되려면 주꾸미의 신체와 욕망을 이해해야 했을 테니, 그들은 진정한 해양 생물학자들이었을 것이다.

그 밖에 통발도 종류가 다양하다. 기본적으로는 입구가 발 안쪽으로 길게 나 있어서 들어갈 수는 있으나 나오기는 대단히 어려운 구조다. 세부적으로 보면 장어를 잡는 것은 발이 길고, 게를 잡는 것은 원통형으로 폭이 넓다. 이처럼 바다 채집의 도구들은 나무 막대기로 높이 달린 열매 등을 터는 육지 채집에 비해서와 달리 종류가 다양하다. 어부들은 해당 생물의 포식과 피식 관계에 대한 엄청난 관찰을 바탕으로 각 생물들마다의 습성에 따라 맞춤형으로 제작한다. 대부도에서 언제부터 이런 도구를 만들어 썼는지 정확히 추정할 수는 없겠지만, 분명 신석기시대부터의 지혜일 것이다.

채집이란 기본적으로 '주는 대로 먹는다'의 겸손한 생활 철학에 따라 식료를 취하는 행동이다. 그렇지만 채집 도구들을 보고 있으면, '주는 대로' 먹기 위해서 '주고 있는 그 자연'을 얼마나 열심히 관찰해야 하는지를 알 수 있다. 얼마나 그 자연을, 그 자연을 함께 누리는 다른 종들을 이해하는가가 도구의 발달을 이끄는 핵심 동인인 것이다.

인류의 많은 기술이 천재적 영감으로 만들어진 것이 아니라 주변 환경에 대한 흥미롭고 지대한 관심을 통해 나왔음을 알겠다. 사막에서 문명의 이기를 놓고 다투는 SF영화 〈듄〉

(DUNE, 2021)에는 미래 비행기가 나오는데 날개가 잠자리를 닮았다. 네 개의 날개를 이용해 강력한 사막의 바람을 자유자재로 탈 수 있다고 한다. 요즘 생태 건축 모델로 주목을 끄는 것으로 흰개미 집도 있다. 아프리카의 흰개미 집은 에어컨 없이도 50℃까지 솟는 열기를 견딜 수 있다. 지상에 9m 높이까지 세워 올릴 수 있는 흰개미들은 그 안에 온도와 습도 장치를 정교하게 설치한다. 어구의 기원이 될 만한 오이도의 빗창과 뒤지개는 과연 어촌 자연과학자들의 작품이었다고 할 수 있었다.

빗살무늬에 담는 소망

드디어 오이도 빗살무늬 토기 앞에 왔다. 빗살무늬 토기는 한반도 신석기의 대표 선수라서 유명하다. 시흥 하중동에서 출토된 빗살무늬 토기는 부드러운 고깔 모양으로, 아가리 쪽에 아주 가느다랗고 촘촘하게 빗살이 새겨져 있었다. 빗살무늬 토기 옆으로 제주 고산리식 토기가 있었다. 복제품인데 무늬라고는 하나 없고 토기를 구울 때 지푸라기 같은 것을 넣기라도 했는지 표면이 그다지 매끄럽지 않았다. 그 옆으로 오산리에서 보고 온 덧무늬 토기도 있었다. 과연 세 점의 토기가 스타일도 모양도 다 달랐다. 부산 영선동에서 출토된 토기 복제품은 식물을 꼰 것 같은 띠를 따로 만들어 지그재그로 붙였는데, 모양도 사발처럼 납작하고 둥글어서 고깔 모양인 신석기 토기의 일반

　　　　　　　　　　　　2부 신석기, 연결의 대모험

형태와 큰 차이가 났다. 어쨌든 조금씩 다르기는 하지만 대략 이 정도 범위에서 한반도 신석기 토기 모양이 정리되는 듯했다.

토기의 모형이라든가 무늬는 과연 어떤 경위를 거쳐서 만들어지는 것일까? 야외에서 불을 피워 흙을 구우려면 최고 400~600℃까지 화력을 끌어올려야 하니 나무가 많이 필요하다. 오산리의 분업화된 토기 제작 설명에서 본 것처럼 토기 제작은 혼자 할 수 없다. 나무를 베고 불을 피우면서 공동체 전체가 달려 들어야만 가능하다. 그러므로 모양도 무늬도 집단지성의 산물이다. 한반도 신석기 표준 무늬인 빗살무늬는 도대체 어떤 마음들이 모여서 나오게 되었을까?

한반도 전체를 대상으로 했을 때, 토기의 모양별로 크게 다음과 같이 나눌 수 있다. ① 함경북도 굴포리 서포항을 최북점으로 하는 동북 지방 토기가 있고, ② 오른쪽 북단 끝을 평안북도 토성리로 하고 황해도 신암리, 용연리 등을 주요 지점으로 하는 서북 지방 토기가 있다. ③ 북한의 평양시 금탄리부터 해서 서울 암사동까지를 포함하는 중서부 지방 토기권에 시흥 오이도가 들어가고, ④ 양양 오산리부터 부산 동삼동, 통영을 거쳐 왼쪽으로 흑산도까지는 남부 지방 토기권에 속한다.(《국립중앙박물관》 선사관의 설명 참고.)

일단 동북 지방 토기와 중서부, 남부 지방 토기 간에 큰 차이가 있다. 토기 바닥의 모습이 다르기 때문이다. 동북 지방과 서북 지방 토기는 바닥이 납작하다. 중서부 지방과 남부 지방은 아래가 뾰족하다. 이런 모양의 차이는 동북과 서북 지방의 흙과 중서부, 남부 지방의 흙이 다른 탓이다. 중서부와 남부 지방은 바닷가의 흙이 유독 질어서, 불에 구울 때 그 자체로 바닥이 매끈한 모습으로 나오지 않을 가능성이 높다. 또 평평하게 만들어 놓는다고 해도 땅에 잘 붙어 있기 어려워 아예 뾰족하게 만들어 바닥에 박기로 한 것이다.

형태보다 중요한 것은 무늬다. 동북 지방에서는 초기에 짧은 선이나 점으로 된 무늬를 몸통 윗부분에 새겼는데, 중기에는 타래 무늬를 썼고 아가리를 밖으로 약간 벌어지게 했다. 후기에는 민무늬 토기의 비율이 높아진다. 중서부에서는 처음에는 바닥, 몸통, 아가리에 각기 다른 무늬를 새겼으나 점차 바닥부터 시작해서 몸통, 아가리 순서로 무늬가 없어지다가, 청동기 시대에는 아예 민무늬가 된다.

동부나 중서부를 막론하고 신석기 후기로 가면, 점차 가는 줄무늬에서부터 민무늬로 패턴이 크게 바뀐다. 그렇지만 일단 한반도 신석기 토기의 대표는 빗살무늬라고들 한다. 빗살이란 '머리를 빗는 빗의 살'을 의미한다. 빗살무늬 토기에는 직선이 몇 개씩 나란히 그어진 지그재그 패턴이 있다. 한반도 신석기 옛사람들이 빗살무늬를 애호한 까닭은 무엇일까?

빗살무늬의 기원은 크게 두 가지로 정리할 수 있다. 첫째, 아직 물레를 알지 못했던 신석기 초기에는 그릇을 만들 때 성형된 그릇에 끈을 붙이는 일이 많았다. 토기 이전에 사람들이 주로 썼던 것이 바구니이기 때문이다. 전 세계적으로 용기의 발달사를 보면, 일단 바구니를 먼저 짠 다음 그 바깥에 점토를 바르는 방식이 있었다고 추측할 수 있다. 이런 식이니 그릇을 바구니로 먼저 상상했다면 토기에도 짜임 무늬를 넣을 수밖에 없었을 것이다.{팀 잉골드, 「1부 매듭 엮기」, 『모든 것은 선을 만든다』 참고.}

한반도에서 이런 가설을 뒷받침하는 유물을 두 개 찾을 수 있다. 하나는 창녕 비봉리에서 발견된 망태기다. 신석기시대에는 강 하구였을 이 늪지에서 우리나라에서 가장 오래된 망태기가 발견되었다. 갈대를 이용해 씨줄과 날줄의 두 가닥을 만들어 꼬은 모습을 보면 신석기 사람들이 토기에만 의존했을 리 없고 다양한 모양으로 바구니를 짜서 이것저것 잘 보관하고 살았음을 충분히 짐작할 수 있다. 다른 하나는, 앞서 오산리에서 본 그물무늬 모양 토기 파편이다. 토기에 일부러 그물 모양을 새긴 까닭은 아무래도 바구니를 그릇의 원형이라고 생각했기 때문이라고 할 수 있다.

빗살무늬 기원에 대한 둘째 설명은 '비[雨]'에 대한 염원설이다. 빗살무늬는 근동과 동남유럽의 신석기시대에 널리 인정받은 무늬였다. 그래서 단지 바구니의 연장이라고만 설명할 수는 없다. 고대 상징을 연구하는 학자들은 지그재그 다발의 의미를 비로 보았다. 이란에서 나온 기원전 4000년 무렵 토기들 중에는 일부러 평행 지그재그 무늬 윗부분을 잘라 표현한 것이 있다. 예술 인류학자 아리엘 골란은 이런 식으로 중간에 끊어지도록 표현한 이유가, 잘린 부분 바깥에서 빗살 그림이 계속 이어지는 것을 생각했기 때문이라고 한다.{아리엘 골란, 『선사시대가 남긴 세계의 모든 문양』, 38쪽.} 마치 위에서 비가 내려와 토기 안으로 들어오는 순간을 연속해서 표현하기라도 한 것처럼 말이다. 우랄의 여러 암화(巖畵)에는 비를 선물하는 신을 향해 기원하는 장면도 있다.

〈국립중앙박물관〉에서 열렸던 특별전 「우리가 인디언으로 알던 사람들」 전시회(2024)에서는 북미 선주민들의 생활상을 보여 주는 다양한 의식주 유물을 소개했었다. 전시된 토기 가운데 새를 형상화한 미국 남서부 인디언의 토기가 있었다. 새는 특히 건조한 사막 지대에 사는 주니족에게 비를 부르는 동물로 알려져 있다. 토기에 새를 그림으로써 그들은 비를 염원했다. 그릇에 비의 상징을 그렸다니, 토기란 그저 가재도구이기만 하지 않고 하늘과 땅을 잇는 주술적 물의 길이기도 했다. 주니족은 있는 것을 담기 위해서가 아니라, 없는 것을 부르기 위해서 그릇에 무늬를 그렸다. 한반도의 빗살무늬의 기원을 그 누구도 확정할 수는 없지만, 바구니에 집중했다면 과거 지향적 무늬였고 비에 주목했다면 미래 지향적 무늬였다고 할 수 있겠다.

한반도 신석기 토기 무늬에 관한 마지막 궁금증. 어째서 후대로 갈수록 토기의 무늬가 점점 없어지게 되었을까? 불을

　　　　　　　　　　　2부 신석기, 연결의 대모험

다루는 기술이 더 발달한 까닭에, 대량 생산을 하게 되어 토기 하나하나의 의미와 가치가 소홀해졌기 때문일까?

　　바다 건너 일본에는 이와 정반대의 해석을 하게 하는 토기들이 있다. 바로 일본의 신석기라 할 수 있는 조몬 문화의 토기들이다. 조몬 토기는 그 모양이나 무늬의 범위가 대단히 다양한데, 최고 전성기 때부터 말기까지 화염무늬 토기라고 해서 엄청나게 화려한 무늬를 개발했다. 조몬 사람들은 흙을 아예 불이라고 생각했는지, 시대를 거듭할수록 더욱 정교한 불꽃 무늬를 창안해 갔다. 비교적 가까운 거리에 있었던 두 개의 신석기 문화권에서 한쪽은 시대를 거듭할수록 그 무늬를 걷어 내는 방식으로 나아가고, 다른 한쪽은 더더욱 화려한 무늬를 개발하는 쪽으로 나아갔다. 한반도의 토기를 장식했던 저 강렬한 빗살무늬들과 뒤따른 민무늬는 이웃 신석기와의 관계에서 생각하면 완전히 특별한 개성을 지녔던 것으로 보인다. 신석기 문화의 내적 요인에 의해서가 아니라, 조몬 문화 토기와 구별되려는 외적 요인을 따라 무늬를 일부러 없앴다고 생각해 볼 수는 없을까? 이런 가정이 성립하려면 대한해협을 사이에 둔(과거에는 지금만큼 바다가 크게 가로놓여 있지 않았다 해도) 두 문화권 사이에 활발한 교류가 있었다고 해야 한다. 무늬의 문제는 단순하게 볼 것이 아니었다.

아무르강에서 온 제주 고산리식 토기

〈시흥오이도박물관〉에는 한반도 토기 중에서 가장 독특한 유물이 있었다. 제주 고산리식 토기다. 서울의 〈암사동선사유적박물관〉 설명에 따르면 한반도 최초의 토기는 제주 고산리에서 나왔는데, 연대가 기원전 8000년까지로 올라간다. 고산리식 토기의 특징은 바닥이 평평하고 문양이 따로 없는 것이다. 이토록 독창적인데 한반도 안에서는 어떤 관련된 유물도 나오지 않는다.

고산리식 토기를 연구하려면 〈제주고산리유적안내센터〉에 가면 된다. 그런데 이 센터에서는 고산리식 토기에 대해 암사동에서와는 다른 설명을 내놓는다. 〈제주고산리유적안내센터〉에 따르면 고산리 토기의 연대는 기원전 1만 2천~8천 년 무렵으로 더 올라간다. 제주도는 빙하기 이후 해수면 수위가 높아지는 가운데 기원전 1만 년 무렵 한반도에서 떨어져 나와 섬이 된 것으로 추정된다. 고산리 일대에서는 후기 구석기시대 좀돌날 문화의 흔적도 발견되고 신석기 초기의 양면박리 석기와 원시형 고토기도 출토된다. 그런데 고산리 유적에서 나온 토기의 무늬는 양양이나 부산 동삼동의 것과는 완전히 다른데, 아무르강 유역 가샤(Gasya) 유적과 그로마투하(Gromatukha) 유적과 유사성을 보인다. 기본적으로 선형 무늬가 없기 때문에 빗살무늬와는 직접 관련이 없다고 해야 한다. 만드는 방식에서도 흙만 쓰지 않았다.

가샤 유적의 토기들은 풀을 섞어 성형했고, 300~500℃라는 비교적 낮은 온도에서 구워 냈다. 학자들은 이것을 '외면 조흔 평저심발형'이라고 부른다. 아무르강 중·하류 유적들에서 발견되는 이런 토기들은 바닥이 평평하고 태토에 식물성 섬유질이 포함되어 있으며 내·외면 융기문이 새겨진 것을 특징으로 하기 때문이다. 여기에 원공문토기, 회전압날문, 압형무늬 기법이 나타난다. 이들 유적의 절대연대 측정치는 지금으로부터 1만~1만 3천 년 전 사이이다. 그런데 고산리식 토기에는 딱히 무늬가 있지는 않다.

〈제주고산리유적안내센터〉는 고산리 초기 신석기 문화가 아무르강 유역의 신석기 문화와 관련이 있다고 본다. 정말 그러하다면, 아무르강 유역에서부터 고산리까지 사람들이 어떻게 내려왔을까? 지금으로부터 1만 년 전 서해 바닥 전체가 초지였고 아무르강 유역부터 한반도, 일본 열도 전체가 하나의 대륙으로 연결되어 있었다고 하면 육로로 내려왔다고 가정할 수도 있다.* 그런데 토기 기술을 전수할 수 있을 정도라면 단 한 번 내려온 것이 아니었다고 해야 한다. 바닷길이나 육지길이나에 상관없이 활발한 교류가 있었다고 할 수 있다. 선사는 숲이

---

* 제주 고산리식 토기에 대해서 옆의 자료를 참고.

나 바다와 같은 자연에 압도되어 제자리를 겨우 지키며 살았던 사람들의 시대가 아닌 것이다. 여기저기 칼금이 아무렇게나 나 있어, 언뜻 보면 대단치도 않아 보이는 제주 고산리식 토기는 현대를 사는 나보다도 더 멀리 길 떠나기를 주저하지 않았던 이들의 솜씨 좋은 합작품이었다.

이렇게 고산리 토기가 한반도 일반 토기 모형과 완전히 다른데도, 신석기 토기 일반을 '빗살무늬'라고 부르는 것은 왜일까? 단지 빗살무늬 토기가 많이 출토되었기 때문일까? 하지만 제주도 토기가 아무르강 연안의 토기 문화와 연결되듯이 빗살무늬도 한반도 고유의 것은 아니다. 〈암사동선사유적박물관〉에 따르면, '광역 빗살무늬 토기 문화권(Comb pattern pottery culture)'이 있었다. 이것은 발트해, 핀란드, 볼가강 상류, 시베리아 남부, 바이칼호수, 몽골고원, 랴오둥반도 및 한반도까지를 포괄한다. 가장 오래된 빗살무늬 토기는 랴오허 문명의 유적인 싱룽와(Xinglongwa) 문화(기원전 6200년~기원전 5400년) 터에서 발견된다. 구석기의 주먹도끼도 호모 에렉투스와 호모 사피엔스가 돌아다닌 곳곳에서 비슷한 형태로 발견되었다. 빗살무늬 토기나 고산리식 토기도 호모 사피엔스가 걸었던 도처에서 발견되는 공통 토기 형태 중 하나인 것이다. 한반도 신석기시대를 순례한다고 생각했는데, 토기를 통해 한반도만의 신석기란 없음을 알 수 있었다.

     2부 신석기, 연결의 대모험

절제의 갯벌

〈시흥오이도박물관〉의 전시실을 나와서 보니, 박물관 뒤쪽으로 처음 선사유적이 발굴되었다고 하는 바닷가가 보였다. 뻘이 넓게 펼쳐져 있었다. 갯벌은 바다와 육지라는 두 생태계가 만나는 장소다. 갯벌에는 생산자, 소비자, 분해자라고 할 다양한 생물들이 함께 산다. 갯벌에는 육지에서 갯벌로 흘러들어 오는 유기물들과 함께 식물 플랑크톤이라든가, 박테리아와 같은 미생물들이 서로 엉겨 붙어서 엄청난 규모로 생태계의 순환 구조가 만들어진다. 선사인들도 서해의 갯벌이 품은 엄청난 바다 생태계에 주목했을 것이다.

그런데 갯벌이 부유한 생물들의 보고이기는 하지만, 채집에 있어서는 아주 주의하지 않으면 안 되는 문제가 있다. 밀물과 썰물이 하루에 두 번 일어나는데, 매일 그 시간이 달라진다. 물의 높이가 가장 높아지는 때를 만조, 가장 낮아지는 때를 간조라고 하는데 만조와 간조의 바닷물 높이 또한 매일 바뀐다. 이 변화를 어촌 사람들은 '물때'라고 한다. 이 세세한 변화에 주의를 기울여야, 계절에 따라 시간에 따라 채집을 잘할 수 있다.

서해 쪽으로 답사를 갈 때마다, 어느 바다에서나 갯벌로 들어가는 입구에서 간조 시간과 만조 시간을 알리는 큰 사인을 볼 수 있었다. 생각보다 물이 빨리 들어차는 모양이었다. 바다는 욕심 많은 이의 '생각'을 늘 앞지르는 것이다. 이런 물때에 대한 이해가 채집하는 이에게 절제를 가르쳤을 것이다. 생각해보면 빗창이나 뒤지개로 딸 수 있는 굴의 수는 '한 개'다. 적당히 따고 멈춰야 한다. 갯벌이 많은 생물을 인간에게 준다지만 그것은 정말로 달과 태양의 마음에 달려 있다. 단순히 많이 캐려고 허겁지겁 갯벌에 들어갔다가는 순식간에 차오르는 물길에 갇혀 그대로 바다의 밥이 될 수 있다. 갯벌에서의 채집은 나의 생계가 전적으로 물때에 달려 있음을, 더 우주적으로 말하면 달과 태양의 관계에 달려 있음을 가르친다. 오이도 옛사람들은 겸손했을 것이다.

2. 안으로 밖으로 바다 네트워킹

빗살무늬 토기나 고산리식 토기를 보면서 신석기인들이 가졌던 교류의 광대한 범위를 짐작할 수 있었다. 이런 교류도 '그냥' 되는 것은 아니다. 탈것이 필요하다. 특히 바닷길이라면 '배'가 있어야 한다. 오산리에서부터 눈에 들어 왔던 한반도 신석기 시대의 배를 찾아보기로 했다. 경남 창녕의 비봉리로 가야 했다.

〈창녕비봉리패총전시관〉

소나무 카누, 200년 나무의 바다 꿈

창녕은 지금 완전히 내륙으로 들어와 있는 곳인데 여기서 7천 년 전, 8천 년 전의 배가 나왔다. 당시 이 근처까지 바닷물이 들어와 있었던 것이다. 한반도라고 하지만 한때는 서해가 다 평야였고, 반도가 되었어도 외곽선의 모양이 다 달랐다. 한반도의 선사라지만 같은 풍경 속을 사는 것이 아니니 단선적으로 선사와 현대를 연결시킬 수는 없겠다.

창녕에 도착하니 지금까지 가 본 어느 전시관보다 아담했다. 단층에다가 외벽도 하얗게만 칠해져 있어서, 들어가면 정말 배 한 척만 덩그러니 있겠구나 싶었다. 전시관 앞 곱게 누운 들판의 풀들이, 한때 이곳에서 멧돼지와 호랑이도 뛰어놀았다고 알려줄 뿐이었다. 선사 최고의 기술이 출토된 장소이건만, 그 영광을 칭송하는 기념비가 없어 섭섭했다.

그런데 전시실 안이 기대 이상으로 매우 알찼다. 들어가자마자 비봉리 유적터의 토층 전시물이 나오는데, 무척 알기 쉽게 설명해 주고 있었다. 제5패층, 제4패층, 이렇게 해서 제1패층까지 올라가는데, 자세히 보니까 한 줄의 패류 껍질들 위로 흙이 쌓이고 또 패류 껍질 위로 흙이 쌓이고 하는 형식이었다. 사람들이 모여 살면서 조개 등을 먹고 버리고 그 자리를 떠났다가, 다시 또 와서 살고 버리고 떠나고 했던 모양이다. 패총의 결들이 세월을 층층이 안고 있었다.

상상해 보니 배가 나온 것 자체가 기적이었다. 선사의 배라면 나무로 만들어졌을 텐데 어떻게 이 긴 세월을 버텼단 말인가? 공은 패총에 돌려야 했다. 언뜻 생각하면 그저 선사인들이 버린 쓰레기더미인데, 여기에 쌓인 패각류의 석회 물질이 흐르는 빗물에 녹으면서 알카리성으로 땅을 계속 유지시킨 덕분에 썩기 쉬운 나무 제품이나 짐승뼈 등의 유기물질이 잘 보존될 수 있었다. 조개나 굴은 배를 채워 줄 뿐 아니라 껍데기로도 인류를 위해 봉사하고 있었다.

패총 형성 전시물을 보고 났더니, 아래층으로 내려가라는 안내가 있었다. 〈창녕비봉리패총전시관〉은 하이라이트를 지하 전시실을 마련해 두고 있었다. 쓰레기더미(패총)야말로 귀한 보물창고라고 말해 주는 듯했다. 내려가서 보니, 비봉리 일대에 대한 지형과 그 역사에 대한 설명이 인상적이었다. 풍경 위에도 시간이 흐른다는 사실을 깨달을 수 있었다. 신석기시대 비봉리는 바다였다. 바다와 강이 만나는 기수 지역으로 소금의 농도가 다양해서 특히 많은 바다 생물이 살았고, 주변 산지의 영향 때문에 파도의 영향도 덜 받아서 사람 살기에도 좋았다. 그런데 세월이 지남에 따라 해수면이 다시 낮아지자 내륙에 가까운 지형으로, 특히 낙동강이 넓게 범람하는 장소가 되었다. 덕분에 패총에 의해, 또 바닷물이 아닌 습지의 형성 덕분에 다양한 유물이 보존될 수 있었다.

드디어 궁금했던 배를 보았다. 3~4명 정도가 탈 수 있을 것처럼 보이는 재현품이었는데 전시물 뒤로 노가 있었다. 배와는 달리 이 노는 선명히 나무결을 느낄 수 있는 진품이었다. 길쭉한 이등변 삼각형을 띠는 날렵한 형태인데, 몸통과 손이 쥐

기 쉽도록 둥글게 만들어져 있었다. 약 7천 년 전 것으로, 발견
된 배와 한 쌍은 아니었다. 비봉리에서는 배가 여러 척 제작되
었던 모양이다.[*]

　창녕에서는 전체 2구의 배 유물이 부분적으로 발견되었
다. 배는 수령이 긴 나무를 쪼개고 깎아 안을 길게 판 형태다.
이를 환목선(丸木船)이라고 하는데, 환목선이란 곧 카누다. 카
누라고 하면 오세아니아 사람들의 전유물인 줄 알았는데 그런
형태의 배를 타고 다닌 사람들이 비봉리에도 있었다. 출토된
배 조각에 그을린 자국이 있어 당시 배 제작 과정을 알려 주었
다. 비봉리 카누는 뱃머리가 좁고 경사지기 때문에 물살의 저
항을 적게 받아 속력을 높일 수 있었을 것이다. 그러니까 근거
리 이동용 이상으로, 먼 바다 항해까지 했을 수 있다.

　신석기 한반도의 카누는 어떻게 만들었을까? 〈창녕비봉리
패총전시관〉의 설명은, ① 도끼질을 하여 나무를 베고, ② 나무
의 잔가지를 쳐내고, ③ 일정 기간 통나무를 물에 담가 두고 ④
통나무의 겉면을 조금씩 불에 그을린 다음 돌자귀로 파내어 나
무배를 완성하고 ⑤ 어로에 나선다, 라고 되어 있었다.

　이 설명을 보충하기 위해 「KBS 역사스페셜」 '신석기인들

* 　비봉리의 배는 아니지만 역시 신석기 배로 추정되는 울진 죽변리 유적의 신석기 조각배
와 노도 참고할 만하다. 죽변리의 배는 녹나무로 밝혀졌는데, 노는 길이 170cm 정도의 상수
리나무로 만들었다고 추정된다. 이 카누는 최소 5인 이상이 몰 수 있을 만큼 큰 통나무배였을
것이다. 죽변리 카누는 〈국립경주박물관〉에서 확인할 수 있다. 죽변리 카누에서 보이는 신석
기 녹나무의 재질이 돌 같기도 해서 더 신비로운 느낌이 든다.

바다를 건너다[**]를 참고하면, 조금 더 구체적인 정황을 알 수 있다. 무엇보다 이 영상을 통해서 카누 제작의 어려움을 실감할 수 있다. 여기서는 문화재 복원 전문가 윤광재 선생님이 현대의 배 만드는 장인 세 분과 함께 5인용 신석기 카누 만들기를 재현해 보이신다. 먼저 직경 1.5m, 길이 6.5m의 통나무를 잘라야 했는데, 자를 때 필요한 자귀를 만드는 데만 4시간이나 들었다. 자귀는 혈암을 숫돌에 갈아 날카롭게 해서 만든다. 그다음, 잘린 토막에서 내부를 파내야 한다. 이때 날렵한 간석기 돌대패가 필요하다. 돌대패는 숫돌로 필요한 돌면을 날카롭게 갈아 만든다. 이처럼 나무를 베고 깎아 배를 띄우려면, 다양하고도 정교한 석기 제작 기술도 갖추고 있어야 했다. 준비에도 제작에도 엄청난 공력이 들어가는 작업이었다.

비봉리의 카누 제작기 설명대로, 영상에서도 배의 한가운데를 불로 태워 숯으로 만들면서 작업했다. 그러면 단단한 나무를 보다 쉽게 깎고 파낼 수 있다. 이렇게 직접 불로 태워 숯을 만들면서 깎는 과정을 신석기 방식대로 한다면 6개월 이상이 걸릴 것이다. 방송에서는 인부가 몇 명이 필요한지는 따로 말해 주지 않았다. 그리고 이처럼 간단하지만 매우 어려워 보이는 장면 뒤로, 현대의 장인들이 21세기 도구를 갖고 달려들어

[**] 2005년 5월 13일 방송.

신속히 카누 재현품을 만들었다. 그런데 전동 대패를 갖고 작업을 했는데도 거의 한 달 이상이 걸렸다. 어쨌든 이런 배를 몇 척이나 마련해서, 둘 혹은 셋으로 붙일 수 있다면 큰 바다로 나가는 것도 가능할 것이다.

비봉리의 전시실과 한반도 선사 배 제작 다큐멘터리를 보면서 흥미로운 점을 하나 찾을 수 있었다. 한반도 선사 배 모양에 관한 다양한 의견들이 소개되고 있었기 때문이다. 특히 선두와 선미 모양을 유추하기가 어려운 것 같았다. 출토된 배가 선두와 선미 부분이 아니어서 해석이 분분한 것은 당연했다. 「KBS 역사스페셜」에서는 비봉리 배 모양이 선미가 납작했을 것이라고 추론했다. 이런 모양을 일본 조몬시대 배(카누)에서도 확인할 수 있기 때문이다.

그런데 〈창녕비봉리패총전시관〉의 재현물은 「KBS 역사스페셜」이 재현하고 있는 카누와 다른 형태로, 선두와 선미가 똑같이 완만한 삼각형 모양이었다. 방송된 때가 2005년이고 〈창녕비봉리패총전시관〉 리모델링이 2017년에 이루어졌으므로, 그 사이 한반도 선사의 배 형태에 대한 학계의 의견이 달라졌을 수도 있다. 2024년까지 〈국립중앙박물관〉 선사관에 있던 비봉리 배 재현틀은 선두와 선미가 같은 모양이었다. 삿포로시 인근의 〈니부타니아이누박물관〉(二風谷アイヌ文化博物館)에는 일본에서 제일 긴 카누가 있다. 아마 가장 오래된 카누 형태를 계승했을, 이 아이누인들의 카누도 선두와 선미가 같은 형태

다. 물론, 이런 과거 유물의 정확한 재현은 처음부터 불가능하
다. 그리고 굳이 형태를 확정할 필요도 없다. 다양한 배 모양이
있었을 것이라고 결론을 내리면 항해의 풍경을 더 다채롭게 상
상할 수 있다.

카누 제작기술이란 한 사람이 전부 갖고 있다가 갑자기 누
군가에게 짠! 하고 전수할 수 있는 그런 종류가 아닐 것이다.
나무와 물, 해류와 항력, 특히 별자리에 대한 연구를 서서히 확
장한 결과라 해야 한다. 집단 지성의 결정체일 터이니, 카누를
갖고 있는 공동체의 지적 수준은 대단했으리라. 지금으로 가정
하면, 나사(NASA)나 스페이스X와 같은 우주비행선 정도의 대
규모 연구 프로젝트가 있었다고 해야 하지 않을까? 일반인도
우주 비행선을 탈 꿈을 꾸는 세상이니 탈것의 기술 발달이 어
디까지 뻗어 갈지 가늠이 되지 않지만, 카누가 우주선의 앞 단
계라고 해서 과소평가될 이유는 없겠다. 최초의 한 걸음을 뗐
을, 비봉리의 카누 제작자들에게는 어떤 선험적 모델도 없었을
것이기 때문이다.

인류는 언제부터 배를 타게 되었을까? 배를 타는 일의 인
류학적 의미는 무엇인가? 왜 꼭 먼 바다로 나가지 않으면 안 되
었을까? 바다를 정복한 최초의 항해자들을 연구한 브라이언
페이건에 따르면, 적어도 5만 년 전에 이미 동남아시아 본토 사
람들이 노를 젓거나 돛을 이용해 섬에서 섬으로 이동하면서 뉴
기니와 오스트레일리아까지 진출했을 것이라고 한다.(브라이언

페이건, 「1장 모래톱과 갯벌을 발견하다」, 『인류의 대항해』 참고.) 노뿐 아니라 돛까지, 5만 년 전에 말이다. 돛이라면 천을 짜야 하는 일인데 물레를 이용해 실을 잣지 않고 잎이 큰 식물들이나 갈대를 이용했다고 가정하더라도 보통 일은 아니었을 것이다.

3만 년 전이 되면 동남아시아에서 출발한 사람들은 태평양 남서부 비스마르크 해협에 아예 터를 잡고 산다. 기원전 8000년에는 에게해의 여러 섬들 사이로 바다를 종횡무진하는 배들을 쉽게 볼 수 있었을 것이다. 창녕 비봉리에서 출토된 두 척의 배는 8천 년 전에 만들어진 것이다. 비봉리는 지구 바다의 큰 유행을 잘 따르고 있었다고 할 수 있다.

인류 선사 문화에서 바다-탈것의 종류는 크게 세 가지로 나뉜다. 갈대 보트와 나무껍질 보트, 그리고 통나무 카누다. 부산의 〈국립해양박물관〉에는 파피루스배(갈대배), 통나무배, 가죽배, 페니키아 무역선 모형, 다우선 모형, 갤리선 모형 등이 전시되어 있다. 인상적인 것은 갈대배다. 신석기 옛사람들의 손기술로 충분히 가능한 배의 형태로 보이기 때문이다.

갈대를 이용하면 가벼운 배를 만들 수 있고 뭍으로 쉽게 끌어올릴 수도 있다. 그런데 이삼일이 지나면 물을 지나치게 먹게 되어 띄울 수가 없다. 아메리카 대륙에 처음 발을 디뎠던 초기 캘리포니아 인디언들은 앞바다 섬으로 항해할 때 골풀 카누를 이용했을 텐데, 최대 나흘 정도밖에 쓰지 못했을 것이다. 그래서 인디언들은 시간이 날 때마다 카누를 해변에 말렸을 것이다.[브라이언 페이건, 『인류의 대항해』, 76~79쪽 참고.] 〈국립해양박물관〉에서 볼 수 있는 우아하고 튼튼해 보이는 파피루스배도 사실 일회용이나 다름없는 물건이었던 것이다. 자연의 일회용에 익숙해진 사람들에게 배가 재산처럼 보이지 않았을 것이다. 놀라운 것은 몇 번 겨우 쓰는데도 전시된 파피루스배는 아주 우아하다는 점이다. 이 배의 주인들은 파피루스배가 주는 유일무이한 항해를 소중하게 생각했을 법하다.

비봉리 항해사들은 소나무를 이용했으니 조금 더 오래 배를 사용하기는 했겠지만, 이 나무도 결국 썩는다. 그러니 뱃사람들은 수령이 긴 뒷산 혹은 저 너머 산의 나무를 잘 보호하면서 길렀을 것이다. 아니, 기른다고는 할 수 없고 비봉리 산신이 주고 있다고 생각했을지도 모르겠다. 바다는 인간이 아무리 계획하고 도모해도 언제나 큰 파도, 낯선 바람, 태풍 등이 일어나는 장소다. 그렇게 압도적으로 위험한 바다로 사람을 실어 나르는 배의 원료가 되는 나무라면 신성한 것이어야 했으리라. 이런 상상을 하니, 전시관 뒤 비봉리 야산이 다르게 보였다. 비봉리 목선은 200년 된 소나무였다. 8천 년 전 비봉리 근처에서는 200년쯤 된 소나무가 적지 않았던 것이다. 아주 신성하고 울울창창한 숲이 있었는데 지금은 야트막하고 상냥하기만 하다.

기술은 정말 '진보'하는 것일까? 꼬고 엮고 띄우고 말렸다가 버리기를 반복하느라 지친 인류가 결국 목선이나 증기선을 개발할 수밖에 없었던 것일까? 선사인들은 고된 배 만들기의 노고를 어떻게든 빨리 극복하려고 했을까? 비봉리의 옛사람들은 영원히 뭍에 붙어 있을 수 없고(뽑혔으므로), 영원히 물에 떠 있을 수도 없는(썩으니까) 카누를 타고 강이나 연안을 돌아다니면서 무슨 생각을 했을까? 그들은 자연의 일회성, 인간 노동의 유한성에 깊이 감사했을 것이다. 자연의 일부를 응용해서 다시 자연과 만나는 일이 주는 기쁨이야말로 선사 기술자들에게 중요했을 것 같다. 인류에게 '기술'은 그것을 개발하고 쓰는 이에게 자연과의 유일무이한 합일감을 주는, 특별한 삶의 기예(art of life)였다.

망태기와 도토리 저장공, 멧돼지 무늬 토기로 본 선(線)의 예술

전시실에 우리나라에서 가장 오래된 망태기가 있었다. 뻘에서 발견되었던 그 모습 그대로, 갈대를 이용해 씨줄과 날줄을 세 가닥을 만들어 엮은 모습으로 전시되어 있었다. 그 아래에, 구체적으로 어떻게 꼬았을지를 재구성한 스케치가 있었다. 누군지 몰라도 비봉리의 직공은 대단히 손이 야무진 사람이었다. 전시실에는 이 망태기가 처음 발굴되던 순간의 현장 사진도 네 장이 있었다. 한 땀 한 땀 엮인, 정말로 남아 있기가 어려운 망태기를 운 좋게 발견할 수 있었던 고고학자들의 환호성이 들리는 듯했다.

　　　　　　　　　　2부 신석기, 연결의 대모험

비봉리 직공의 솜씨와 창의력을 확인할 수 있는 뜻밖의 유물이 하나 더 있었다. 바로 도토리 저장공이다. 전시관 바닥에 저장공의 뚜껑 부분을 나무로 재현했는데, 그 위에 유리를 덮어 놓았다. 두꺼운 나뭇가지로 격자 틀을 만들고 그 사이사이를 더 작은 가지로 매듭을 꽁꽁 묶은 형태였다. 나뭇가지를 꼬고 짜는 기술이, 나무를 베고 태우는 것보다 부담이야 덜하겠지만, 이 저장공을 만든 솜씨도 대단했다. 쓴맛 제거에 그릇이 꼭 필요하다고 생각했는데 그렇지만도 않다는 증거도 되었다.

일단 저장공이 아주 컸다. 재현물로 짐작해 보건대 쌀 20kg은 거뜬히 들어갈 수 있을 정도의 크기였다. 비봉리 일대에 도토리가 아주 많았고, 또 중요한 식량원이었음에 틀림없었다. 양양에서도 확인했지만, 신석기에 들어오면 도토리 이용률이 높아진다. 신석기 유적지에서는 항상 갈판과 갈돌이 나오는데 도토리 문제가 해결되었다는 증거다. 떫은 탄닌을 물로 희석시켜 제거하면 갈아서 어떻게든 먹을 수 있다. 비봉리에서는 20개 정도의 저장공이 발견되었다.

비봉리 옛사람들은 도토리 저장공을 어떤 식으로 설치했을까? 그들은 바닷가 어귀에 구덩이를 크게 파서 도토리를 넣었다. 그다음 바닷물에 도토리가 유실되지 않도록 저장공 위를 초본류나 작은 나뭇가지 등으로 엮어 덮었다. 그것으로도 부족해, 다시 그 위에 더 굵은 나뭇조각이나 돌을 뚜껑처럼 얹었다. 비봉리 사람들은 이 뚜껑이 떠내려가지 않도록 굵은 나무 막대기 하나를 따로 뚜껑에 연결한 다음 땅속 깊숙이 박아 두기까지 했다. 이렇게 하면 바닷가에서 물이 들어왔다 나가기를 반복하는 동안 떠내려가는 도토리 없이 쓴맛을 뺄 수 있다.

뚜껑과 저장공 막대기를 잇는 것은 역시 실이었다. 망태기를 짰던 그 솜씨로 갈대 따위를 꼬아 막대기 실로 삼았을 것이다. 비봉리 옛사람들은 배를 깎는 것도 잘했지만 이것저것 묶고 엮고 하는 일에도 대단히 능숙했던 것 같았다. 이 도토리 저장공은 쓴맛을 빼기 위한 토기가 필요없었다는 말도 되므로, 도토리를 꼭 신석기 식료로 단정할 필요는 더 이상 없게 되었다.

비봉리 옛사람들의 야무진 손 기술을 보고 있으려니 구석기 기술과 신석기 기술의 차이점이 선명해졌다. 구석기의 주먹도끼는 큰 덩어리에서 작은 부분들을 떼어 내고, 거기서 다시 뭔가를 깎고 하는 식이어서 '빼기 기술'이다. 반면, 신석기의 엮기와 짜기는 '더하기 기술'이다. 이 둘은 충분히 공조적이었을 것이다.

그런 의미에서 비봉리에서 나온 독특한 토기 파편도 인상적이었다. 통통한 몸, 뾰족한 등, 두 앞다리가 있는 동물 무늬 토기였는데 머리부터 두 발과 함께 배 부분까지만 나와 있어서 전체 형태는 알 수 없었다. 그렇지만 확실히 멧돼지로 보이기는 했다. 전시관에서는 비봉리 사람들이 멧돼지를 사냥하고 싶어 했을 것이라고 추정했다. 나는 멧돼지를 표현하는 방식에 더 눈길이 갔다. 이 토기를 만든 도공은 멧돼지를 표현하면서, 도토리 저장공 뚜껑처럼, 망태기 꼬임처럼, 가로줄을 열심히 그은 뒤에 세로줄을 다시 꼼꼼히 그리려 했다. 형태를 짜임으로 파악하려는 고집이 느껴졌다.

비봉리 전시실에는 비봉리에서 발견된 여러 토기 파편도 보여 주었다. 신석기 중기 이후에는 가마를 이용했다는 중요한 정보도 있었다. 이 전시 토기들 중에, 붉은색을 칠한 토기 파편이 있었다. 산화철을 넣어 구웠기 때문에 붉은 빛을 띠게 된 것이 아니라, 문양을 새긴 뒤 붉게 채색이 나오도록 한 것이었다. 파편밖에 없어서 토기 전체 모양은 알 수 없었지만 토기의 무늬만이 아니라 색에도 관심을 크게 기울인 흔적이었다.

붉은색을 칠한 토기는 한반도에서는 동해안과 남해안 지역에서 주로 발견되지만 그리 많이 나오는 유물은 아니다. 부산 가덕도 장항 유적의 신석기 무덤에서 사람과 함께 묻힌 붉은색 안료 덩어리가 나왔다. 그래서 비봉리 전시관은 이런 사정을 참고해 이 붉은색 토기가 제의용이었으리라고 보았다. 비봉리 옛사람들은 도토리와도, 나무와도, 망자와도 어떤 관계를 맺는 데에 관심이 많았다고 생각할 수 있었다.

인류학자 팀 잉골드는 선의 인류학을 제창한다. 선(善)의 인류학이나 선(禪)의 인류학이 아니라 선(線, lines)의 인류학이다. 그의 선학(Study of Lines)은 상호 관계하는 존재들을 주체와 객체로, 목적과 수단으로 편협하게 나누는 사고법에 반대한다. 잉골드는 생명(the life of lines)을, 촉수라 할 만한 부분들을 내뻗으면서 다른 존재를 붙드는 존재로 정의한다. 아이는 손을 뻗어 엄마의 몸을 붙들고, 어른도 살기 위해 타인을 붙든다. 사회 자체가 기본적으로 서로를 붙들고 푸는 관계성으로 짜여 있다는 것이다. 팀 잉골드는 이렇게 개인이나 사회를 '직조(織造)' 모델로 바라본다.

훌륭한 망태기를 만들려면 무엇이 필요한가? 충분히 부드럽고 탄력성이 있는 갈대-실이다. 팀 잉골드도 선으로서의 삶, 활력 넘치는 생활의 기본 능력을 유연성, 타인에 대한 공감력(sympathy)에서 찾는다.{팀 잉골드, 「제1부 매듭 엮기」, 『모든 것은 선을 만든다』 참고.} 어느 실이 다른 실과 잘 어울리려면 뻣뻣해서는 안 된다. 다른 실의 성질을 잘 받아들이면서 그에게 얽히려고 애써야 한다. 그렇게 얽힐 때, 씨실과 날실은 고유의 색감이나 질감을 잃음 없이 제3의 새로운 무늬를 만들 수 있다. 우리가 직조물에서 미감을 얻는 까닭은 각각의 실을 보아서가 아니다. 얽힐 때 만들어지는 새로운 무늬로부터 감동을 받아서다. 비봉리에는 숲과 사람들과 뭔가를 '함께 엮는' 선의 인류학자들이 많았다. 손재주가 뛰어났던 그들의 공동체가 아주 많은 노래와 이야기를 갖고 있지는 않았을까 생각해 보았다.

부산 〈동삼동패총전시관〉

대한해협을 잇는 흑요석

신석기 바다 탐사 마지막 편으로 부산 동삼동을 택했다. 〈동삼동패총전시관〉은 남해 신석기 문화의 보고다. 전시관은 오이도에서처럼 바로 바다에 면해 있었다. 차에서 내리니 바람이 엄청 불었다. 파도가 전시관 앞 방파제를 넘어올 듯 높이 올라오곤 했다. 넓게 펼쳐진 갯벌 때문에 파도는 구경도 할 수 없었던 오이도와는 달랐다. 바람을 피해 서둘러 전시관으로 들어갔다.

가장 먼저 눈에 띄는 것은 많은 뼈들이었다. 동삼동 옛사람들은 강치와 같은 바다 포유류도 먹었고, 살치나 참돔 다랑어, 심지어 상어까지 먹고 살았다. 돌고래도 있었다. 대형 바다 포유류를 잡아먹을 수 있었다면, 창녕에서 본 그 배로 정말 먼 바다까지 나갔을 수 있겠다. 그런데 동삼동 사람들은 바다 동물만 잡지 않았다. 사슴은 당연하고 멧돼지, 호랑이, 표범도 먹었다. 아주 큰 동물들을 육지, 바다 가리지 않고 잡아먹었다면 이들을 전천후 사냥꾼이었다고 해야겠다. 비봉리에서는 도토리 한 알도 아끼며 천천히 그물을 짜서 잡는 어부들을 주로 떠올릴 수 있었는데, 멀지 않은 부산 동삼동에서는 숲에서 뛰고 바다에서 활개치는 거칠고 야심 찬 사냥 집단을 만나게 되었다. 비봉리의 배 기술을 전수받아 바다로 나갔을 수도 있고 그

반대였을 수도 있겠지만, 두 바다 사람들의 성품은 먹는 것에 따라 많이 다르지 않았을까?

생활 반경이 대단히 넓었을 선사의 동삼동을 확실히 보여주는 유물은 흑요석이었다. 흑요석은 석장리부터 시작해서 수양개를 비롯, 심지어 비봉리에서까지 선사박물관이라면 구석기, 신석기 가리지 않고 다 나왔었다. 동삼동에 오기 전까지는 그리 관심을 두지 않았었다. 그런데 〈동삼동패총전시관〉에서는 흑요석 자체를 매우 중요하게 다루고 있었다.

흑요석(黑曜石; Obsidian)은 규산이 풍부한 유리질의 화산암이다. 로마의 저술가 플리니우스의 저서 『박물지』(*Naturalis historia*)에서 옛 로마 사람 오브시디우스가 에티오피아에서 발견한 유리질 화산암으로 추정되는 돌에 자기 이름을 붙인 것에서 유래했다고 전한다.{석장리박물관 도록, 『바다를 건넌 선사인들: 흑요석의 길』, 2019~2020, 14쪽.} 흑요석은 화산이 분출하여 마그마가 지표나 지하 얕은 곳까지 올라와서 차가운 공기를 만나 식고 굳어 생긴다. 마그마가 튀어 식은 것이므로 분출암이라고 하는데, 꼭 그런 식으로만이 아니라 화산 돔 가장자리나 용암이 지표를 흐를 때 공기와 접촉하는 부분 혹은 물과 마주친 부분에서 형성되기도 한다. 원자가 순서대로 배열될 수 없을 정도로 마그마가 빨리 냉각된 것이기 때문에, 흑요석은 그 광물 입자가 매우 작다. 그래서 결정질 혹은 유리질이 된다. 색은 검은색이 대표적이지만, 갈색, 녹색, 심지어 붉거나 주황 혹은 노란색,

더 심하게는 푸른색을 띠는 것도 있다. 때때로 그런 색들이 섞여 있는 광물로 발견되기도 한다.[*]

흑요석은 지질 활동이 활발한 곳, 즉 화산 지역에서 발견된다. 유리질로 형성되어 있기 때문에 광물이 결정학적으로는 불안정해서 수백만 년 이상 된 흑요석은 풍화 등의 자연 변화를 견딜 수 없다. 이런 점이 흑요석 도구 제작에는 아주 큰 장점이 된다. 잘 부서지기 때문에 제작자가 원하는 대로 깰 수가 있고, 깨질 면의 날카로움도 극대화시킬 수 있다. 흑요석으로 만든 칼은 오늘날 수술 도구보다도 더 날카로워, 선사시대에 짐승의 가죽을 벗기거나 힘줄을 자르는 데도 효과적으로 쓰였을 것이 확실하다. 그런 까닭에 일찍부터, 오래도록, 흑요석은 중요한 도구로 인류의 관심을 받았을 것이다.

이렇게 유용한 암석은 화산 지역에서만 나온다. 그래서 흥미로운 점은, 어떻게 한반도 전역의 구석기·신석기 유적지에서 고루 흑요석이 발견되는지이다. 어찌된 일인가? 공주 석장리 근처에는 화산이 없다. 부산 오산리, 동삼동, 오이도 어디에도 화산이 없다. 한반도의 화산은 백두산에 있다. 그럼 백두산의 흑요석이 무슨 수로 공주 석장리에서까지 발견될 수 있는 것일까?

* 흑요석에 대해서는 다음의 영상을 참고.

흑요석은 생성 장소에 따라 다양한 주변 물질과 융합된 채로 발견되어서 정밀하게 분석하면 그 출산지를 알 수 있다.[*] 공주 석장리에서 발견된 흑요석은 직선 거리로 600km 떨어진 백두산이 고향이다. 비봉리 흑요석은 일본 규슈산(사가현)이다. 전남 장흥의 신북 유적에서 출토된 흑요석 석기도 규슈 고시다케(腰岳)가 고향이다.{한국고고학사전 '고시다케 흑요석 원산지' 항목 참조. https://portal.nrich.go.kr/kor/archeologyUsrView.do?menuIdx=567&idx=492}

〈동삼동패총전시관〉 전시실의 흑요석은 백두산 근방의 것이 아니고 규슈에서 왔다. 동삼동에서는 일본 조몬시대의 토기 파편이 동반되어 나오기도 했다. 조몬 토기의 일본 패턴을 따르는 것으로 보이는 이 토기는 아가리 부분에 꼬인 줄 모양이 덧대어져 있고, 그 밑으로 삼각형 모양을 만들기 위해 실 모양으로 꼬아 형태를 붙이기까지 했다. 삼각형 무늬 안에는 빈 나뭇가지 같은 것으로 찍기라도 한 것인지 둥근 원 모양이 작게

---

[*]　석장리 발굴에 힘쓰셨던 손보기 선생님은 흑요석의 출처를 찾기 위한 당신의 노력을 다음과 같이 회고하셨다. "돌감의 연구는 석기를 만들기 위해서 돌을 어디서 가져왔나를 밝히고, 그 돌의 떼임새를 밝히는 데 필요하다. 살림터 언저리에서 나는 돌감이 많지만, 그렇지 않은 돌감은 원래 나는 곳을 찾아내야 한다. 석기로서 규장암, 흑요석, 옥수들이 더러 발굴되는데, 이들이 온 곳을 찾으려는 데 노력을 기울였다. 흑요석은 일부가 백두산에서 온 것으로 나타났다. 흑요석 돌감에 감마선으로 열을 가한 다음, 그 성분을 방사화하여 분석하면 미량 원소인 스트론튬(Sr), 바륨(Ba), 지르코늄(Zr) 등의 원소를 통해서 처음 폭발한 곳을 가려낼 수 있다."{손보기, 「머리글」 『석장리 선사유적』 동아출판사, 1993; 『바다를 건넌 선사인들—흑요석의 길』[석장리박물관 특별기획전 도록], 22쪽에서 재인용.}

새겨져 있었다. 조몬 토기는 꼬인 줄무늬를 아주 중시한 것이 특징이라, 이름 자체가 '꼬인 무늬(繩文)'이다. 규슈의 조몬인들이 일부러 동삼동에 보냈음이 확실하다.

왜 흑요석이 교류품으로 선택된 것일까? 흑요석은 날카롭게 뗄 수 있으니 여러모로 쓸모 있는 도구였을 것이다. 돌을 다듬어 본 적이 없는 내 눈에도 고기를 자르고 가죽을 벗기기에 충분히 유용해 보였다. 동삼동 옛사람들을 비롯한 한반도 선사인들은 강력한 기술력에 매료되어 북으로, 바다 건너로 흑요석을 찾아 나섰다고 생각해 볼 수 있고, 그런 욕구를 잘 알고 있었던 규슈 사람들이 알아서 흑요석을 챙겨 보냈을 수도 있었겠다.

그럼 동삼동 사람들은 흑요석을 받고 무엇을 주었을까? 동삼동 패총에서는 과하게 많은 조개 팔찌가 출토되었다. 조개 팔찌는 동삼동 옛사람들이 가장 애호했던 장신구였다(동삼동패총전시관, 『동삼동패총전시관』, 38~39쪽), 물론 장신구 재료로 꼭 조개(투박조개, 꼬막조개, 배말조개, 밤색무늬조개 등)만 쓰였던 것은 아니다. 동물뼈나 이빨, 옥, 돌, 흙 등의 재료로 팔찌뿐 아니라 귀걸이, 뒤꽂이 등 갖가지 사치재를 만들어 썼다. 전시실에는 투박조개와 밤색무늬조개로 만든 것으로, 조개 정상부에 구멍을 뚫은 다음 타원형으로 넓히며 갈아 완성한 팔찌가 있었다. 안지름 4~7cm밖에 되지 않으니, 나처럼 팔목이 두꺼운 사람은 착용하기 힘들어 보였다.

다양한 해석이 가능하지만 일단 이런 조개 팔찌는 당장의 식생활에는 무관한 사치재라 할 수 있었다. 동삼동의 전시실에서는 이런 사치품이 흑요석과 교환되었을 수 있다는 데에 해석의 무게를 싣고 있었다. 필수재를 주고 사치재로 받을 수도 있는 것일까? 사치재야말로 필수한 것일까? 두 물건 사이의 등가관계는 가늠하기 어려웠다.

전시관에서는 그 밖에 다른 교환품으로 '석기를 다루는 기술' 자체를 꼽고 있었다. 후기 구석기시대부터 선사인들은 창이나 활과 화살을 본격적으로 사용했다. 한반도 후기 구석기의 창은 슴베찌르개를 붙여 만든 것이다. 수양개에서 본 그 슴베 말이다. 그런데 일본에서도 발견되는 장소가 있었으니 바로 규슈 지역이다. 슴베가 아닌 단순한 석촉과 작살의 모양은 한반도와 열도에서 비슷하게 나오지만, 슴베가 나오는 지역은 매우 한정적이다. 일본에서는 슴베찌르개를 박편첨두기(薄片尖頭器)라고 부르고, 한국에서 열도로 건너간 기술품으로 본다고 한다. 규슈에서는 흑요석으로 만든 슴베찌르개까지 나왔다.{장용준,『사람·돌·불』, 140쪽.}

흑요석은 인류의 최애 석기였다. 그런데 따뜻해진 기후에 맞추어 경작이 차차 시작되면서 흑요석의 중요도가 줄어들지는 않았을까? 흑요석은 농경에는 어울리지 않는 도구로 보인다. 비봉리에 엄지손톱 정도로 작은 흑요석이 있었다. 비봉리에서는 다양한 탄화 곡식과 다양한 농기구 파편도 발견되었는데, 어로도 열심이었지만 재배에 있어서도 많은 실험이 있었다고 보였다. 비봉리의 농기구는 전부 아래가 뭉툭했다. 땅을 갈아야 했기 때문이다. 비봉리 전시실에서는, 확실히 날카로운 흑요석과 단단하면서도 끝이 부드럽게 마감된 돌자귀가 대조되었다. 흑요석의 자리를 차차 호미, 뒤지개, 돌괭이가 대신했을 수도 있겠다. 그런 식으로 재배가 본격적으로 진행되었을 때, 동삼동과 규슈 사이의 교류품에도 변화가 찾아오지는 않았을까?

흑요석을 너무 쓸모의 관점에서만 생각할 필요는 없겠다. 흑요석 칼날은 문신을 새기고 염료와 식물 재료를 문질러 넣기 위해 피부에 상처를 낼 때도 좋기 때문이다. 태평양의 여러 섬들에서 공히 발견되는 초기 농경 문화를 '라피타(Lapita)'라고 한다. 라피타 문화권의 유명한 아이템 중 하나가 바로 흑요석인데, 문신 도구로 쓰였다.{데이비드 그레이버·데이비드 웬그로, 『모든 것의 새벽』, 374쪽.} 문신 자체는 남아 있지 않지만 라피타 항아리 장식에 남겨진 바탕 무늬가, 피부에서 토기로 옮겨졌을 문신의 기본 유형을 보여 준다. 폴리네시아가 문신과 보디페인팅의 출발지로 유명하다는 점을 떠올린다면 일리 있는 해석이다. 2025년 봄에 〈한성백제박물관〉에서 진행되었던 「히타이트」 특별전에는 흑요석으로 된 머리 장신구가 있었다. 흑요석처럼 날카로운 광물은 피부에 그림을 그리기에도 좋고, 정교한 조각품과 화려한 장신구를 만들기에도 좋은 것이다.

동삼동 사람들이 규슈 사람들에게 조개 팔찌를 건네며 흑요석과 토기를 받았다고 해보자. 그런 교류는 비정기적이었을까, 정기적이었을까? 특별히 그런 교류를 담당하던 가문이 따로 있었을까? 그런데 일주일에 한 번씩 왔다 갔다 할 수 있는 거리가 아니라면, 그런 교류란 '아주 먼 곳이지만 친구가 있기는 하다' 정도에 불과한 느슨한 사귐인데 굳이 왜 이어 갔을까?

여기에 아이디어를 주는 인류학 연구가 있다. 인류학자 브로니스라브 말리노브스키의 『서태평양의 항해자들』이다. 말리노브스키에 따르면 지금 우리가 오세아니아 문화권으로 부르는 서태평양의 많은 섬들 사이에서는 관계 자체가 주는 풍요로운 만족감이 좋아서 끊임없이 이루어지는 교역이 있었다. 서태평양 항해자들은 조개 팔찌와 조개 목걸이와 같은 장신구를 이섬에서 저 섬으로 돌린다. 그리고 장신구들에 담긴 여러 사람들의 모험과 좌절에 대한 이야기를 함께 나눈다. 책에서 말리노브스키는 바다 항해가 주는 공포와 그것을 넘어선 미지에 대한 호기심, 관계 자체에 대한 욕망으로, 서태평양의 항해자들이 항상 원정을 꿈꾸는 모습을 흥미롭게 그린다. 서태평양에서의 교역은 확실히 실용을 넘어선 차원의 일이었다.

말리노브스키라면 흑요석의 교환에 대해 어떻게 이야기할까? 동삼동 옛사람들이 기술에 목이 말라 원양 항해에 집착했다고는 하지 않을 것이다. 전시실을 나오며, 흑요석을 얻기 위해 석장리에서 산 넘고 물 건너 백두산 인근까지 걸었을 사람들, 카누를 타고 대한해협을 건넜을 사람들을 다시 상상했다. 그것은 고향으로의 귀환이 보장되지 않는 힘든 여정이었을 것이다. 낯선 세계로 나아가는 그의 손에 쥐어진 것이 무기였을까, 선물이었을까?

〈국립광주박물관〉에는 전남 여수 안도에서 출토된 조몬 토기와 '닮은' 토기가 있다. 한반도 고유의 빗살무늬 토기와 완전히 다른 두 점의 토기 중 하나는 완전히 반듯한 원통 모양이다. 박물관은 이 토기 자체는 완성도가 낮기 때문에 전문 장인의 작품은 아닐 것이라고 한다. 규슈에서 건너와 안도에 조금 머물렀던 사람들의 작품이었을 수 있다는 것이다. 안도의 조몬 토기와 '닮은' 토기 근처에서 돌칼과 흑요석도 발견되었는데 역시 규슈풍이라고 한다.

정말로 이 토기가 규슈 쪽에서 제작된 교류품이 아니라, 아예 규슈 사람이 안도에서 살며 빚은 것이라면 이야기가 어떻게 되는가? 선사의 안도 트레이더스들이 물건을 주고받는 과정에서 며칠 혹은 몇 달씩 서로의 마을에 머물렀다는 말이 된다. 대화는 어떻게 했을까? 차림이나 바디 랭귀지도 다 달랐을 텐데, 안도 사람들은 어떻게 동네에 이방인을 머물게 할 생각을 했을까? 심지어 화덕까지 쓰게 하고 말이다.

정기적으로 왔다면, 그들을 위한 특별한 여관이 있었던 것은 아닐까? 여관이 아니라면 오래전부터 찾아 가는 친구네 집이 있었던 것은 아닐까? 안도에 들렀던 규슈 장인은 도자기 굽는 자신의 모습을 구경했을 사람들과 어떤 감정을 나누었을까? 그리고, 규슈 사람이 안도에 올 수 있었다면 안도 사람 역시 규슈에 다녀왔을 수 있다. 이런 큰 규모의 원정 여행이 이루어질 때 안도와 규슈에서는 큰 파티가 열리기도 했을 것이다. 안도의 옛 트레이더스들은 항해의 어려움과 먼 데 친구들을 만난 일화로 해변가 모닥불 앞에서 밤새 이야기꽃을 피웠을 것이다. 안도와 규슈 사이를 오갔던 사람들이 서로를 형제나 아주 가까운 일족으로 여겼을 가능성은 없을까?

후기 구석기시대에 한반도 서해는 완전히 평야였다. 그런데 그 무렵 대한해협은 완전히 닫히지 않았다. 지금의 사할린 지역이 홋카이도와 붙어 있었기에 당시 일본 열도는 길게 하나의 땅으로 연결되어 있었다. 그런 지형적 배치를 생각하면 한반도 남동해는 일본을 앞에 끼고 하나의 작은 내해를 두고 있었다고 해야 한다. 그런 조건에서는 한반도 남해안 사람들이 규슈를 지리적으로나 문화적으로 훨씬 더 가깝게 생각했을 가능성이 크다. 『바다를 건넌 선사인들: 흑요석의 길』(석장리박물관 특별기획전 도록)에는 백두산, 시라타키(白滝), 고시다케 그리고 일본 본토 중앙부의 나가노 신슈(信州)를 중심으로 한 흑요석 유적의 분포도가 실려 있다. 선사에 엄연히 작동했던 광역 흑요석 석기 문화권인 것이다. 이렇듯 선사시대를 '한국 문화', '일본 문화'라고 나라별로 문화권을 설정하기는 어렵다.

조개 가면의 해석학

동삼동에서는 오산리에서 본 안면 토우의 다른 버전이 있었다. 바로 '조개 가면'이다. 대형 가리비에 두 개의 눈과 하나의 입이 뚫려 있어서 확실히 사람의 얼굴을 연상시키므로 '가면'이라 부를 수 있겠다. 그렇지만 누가 썼다고는 볼 수 없을 정도로 작아서 장식품이었을 가능성이 컸다. 오산리에서 사진으로만 보았을 때는 정말로 쓸 수 있을 크기라고 생각했는데, 역시 실물을 보는 것이 중요했다.

왜 얼굴일까? 안면 토우처럼 신석기시대에는 사람 얼굴을 중요한 예술적 기호 더 나아가 종교적 기호로 썼다고 해야 할까? 한반도에서만 얼굴이 선사 예술의 주제로 인기였을까? 한반도 구석기 유적에서 발견된 적은 없지만, 유럽 구석기의 동굴에서는 반인반수를 그린 그림이라든가 조각상이 발견된다. 가장 유명한 것으로 약 1만 7천~2만 2천 년 전에 제작되었을 것으로 추정되는 프랑스 라스코 동굴의 제일 마지막 통로에 있는 버드-맨과 1만 5천 년 전에 만들어진 것으로 보이는 프랑스 아리에주(Ariège) 트루아 프레르(Trois-Frères) 동굴의 주술사{https://en.wikipedia.org/wiki/The_Sorcerer_(cave_art)}가 있다.

고고학자들은 두 개의 그림이 모두 '인간'을 표현했다고 보는데, 이유는 모두 직립을 해서다. 인간이 인간인 이유가 머리에 있지 않고 두 다리에 있는 셈이다. 그럼 반인반수의 인신상(人身像)에서 인간의 머리는 어떤 역할을 할까? 얼굴 부분이 모두 동물상을 하고 있으니, 인간의 머리는 다양한 동물의 힘이 들어왔다 나가는 통로가 된다. 이런 반인반수상의 제작에서부터 '가면'에 대한 상상력이 꽃피지 않았을까 싶다.

라스코의 버드-맨 왼쪽에는 새 모양을 한 지팡이가 그려져 있다. 그의 오른쪽으로는 내장이 흘러나오는 상태로 죽어 가는 황소가 있다. 한때 뿌리를 내리고 살았던 나무는 막대기가 되어 새의 꿈을 꾼다. 새 막대기와 죽어 가는 짐승, 이들 사이에서 인간은 새의 머리를 하고 죽어 간다. 그의 머리는 하늘과 지하를, 생과 사의 중간을, 완전히 구별되는 두 차원을 하나로 잇는 지점이 된다.

트루아 프레르 동굴의 주술사는 더욱 기괴하다. 커다란 뿔을 가진 수사슴 머리에 올빼미의 얼굴, 늑대의 귀, 영양의 수염을 달고 있는 모습이기 때문이다. 이 주술사가 보여 주는바, 온갖 영험한 동물적 힘들이 종합되는 장소가 바로 '얼굴'이다. 주술사는 뿔을 달고 꼬리까지 갖춘 사슴의 모습을 하고 있지만 두 발로 서서 손을 모으고 있으니 그도 사람이라고 해야 한다. 사슴에다 올빼미, 영양인 채로 정면을 바라보는 이 주술사의 눈에는 무엇이 비칠까? 이런 그림을 그렸던 후기 구석기 예술가들은 동굴 안의 주술사가 온갖 동물들과 만나고 있다고 생각했을 것이다. 얼굴로 대자연의 위대한 힘들과 소통하려 했으니, 그는 천지변화를 읽고 사람의 병을 고치고 망자의 원한도

달랠 수 있었을 것이다. 인류학에서는 트루아 프레르 동굴의 주술사처럼 전일적 관점을 가진 이를 '샤먼'이라고 한다. 라스코의 버드-맨도 트루아 프레르 동굴의 주술사도 그들의 얼굴을 통해 상이한 세계들 사이의 통로를 만들면서 적극적으로 소통하려고 했다.

동삼동 조개 가면에서는 다양한 동물적 힘이 떠오르지 않았다. 어딘가 해골을 연상시키는 점도 있었다. 어쩌면 얼굴이 특별한 의미의 통로라는 점에서는 같겠지만, 둘은 완전히 성격이 다른 가면이었을 수도 있다. 버드-맨과 주술사는 모두 동물의 얼굴을 하고 있어서 눈이나 입과 같은 구멍을 강조한 모습은 아니기 때문이다. 버드-맨은 특히나 얼굴이 작은데 그 안에 점으로 겨우 표현된 눈이 있을 뿐이다. 프레르의 주술사도 잘 보면 눈을 찾을 수가 있기는 한데, 사슴의 털과 뿔에 압도되어 그 눈에 주의를 두기는 어렵다.

덧붙이자면 구석기의 반인반수상에는 늘 발기된 성기가 표현되어 있다. 반인반수의 젠더는 남성인 것이다. 후기 구석기의 조각상 중에는 비너스라 불리는 것들이 많은데, 거대한 가슴과 엉덩이가 강조되어 있고 특히 배에는 임신선이 그어져 있기도 하다. 이들 비너스상들 중에는 아예 얼굴이 없는 것이 많다. 후기 구석기의 반인반수상들은 성차가 특히 강조되어 있고, 동물의 힘과 자연의 생명력을 즉각적으로 표현하려는 의도가 다분하다. 이런 점들을 고려해서 다시 보니, 동삼동 조개 가면에서는 이러한 특징들을 발견하기 어려웠다. 오직 '하얀 얼굴, 검은 구멍'만 강조되어 있기 때문에 추상적이었다. 동물-가면상에서 인면-가면상으로, '창발하는 자연의 구체적 힘들'로부터 '추상적인 죽음 이미지'로 전환되는 것 같았다.

다른 나라 선사 안면상 중에도 저렇게 매끈한 얼굴에 구멍만 뚫어 놓은 것들이 있다. 인류 최초의 가면이라 할 만한 것이 지금의 요르단 지방인 예리코(Jericho)와 아인 가잘('Ain Ghazal)의 소도시 유적에서 나왔다. 수렵·채집도 하고, 소규모 경작지도 꾸렸던 예리코에서는 9천 년 전 무렵 장방형의 건물이 여기저기에 들어서 있었다. 이곳 농경지에는 염소 떼도 있었다고 한다. 이곳의 집들은 돌이 아니라 햇볕에 말린 흙벽돌로 지었는데, 주로 단층이었다. 이 집터 유적에서 석고로 얼굴을 세심하게 다듬은 두개골이 나왔다. 스티븐 마이든은 이 석고-해골 유물이 다음과 같은 방식으로 제작되었을 것이라고 상상한다.

어떤 집 안에서 한 남자가 작업하는 광경을 목격한다. 집을 만들었던 자기 아버지의 두개골에 작업을 하고 있다. 남자의 손은 바닥에 회반죽을 다지고 그 밑에는 뼈가 잠들어 있다. 시신을 여러 해 동안 묻은 다음, 무덤을 열어 두개골을 꺼낸 뒤 회반죽으로 바닥을 다시 메꾸는 것이다. 이런 식으로 아들은 아버지를 기린다.

　　　　　　　　　　2부 신석기, 연결의 대모험

남자는 하얀 석고와 붉은 안료, 조가비를 담은 그릇 사이에 쭈그려 앉아 작업한다. 코와 눈구멍은 메운 뒤 말리고 있으며, 두개골 밑 부분을 세울 수 있게 편평하게 한다. 마지막으로 하얗고 고운 회를 입힌 다음 붉게 칠한다. 별보배고둥으로 눈을 장식한 다음 두개골을 집 안에 놓는다. 남자가 석고를 뜨고, 깎고, 부드럽게 회를 입히는 동안 아내는 어린 아들을 등에 업고 들에서 녹두를 수확한다. 언젠가 아들은 아버지가 죽으면 바닥 밑에 묻은 뒤, 다시 두개골을 파내 머리를 석고로 장식함으로써 집 안에서 계속 머무르게 할 것이다.{스티븐 마이든, 『빙하 이후』, 116쪽.}

이런 안면상은 고인의 아들이 아버지 해골을 들고 조용히 석고를 바르고 장식해 만들었다. 망자의 뼈를 함부로 만지는 것도 기괴하다 싶은데 비슷한 시기 예리코 지역에서는 이것이 일반적인 장례 풍습이었다고 한다. 석회를 손에 든 이 아들은 언젠가는 자기 아들이 자기 해골을 더듬으리라는 것도 알고 있었을 것이다.

예리코의 안면상이 동삼동 안면상과 흡사해 보인다. 매우 흥미로운 부분 중 하나는 예리코 해골의 눈을 모두 조개 껍데기로 막는다는 점이다. 조개와 가면 사이에 어떤 심오한 관계가 있는 것이다. 고고학자들은 예리코 유적의 두개골이 집안의 조상 이미지를 표현한다고 해석한다. 각각의 집에는 그 바닥

아래에 여러 조상의 뼈가 묻혀 있다. 아버지의 뼈 중에서 유독 머리 부분만 그 집 조상신으로 따로 꾸며지는데, 그의 자식이 아버지가 되어 죽음을 맞으면 이전의 조상신이었던 두개골은 바닥으로 들어가고 새 해골 조상이 다시 방 안을 장식하게 된다. 조상의 두개골에 조개 껍데기를 붙인 이유는 무엇일까? 조개를 통해 조상의 힘이 갱생된다고 생각했던 것일까?

후기 구석기의 버드-맨이나 주술사가 동굴에서 '생과 사'나 '잡은 자'와 '잡힌 자'를 연결했다면, 예리코의 두개골은 집 안에서 죽은 자와 산 자를 연결한다. 집 안에 늘 조상의 해골이 있으므로, 자식들은 일상적으로 그의 죽음과 재생을 확인할 수 있었을 것이다. 산 자와 죽은 자가 같은 공간에서 머물다니 불쾌하고도 불안한 동거였을까? 그런데 이 해골 조각을 만들 때에는 대부분 아래턱을 빼고 다시 회반죽을 칠해서 만든다. 그러므로 이 안면상에는 입이 없다. 안면상은 먹지 못하고 말하지 못한다. 산 자와 함께 일상을 영위하기는 불가능한 것이다. 예리코 옛사람들은 이런 안면상을 통해 하나의 공간에서 죽은 자를 기리면서도 그 거리를 확실히 표현했다. 그들은 이승과 저승의 '연결'과 '단절'을 장식된 해골상 하나로 나타내었다.

동삼동의 조개 가면을 보니, 조개에서 해골을 닮은 얼굴을 표현하려 했던 누군가가 참으로 궁금해졌다. 그도 죽음과 삶의 관계를 이해하고 싶지 않았을까? 조개 가면은 부산의 동삼동에서 신석기가 만개한 4천 년 전부터 3천 년 전 사이에 만들어졌다. 조개 가면과 함께 겹아가리 토기가 동반 출토되었기 때문에, 토기의 발달 수준에 의거해 가면도 신석기 후기의 것으로 판정되었다. 동삼동 유적지는 수렵·채집민의 집터는 아니었을 것이다. 전시관의 수많은 뼈들이 알려 주듯, 동삼동 앞바다의 식생이 워낙 풍요로워서 사람들이 먹거리를 찾아 이리저리 돌아다닐 필요가 없었을 것이기 때문이다. 일정한 자리에서 오래 머무는 사람들의 죽음관은 이동하는 사람들의 죽음관과 다를 수밖에 없다. 만약 정주했다면, 그 자리에 대대로 살아갔을 일족의 계보를 연상시키는 '조상'의 표상으로 조개 가면을 제작했을 수도 있다.

실제로 동삼동 유적지에서는 한반도에서 가장 오래된 독무덤이 발견되었다. 조·기장과 같은 곡식까지 나왔다. 가마터 없이 노지에서 불을 피워 흙을 굽기란 대단히 어려운데, 생활 필수품이 아니라 장례품까지 만들어야 했으니 무덤으로 사용된 독에는 공동체의 생사관이 들어 있었을 것이다. 조나 기장도 재배종에 가까운 것들이었다면 동삼동에서는 몇 세대에 걸쳐 사람들이 살았을 수도 있다.

그렇지만 동삼동의 조개 가면을 두고 곧바로 '조상'을 의미한다고 확정할 수는 없겠다. 예리코의 인골상과 달리 조상의 해골에 직접 작업한 것은 아니기 때문이다. 한반도에서 인골에 대한 특별한 터부가 있었기 때문은 아니다. 발굴된 동삼동 독무덤을 고려하면, 옛사람들은 사체에 직접 손을 대어 굴장(屈葬)을 할 수도 있었고, 살을 부패시키고 뼈를 씻어 추리는 일도 할 수 있었다. 왜 하필 조개-얼굴일까? 이것은 누구의 얼굴일까?

여기에 단서를 제공하는 것이 또 조몬 토기들이다. 일본 조몬 문화 유적층에서도 바로 이런 조개 가면이 나오기 때문이다. 양양 〈오산리선사유적박물관〉에서는 한반도 안면상의 계보를 일본의 패류 가면과 연결시켰다. 동삼동 전시관 자료집에서도 아다카 구로바시 패총(阿高黒橋貝塚)에서 나온 굴 껍질 안면상이 동삼동 조개 가면과 아주 닮았다고 소개했다.

그럼 조몬 문화의 맥락에서 안면상은 언제 어떻게 출현했는가? 인류학자 나카자와 신이치와 음악가 사카모토 류이치는 재배와 가축화 등 신석기혁명의 요건 대부분을 갖추었으면서도 관료제 국가로 나아가지 않은, 인류사에서 제일 독특한 일본 신석기를 특별히 개념화한다. 그것이 바로 '조몬 문화'다. 일본의 신석기를 특별하게 다룬다고 해서 폐쇄적인 일본의 인류사관을 드러낸다고도 비판받지만, 두 사람은 '조몬'을 '반신석기-반축적의 인류관'을 상징하는 개념으로 쓰자고도 주장한다.

이 두 사람이 편 대담집 『繩文聖地巡禮』(조몬성지순례)에서 나카자와 신이치는 조몬 후기에 토제 가면이 나온다며 그 의미를 중요하게 언급한다. 조몬 중기까지만 해도 공동묘지가 마을 한가운데에 있어 낮에는 산 자의 공간이 밤에는 죽은 자의 공간으로 바뀌는 식으로 죽은 자와 산 자가 공존하는 형태의 마을 지면 배열이 있었다. 그런데 조몬 후기가 되면 이런 틀이 무너진다. 무덤이 마을 외곽으로 밀려나기 시작하고, 환상 열석과 같이 하늘을 향해 높이 솟은 기둥들로 특별한 제단을 만들어 부족 의식을 고취하는 등, 초월에 대한 표상을 만들려는 시도가 나타났던 것이다.

동삼동 조개 가면과 비슷한 토제 가면이 바로 이런 조몬 후기에 나타났다. 나카자와는, 조몬 사람들이 현실 세계와는 다른 차원의 세계가 따로 있다고 보았으며, 가면으로 둘 사이의 통로를 만들었다고 해석한다. 나카자와의 의견을 따르자면, 그 다른 세계란 일상에서는 잘 볼 수 없는 죽은 자들의 세계다.

'가면'이라고 하면 얼굴을 감추는 용도라고 생각하기 쉽다. 이것은 영어 'Mask'의 현대적 어법이다. 중앙아프리카에서는 가면을 가리키는 말로 '마키시(Makishi)', '은키시(Nkasi)'를 쓴다. 마키시는 죽은 사람이 부활한 형태로서 '조상의 영혼'으로도 번역할 수 있는 말이다. 통과의례인 할례식 때 청년이 쓰는 일도 있다. 만드는 것도 주로 비밀에 붙이는데, 무덤 위에다 달걀을 깨고 야자기름으로 문지른 다음 비전(祕傳)을 전수받은 사람들만 알고 있는 일련의 주문을 외우면 새 생명이 불어 넣어진다. 중앙아프리카 사람들에게 가면(마키시)을 쓰는 일은 생명을 새로 들이는 일인 것이다.

스리랑카에는 가면을 지칭하는 말로 '콜람(Kolam)', '산니(Sanni)'가 있다. 콜람은 신화극에, 산니는 치료의식(악귀를 쫓는 것과 관련이 있다)에 쓴다. 콜람이라는 말은 가장(假裝)을 했을 때 나타나는 변장 효과를 뜻한다. 산니는 병으로도 해석된다. 산니극에서는 연행자가 가면을 쓰고 나타나는데, 그가 표현하는 것이 바로 질병이다. 환자는 극 속에서 질병이 공격을 받고 쓰러지는 것을 보고 느끼면서 치유된다.(전경욱, 『세계의 가면 문화』 참고.)

이렇게 대강만 살펴보아도 가면이란 본래의 얼굴을 감춘다기보다 어떤 낯선 힘이 지금 이 자리에 새롭게 들어오는 통로 역할을 하는 주물(呪物)로서 만들어졌음을 알 수 있다. 가면을 쓴 자의 눈에는 무엇이 보일 것이며, 그의 입으로는 어떤 목소리가 나올 것인가? 같은 시공간에 있지만, 가면을 쓴 자는 다른 것을 보고 다른 말을 할 것이다. 그러니 누군가 가면을 쓰고 나타난다면, 그 덕분에 현장 전체가 새로운 시공간으로 변한다. 하나 이상의 세계, 지금 여기에 갑자기 출현하는 어떤 세계, 그곳은 도대체 어디일까? 마치 아이들이 갖고 놀다 버린 것 같은 장난감 가면처럼 보이지만, 동삼동에서 조개 가면을 만들었을 사람들은 현실에서는 쉽게 마주하기 어려운 낯선 힘과의 조우를 생각하고 연구했을지도 모른다.

조개 팔찌를 한 사람

어떻게 조개를 보고 사람 얼굴을 떠올렸을까? 열심히 뭔가를 보고 말했을 조개 가면을 관찰하고 있으려니 그 옆에 있는 많은 조개 팔찌도 새롭게 눈에 들어왔다. 대량으로 생산된 것으로 보이는 조개 팔찌는 카누에 실려 규슈까지 갔었다. 그런 조개 팔찌 위로 아름답게 장식한 여인 그림이 있었다. 귀에 구멍을 뚫고 커다란 바퀴 귀걸이를 했다. 아프리카 어느 부족의 장신구로도 보일 법한 거대한 귀뚫이 장신구를 단 것이다. 귀걸이 자체는 고리형도 있고 삽입형도 있다는데 모두 흙을 구워 만들었다고 한다. 고고학자들은 어떻게 저 평평하고 둥근 원판 모양의 토기를 보고 귀걸이인 줄 알까? 아마 다른 지역의 신석기 장신구들과 비교하면서 결론을 냈을 것이다.

이 여인은 목걸이도 하고 있었다. 비봉리에서도 동물뼈 목걸이를 찬 여인 그림이 있었다. 비봉리 전시실은 이런 장신구를 통해 성별이나 신분을 알 수 있다고 설명했다. 동삼동에서는 이런 장신구에 쓰이는 물건의 종류를 더 자세히 언급했다. 멧돼지 어금니, 사슴뼈, 독수리 발톱, 상어 척추뼈, 조개껍질, 활석이나 옥석 등을 한 점 혹은 여러 점씩 끈으로 엮어 만드는데 그냥 장식물로도 쓰고, 주술적이고 벽사적, 그러니까 치유적 목적으로도 사용했다고 한다. 동물뼈를 재료로 해서 만든 목걸이를 차고 있으면 어떤 기분이 들까? 어쩐지 으스스했다. 동삼동 옛사람들은 성별에 따라 다른 장신구를 했을까? 아니면 어떤 경우에는 멧돼지, 어떤 경우에는 사슴, 어떤 경우에는 독수리라고 하는 식으로 누구든지 필요에 따라 동물과 다르게 관계 맺기 위해 찼을까?

조개 팔찌 밑에 조개 장신구를 한 또 다른 경우를 사진으로 소개하고 있었다. 인골 장식용이었다. 부산 가덕도 장항 유적과 여수 안도 패총에서 똑같이 조개 팔찌를 한 인골이 발굴되었다. 둘 모두에서 투박조개 혹은 피조개로 만든 여러 개의 팔찌를 한쪽 혹은 양쪽에 찬 인골이 나왔다. 조개를 팔찌로 만들어서 끼웠다면 이것은 문제가 좀 복잡하다. 왜냐하면 팔찌가 성인이 바로 끼기 어려울 정도로 작았기 때문이다. 동삼동 전시실 사진 설명으로는 조개 팔찌는 주로 여성이 착용했지만 남성이 착용한 경우도 있었다고 하니 성별이 꼭 중요했던 것은 아니었다. 나이도 중요했던 것 같지는 않았다.

이렇게 가는 구멍의 팔찌를 끼울 수 있으려면 시신이 어느 정도 썩어 있지 않으면 안 된다. 그럼 시신이 썩는 동안 어디다 보관을 했을까? 그 기간에는 어떤 방식으로 망자를 애도했을까? 뼈만 남은 망자의 시신에 조개 팔찌를 끼우면서 어떤 의미를 부여했을까? 부장품으로 쓰인 ‘조개’ 때문에 신석기 동삼동과 안도 사람들의 생사관을 알 것도, 모를 것도 같아 혼란스러웠다. 연천의 전곡리에서 보았던 이탈리아 아레네 칸디데의 어린왕자도 조가비가 붙은 머리그물을 쓰고, 조가비로 만든 팔찌를 차고 있었다. 조개에 무슨 신비로움이 있어 구석기와 신석기를 막론하고, 유럽과 한반도를 막론하고 이리도 부장품으로 인기가 있는가?

성격이 전혀 다른 박물관에서도 조개가 중요하게 놓여 있었음이 떠올랐다. 대전 〈화폐박물관〉이다. 상설전시실 입구로 들어가서 오른쪽으로 돌면, 바로 화폐의 역사를 소개하는 코너가 있다. 첫번째로 제시되는 것이 바로 조개다. 하필이면 왜 조개가 물건을 주고받는 매개체로 선택되었을까? 교과서적 설명은 '작고 형태가 단일하며 모조가 거의 불가능해서 화폐로 쓰기 좋다'이다. 그런데 데이비드 그레이버와 같은 경제 인류학자는 조개 모양에 주목한다. 조개가 여성의 성기를 닮았기 때문이다. 그레이버는 카우리(우리식 이름으로는 '개오지')가 생명을 낳는 여성성을 상징하며, 그것으로 교환해야 둘 사이에 신뢰가 계속 '생겨난다'고 본다.{데이비드 그레이버, 『부채, 첫 5000년의 역사』참고.}

일반적으로는 화폐의 기원은 이렇게 설명된다. ①고기는 있으나 생선은 못 먹는 내륙 사람이, 생선은 있으나 고기는 못 먹는 해안 사람과 물건을 주고받기 시작했다. ②그다음 이런 교환의 장에 도끼는 있으나 천은 없는 사람이 가세하고, 다시 쌀은 있으나 밀은 없는 사람이 가세했다. ③이렇게 비교 불가능한 다양한 가치들을 동시에 측정·평가할 목적으로 화폐가 발명될 수밖에 없었다.

데이비드 그레이버는 이런 화폐 기원론에 반대한다. 우리가 물건을 주고받는다면, 각자 없는 것을 보충하기 위해서가 아니다. '뭔가를 주고받는 소중한 관계' 자체를 욕망하기 때문이다. 앞서 잠깐 살펴보았던 말리노브스키도 같은 생각이었다.{브로니스라브 말리노브스키, 『서태평양의 항해자들』 참조.} 동삼동의 조개 팔찌를 보고 있으니, 그레이버와 말리노브스키의 화폐 기원론에 더 마음이 끌렸다.

2부 신석기, 연결의 대모험

제3부

선사의 영성

〈울산암각화박물관〉
울산 반구대 암각화
울주 천전리 명문과 암각화
〈울진후포리신석기유적관〉
부산 가덕도 장항 유적
제천 〈점말동굴유적체험관〉
〈충북대학교박물관〉
청주, 옥산 소로리

1. 동해의 만신전

〈울산암각화박물관〉

고래배는 이야기의 보고

2025년 6월로 향하는 여름, 뉴스에서는 연일 일본 난카이 대지진을 무섭게 경고했다. 『내가 본 미래—정말로 있었던 무서운 이야기 코믹스』에서 2011년의 3·11, 일본 동북지방 쓰나미를 예언했던 만화가 다쓰키 료(たつき諒)가 2000년에 선언했던 은퇴를 철회하고 2021년에 『내가 본 미래 완전판』을 펴냈는데, 여기서 2025년 7월 일본 대지진을 예고했기 때문이다. 정말 대지진이 일어날까? 일본 여행 취소가 빗발친다고도 했다.

선사인들 사이에서도 예언가가 있었을까? 아마 없었을 것이다. 예언이란 선지자나 영력자가 예측불가한 '미래'에 대해 특별히 알려 주는 정보인데, 석기를 날렵하게 잘 깨고 멋지게 화살촉을 만들어 동물을 잡고 살았을 구석기의 사냥꾼들이라면 하늘과 바다, 강과 숲을 읽는 일에 능통했을 터이기 때문이다. 우주의 이치를 향해 다가가려는 그들의 노력은 끝이 없었을 테고, 먼바다의 지진에 대한 징조는 어떤 식으로든 즉각 파악되었을 것이다. 사냥꾼이라면 '그날'의 시간표에 불안해하면서 '지금' 이 숲에서 일어나는 일을 도외시하지는 않을 것이다.

호모 사피엔스는 아프리카를 빠져나가 북진과 남진을 계속했고 최종적으로 남미 끝까지 이르렀다. 연천 전곡리에서 만난 '어린왕자'처럼 저승 여행도 했다. 그들은 미지에 무턱대고 이끌리는 허무맹랑한 몽상가들이 아니었다. 선사의 박물학자-기술자-예술가들은 조금씩 기후와 풍경에 대한 이해를 높이면서 살 만한 곳을 향해 움직였다. 한반도 선사의 옛사람들도 마찬가지였다. 위로는 (제주 고산리식 토기로 증명되는) 아무르강 너머, 아래로는 (흑요석으로 증명되는) 규슈까지 광역 네트워크를 짜며 살았기 때문에, 대한해협 건너의 대지진이라면 상황은 금방 동삼동으로 전달되었을 것이다. 동삼동 옛사람들의 광대한 시야와 바다 너머까지를 품는 마음의 스케일이 부럽다.

미래는 궁금하지 않았지만 생의 저편에 대한 호기심이 많았던 선사인들에 대해 생각하니 그들에게도 신에 대한 개념이 있었을지 궁금해졌다. 울산 태화강 상류에는 거대한 선사 암각화가 있다. 해가 뜨는 동쪽으로 가서 선사의 영성을 알아보기로 했다.

KTX 울산역에서 답사단은 공유 자동차 '쏘카'를 빌렸다. 선사 답사와 공유라는 단어는 잘 어울린다. 사실 '사유'라는 말, 어떤 물건에 대해 배타적 소유권을 주장하는 개념은 근본적으로 생각하면 좀 이상하다. 이 몸은 부모로부터 받았고, 부모는 또 그 부모로부터 받았다. 그렇게 대대로 올라가다 보면 결국 우리는 전부 아프리카 출신이라는 것이 드러난다. 조상에게 물려받은 '내 것'을 따지자면 아프리카까지 가서 문제를 해결해야 한다. 게다가 이 공기, 이 물은 우주가 허락했다. 아프리카까지는 못 간다 하더라도, 지금 여기에 서서 중단 없이 부는 바람을 함께 맞는데 어디서부터 어디까지를 내 것이라고 주장할 수 있을까? 사유재산이라고 해도 결국은 특정한 물건에 대한 배타적 '처분권'이며 타인의 간섭을 잠깐 동안 막는 일시적 권리에 지나지 않는다. 울타리를 두르고 살지 않았던 선사인들은 사유라는 말을 몰랐을 것이다.

자연은 누구의 것인가? 우주는 누구의 것인가? 과연 나는 내 운명의 주인일 수 있는가? 아메리카 선주민들은 만물의 주인을 자연의 신성한 영들에서 찾는다. 사람은 때때로 동식물들과 하급 정령들의 관리자가 될 수 있을 뿐이다.(데이비드 그레이버·데이비드 웬그로, 「4장 자유로운 인간, 문화의 기원, 사유재산의 등장」, 『모든 것의 새벽』 참고.) 이 부족들의 신화는 사람의 본분을 강조하는데, 욕심을 부리면서 함부로 동식물을 해치는 일은 절대로 없어야 한다. 그래서 이 신화를 따르는 사람들은 돌멩이 하나 풀벌레 하나까지도 귀하게 대한다. 우리가 탄 쏘카도 안이 깨끗했다. 누군가 잘 치워 놓은 것이다. 때문에 내가 이용하지만 내 마음대로만 쓸 수가 없었다. 공유란 이렇게 내 취향과 욕망을 조금 줄이고 사물을 존중하는 일이다. 이런 어려움, 이것이 선사인의 자연에 대한 외경심이었을 수도 있겠다.

〈울산암각화박물관〉에 도착했다. 입구에서 보니 건물에 대한 일반 상식과 달리, 네모반듯하지 않았다. 단층의 건물이 부드럽게 휘어지면서 끝은 뭉툭하게 말려 올라가 있었다. 연천 전곡의 티타늄 선사박물관도 떠올랐다. 고래의 모습을 흉내 낸 것이 분명했다. 안에 들어가 보니, 과연 고래 뱃속이다. 내부를 나무살로 하나하나 모나지 않게 이어 작은 돔 형태로 만들었다. 왼쪽에는 반구대 암각화의 석벽이, 오른쪽으로는 근처 천전리 각석의 석벽이 재현되어 있었다. 고래 뱃속에서 공부를 하는 형태구나 싶으니까 피노키오도 떠올랐다.

이탈리아 작가 카를로 콜로디(Carlo Collodi, 1826~1890)는 '목수 제페토가 만든 숨 쉬는 나무 인형 이야기'를 썼다(1881~1882, 로마 어린이 지역신문에 연재). 거짓말을 하면 코가 커지거나 말거나 아버지의 사랑을 뒤로 하고 온갖 나쁜 짓에 바빴던 피노키오는 결국 바다 고래의 먹이가 된다. 그런데 그 고래 뱃속에서, 책상에 앉아 등불을 켜고 공부를 하는 아버지 제페토를 다시 만난다. 고래가 얼마나 크면 배 안에 책상과 의자까지 들어갈까? 그 안에서의 시간은 또 얼마나 광대하기에 잃어버린 부자가 다시 만나나? 카를로 콜로디는 고래를 애정과 오해, 후회와 희망이 담긴 모든 이야기의 원초적 주머니라고 생각했다. 고래를 닮은 〈울산암각화박물관〉 내부에 고래 벽화가 가득한 것을 보니, 반구대가 태초부터 있었던 모든 이야기들의 고향이었음을 알 수 있었다.

박물관에서 안내하시는 선생님들께서 암각화를 보는 데 최고의 시간은 오후 4시라고 하셨다. 새벽부터 집을 나선 우리는 오전에 도착했고, 마침 날이 너무 꾸물꾸물해서 오후까지 기다려도 반구대를 잘 관찰할 수 없을 거라고 판단해서 오전에 답사를 진행하기로 했다. 실제로 잘 보기 어려울 수 있으니 박물관의 재연 암각화를 잘 보고 움직여야 했다.

암각화의 천지창조

〈울산암각화박물관〉에서 볼 수 있는 암각화는 두 점이었다. 왼편의 반구대 암각화는 8천 년 전 울산 신석기인들의 작품이었다. 오른편의 천전리 각석은 상단에는 신석기 후기부터 청동기 시대, 하단에는 신라 시대의 기록이 남아 있었다. 우리가 관심을 두는 것은 선사이므로 왼쪽 암각화 앞으로 갔다.

일단 크기에 압도되었다. 실제는 대곡천 상류에 비교적 높이(물이 차지 않은 상태에서 암벽 바닥 아래부터 계산하면 4~5m 정도 높이에 있다) 있다고 하는데 전체 폭도 8~10m라니 대형이었다. 놀랍게도, 정말 고래를 비롯해 온갖 동물과 사람 형상이 바위 벽면을 가득 채우고 있었다. 암각화 전체를 하나의 조각 작품이라고 보고, 암각화의 특징을 내용과 조각 기법을 중심으로 정리했다.

먼저 그림의 내용이다. 반구대의 암각화에 그려진 그림들은 크게 세 종류로 나눌 수 있었다. 첫째는 고래들이다. 둘째는 호랑이(한반도 최초의 호랑이 그림이라고 알려져 있다), 멧돼지, 사슴 등의 육지 동물들이다. 셋째는 '성기를 내민 사냥꾼', '팔과 다리를 벌리고 있는 여인', '춤추는 샤먼', '고래잡이 하는 사람들'처럼 여러 활동을 하는 인간들이다.

이 가운데 그 스케일과 양에 있어 압도적인 것은 고래들이었다. 전시 설명으로는 전부 50여 마리가 그려져 있다고 했다. 혹등고래, 향유고래, 귀신고래, 들쇠고래, 범고래, 상괭이, 북방긴수염고래 등 육안으로도 모두 7종의 고래를 선명하게 구분할 수 있단다. 각각 그 특징적인 생김이나 바다 생활의 생태가 잘 나와 있었기 때문이다. 북방긴수염고래는 큰 머리를 하고 복부에 흰색 반점이 있는데 재현된 반구대에도 그런 옆모습을 표현한 세 마리가 물을 뿜고 있었다. 혹등고래는 전체적으로 통통한 몸에 긴 가슴지느러미가 특징인데 암각화에서는 머리를 아래로 하고 긴 배주름이 머리부터 꼬리까지 자세하게 표현되어 있었다. 귀신고래는 숨을 쉬기 위해 물 위로 올라가야 하는데 새끼 혼자서 물 위로 올라오지 못하니 종종 어미가 등에 업고 올라온다고 한다. 이런 모자의 모습 역시 바위에 표현되어 있었다.

울산은 과거에 정말로 포경이 대단했다는데, 암각화가 세상에 눈길을 끌게 된 뒤 전문적인 포경사들도 8천 년 전의 고래 그림을 보고 깜짝 놀랐다고 한다. 정말 사냥을 해본 사람만이 알 수 있는 고래들의 특징이 바위 위에 생생하게 그려져 있었기 때문이다. 이렇게 바다 생물, 특히 고래를 그린 암각화는 전 세계적으로 종종 발견되기도 하지만 반구대만큼 큰 캔버스에 다양한 종류가 동시에 표현된 것은 드물다.* 이 글을 쓰고 있을 때, 반구대 암각화가 유네스코 문화유산으로 등재되었다. 자랑스러운 일이다.

반구대의 조각가들은 왜 이렇게 많은 고래를 바위에 새겼을까? 언제, 왜, 누가 이 많은 고래들을 그렸을까? 육지 동물들은 고래만큼 많이 그려져 있지는 않지만 역시 그 생태 특징이 잘 나타나 있어서 역동적 생명력이 느껴졌다. 한 쌍의 멧돼지가 나란히 뛰어간다든가, 사슴이 새끼를 배고 있다거나 하는 모습에서도 선사인들의 뛰어난 관찰력을 알 수 있었다.

이렇게 생동감 있게 표현된 고래나 육지 동물들과 달리 사

* 반구대 암각화에 대해 다음의 영상을 참고.

　　　　　　　　　　　3부 선사의 영성

람들은 추상적이고 기괴하게 나타나 있었다. 큰 카누를 타고 고래잡이를 나서는 사람들(카누는 비봉리 특산만이 아니라 한반도 남동해 전체의 선박 모델이었나 보다)이나 그물을 던져 바다 사냥을 하는 모습처럼 사실적 관찰에 바탕을 둔 그림도 있었다. 그러나 일반적이라고 생각하기 어려운 사람 모습이 주를 이루고 있었다.

멧돼지 앞에서 성기를 내밀고 곤봉 같은 것을 들고 있는 사람은 사냥의 흥분으로 몸을 떠는 것일까? 성기를 내밀고 두 무릎을 굽히고 팔을 흔드는 사람은 춤의 황홀경에 빠져 있는 것일까? 최고로 기이한 형상은 가슴이 큰 여자가 두 팔과 두 다리를 쫙악 펴고 있는 모습이었다. 손가락과 발가락이 마치 큰 새의 깃털처럼 펄럭거리듯 표현되어 있었다. 그녀는 사람인가, 새인가? 고래나 호랑이 등에서 보이는 뛰어난 사실성을 감안해서, 이런 기이한 표현 역시 충실한 관찰에 바탕을 두었다고 해야 할까?

암각화의 표현 기법도 예사롭지 않았다. 조각 기법에서 특징적인 점은 ① 그림들이 '겹쳐 표현'되어 있다는 것이었다. 바위 위에 새겼기 때문에 겹쳐 표현할수록 앞 단계 그림의 윤곽선이나 세부 표현에 손상이 일어났을 것이다. 이것도 탁본을 떠서 윤곽선의 뭉개짐을 하나하나 뜯어보면 새겨진 순서를 확인할 수는 있을 것이다. 이런 겹치기 기법은 전 세계 구석기 동굴 벽화 또는 암각화·암채화의 특징이기도 하다. 이런 겹치기는 한 사람의 작품인가, 여러 사람의 작품인가? 왜 앞에 그렸던 그림을 보존하지 않고 다시 그리면서 직전의 형태를 뭉갰을까? 반구대의 조각가들은 단단한 바위를 쓰고 또 쓸 수 있는 양피지처럼 다루었다. 이런 식으로라면 그림을 그 자체로 온전히 보전할 생각은 없었다고 해야 한다.

또 하나의 특징은 ② 그림들의 강한 율동성이었다. 북방긴수염고래 세 마리가 수면 위에서 숨을 내쉬는 동작 같은 경우는, 보고 있으려니 실룩거리는 그 몸에서 경쾌한 리듬감까지 느낄 수 있었다. 그림 자체의 역동성은 화면(畫面)인 바위를 통해 더욱 보강되고 있었다. 바람과 물에 깎이면서 마모된 바위의 우둘투둘한 표면과 굴곡 때문에 고래들이 바닷속을 힘차게 헤엄치는 듯했다. 라스코의 동굴 벽화도 내부의 다양한 곡면과 질감을 적극적으로 활용했었다. 칠레 아타카마 사막의 암각화들 역시 바위의 위치와 면이 가지는 표면의 역동성을 활용한다.

박물관 입구에서 암각화를 최고로 감상할 수 있는 시간이 오후 4시 무렵이라고 들었다. 아마도 이 무렵 대곡천 일대에 지는 노을 덕분에 만들어지는 빛의 분위기로 그림의 생동감이 훨씬 더할 것이다. 옛사람들이 실제로 그림을 그린 시각은 언제였을까? 반구대는 하루 중 어느 때가 가장 신성할까? 전시실 오른편에 소개되고 있는 천전리 각석 역시 대곡천 상류를 끼고 있다. 수량과 유속에 따라 그림의 생동감은 배가 될 것이다. 반구대도 각석도 강이 굽이쳐 흐른다는 점을 감안하면 유량과 유

속의 변화에 따른 음향적 효과도 기대해 볼 수 있겠다. 이 전방
위적이고 공감각적인 환경이 바로 이 자리의 신성성을 결정했
을 것이다.

　신석기 암각화의 율동감은 후기 구석기 암벽화가 많이 발
견되는 유럽 후기 구석기 라스코에서도 확인되는 바다. 동굴
안은 강변에 붙은 바위들보다 훨씬 더 굴곡도 심하고 특히 내
부 습도와 온도에 따라 암석에 변화가 다채롭게 만들어지기 때
문에, 훨씬 더 역동적인 화면을 제공했을 것이다. 그런 동굴 안
에 후기 구석기 인류는 램프(등불)를 들고 들어가서 그림을 그
렸다. 〈석장리박물관〉에 구석기 동굴벽화에 쓰인 작고 오목한
등잔이 재현되어 있었다. 어른거리는 불빛과 함께 들소는 땅을
구르고 말은 첨벙거리며 물을 건넜을 것이다. 반구대의 조각가
들도 마찬가지가 아니었을까? 반구대의 포경사이자 조각가이
자 사제였던 그 사람의 마음은 라스코 동굴 벽화 앞에 섰던 그
의 마음과 같았을 것이다. 약동하는 생명, 삶과 죽음의 신비한
관계, 이와 같은 초월적 지혜에 대한 탐구로 그들 모두는 신성
하게 그림을 그렸다.

　반구대 암각화의 표현에 있어 마지막 특징은 ③ 동물들이
대부분 부감(俯瞰) 기법으로 표현되었다는 점이었다. 그림을
새기는 이가 마치 하늘 위에서 아래를 내려다보는 듯한 구도였
다. 각기 다른 생태 리듬을 가지는 고래들을 한꺼번에 하나의
면에 모으려면 각 고래들의 고유한 특징들을 전부 종합할 수

있는 초월적 시점이 필요하다. 여기에 더해 육지 동물까지 구석구석 포함되어 있으므로, 반구대에는 우주 자연의 리듬이라든가 수많은 동식물들의 전일적인 관계를 통찰하는 시선이 들어가 있다고 할 수 있었다.

자연 안에서 이런 초월적인 시점을 보유할 수 있는 이는 오직 하나뿐이다. 바로 신(神). 반구대 암각화는 저 멀리 바다가 보였을 대곡천 일대의 자연 전체에 대한 역동적 이해를 나타낸다. 반구대 옛사람들에게 저 다채로운 형상들은 그 자체가 하나의 생동하는 신이었을 것이다. 박물관의 재현 암각화는, 대곡천의 평범한 암벽 하나가 자연에 대한 깊은 이해와 영성이 만나는 순간, 자연학과 신학이 어우러지는 성스러운 장면을 담고 있다고 설명하고 있었다.

울산 반구대 암각화

대곡천의 애니미즘

〈울산암각화박물관〉을 나오니 두 갈래 길이 나왔다. 박물관 입구를 나와 대곡천 작은 내를 건너 오른쪽으로 돌면 반구대로 갈 수 있고, 왼쪽으로 돌면 천전리 각석이 있는 곳으로 갈 수 있었다. 목표는 반구대다. 오른쪽으로 길을 잡는데 대기가 눅눅했다. 습기와 함께 더위도 올라오고 있었다.

길은 울산 12경 중 하나로 야트막하면서도 액티브하게 굽이치는 계곡을 따라가도록 되어 있었다. 대곡천은 한국의 아름다운 하천 100선에도 들어가는데, 물길은 아기자기하고 계곡 바위의 선은 굵직굵직해서 율동감이 확실했다. 하지만 선사의 대성당으로 가는 길임에도 불구하고 웅장하다기보다는 소박했다.

본격적으로 반구대로 향하는 산길에 접어들기 전, 민물고기로 요리를 하는 식당 앞을 지나자 늪지가 나타났고 이를 건너도록 돕는 작은 다리가 나왔다. 미야자키 하야오의 애니메이션 〈센과 치히로의 행방불명〉에 나오는 터널 같았다. 주인공 치히로는 우연히 잘못 든 길에서 터널을 통과하게 되고, 그 너머의 세상에서 800만 신을 만나 표정이 씩씩한 아이가 되어 돌아온다. 운명의 신비를 통찰하면서 삶을 신선하게 갱신하는 신성한 경험을 하려면 반드시 이런 문턱을 넘어야 하는 것인지도 모른다. 8천 년 전에도 이런 다리가 있었을 법했다.

다리를 건너니 대밭이 있었다. 협죽(夾竹)들 사이로 부는 바람이 시원했다. 대밭이 거의 끝나 갈 지점의 오른쪽에 작은 안내판이 보였다. 백악기 공룡 발자국을 볼 수 있단다. 뜻밖의 선물이었다. 8천 년 전 선사에 관심을 두고 답사를 나왔는데 그보다 더 먼 시간 속으로 들어가게 된 것이다.

백악기(白堊紀, Cretaceous Period)라면 중생대의 세번째이자 마지막에 해당하는 시기로, 대략 1억 4500만 년 전부터 6천 600만 년 전까지 약 7천 900만 년 동안을 말한다. 중생대의 쥐라기와 신생대의 팔레오세 사이에 있는 시기다. 이 무렵 울산 지역에서 공룡들이 뛰어다녔다. 지구사는 인류 없이 시작되었음을 놓치지 말아야겠다.

뜻밖의 공룡 발자국 안내를 받고 강가로 내려가 보았다. 도대체 공룡이 어디를 디뎠단 말인가? 두리번거리다가 공룡이 뒤꿈치로 바위를 살짝 누른 흔적을 찾을 수 있었다. 반구대의 조각가들도 공룡 발자국을 알고 있었을까? 희한하다고 생각했을 수 있지만 '공룡'이라고 부르지는 않았을 수 있겠다. 한번 눈에 익히고 났더니 그다음부터는 바위의 공룡 발자국을 선명히 볼 수 있었다. 반구대의 조각가-과학자-사제들은 공룡을 무엇이라고 생각했을까? '백악기'라고 부르지는 않았겠지만 그들도 어떤 시원의 시간을 감지했을 것이다. 한때 공룡이 쿵쿵거리며 돌아다녔을 길을, 반구대 조각가들을 따라, 나도 친구들과 함께 걸었다.

호젓한 산길을 조금 걸었더니 대곡천 너머 석벽이 크게 보였다. 암각화였다. 그런데 이 자리는 대곡천 건너편에 마련된 전망대여서, 관람객이 반구대 앞까지 가 볼 수는 없었다. 직접 보려면 관람 안내를 따로 신청해야 했다. 시계는 아직 점심 전인데 갑자기 몰려든 구름이 무거워 암각화가 잘 보이지 않았다. 앞에 망원경들이 있어 눈을 갖다 대었는데 초점도 잘 맞출 수 없었다. 답답한 마음으로 망원경을 올렸다 내렸다 돌렸다 했더니, 휙 하고 호랑이가 나타났다. 조금 오른쪽으로 돌리니까 아까 박물관에서 만났던 고래들이 불쑥 나타났다. 신기했다.

대곡천 사람들은 어떻게 이 암벽을 찾아냈을까? 인근에 공룡 발자국이 있었으니 쉽게 찾아볼 수 없는 영험한 지점이라고는 생각했을 것이다. 그런데 우리야 차로, 또 걸어서 전망대까지 왔지만 대곡천이 흐르고 있으니 옛사람들은 배를 이용했을 수도 있겠다. 산길로 찾는 것과 물길로 찾는 것이 신성함을 체험하는 데 있어 같을지 다를지도 궁금했다.

망원경으로 계속 보니 박물관에서 생각했던 것 이상으로 놀라웠다. 암각화에 같은 그림이 하나도 없다는 사실이 더욱 실감이 났다. 무엇보다 그림 수준이 대단히 일정하다는 점도 인상적이었다. 한 사람의 작품이라고 보기에는 그림이 너무 많았고, 여러 사람과 여러 시간대의 작품이라고 보기에는 암각화들의 수준이 고르게 높았다.

물리적으로만 보면, 한 사람으로는 해낼 수 없는 작업이었다. 직접 그리고 새긴 조각가야 한 사람이었다고 가정하더라도 그를 돕는 이들이 여럿 있어야 했다. 암각화의 높이가 혼자서 점프를 하면서 계속 그릴 수 없을 정도였기 때문이다. 안정된 사다리를 설치해 놓아야 했을 것이고, 화폭이 큰 만큼 그 배치에 있어서도 근접 혹은 원접으로 누가 뒤에서 계속 봐 주어야 했을 것이다. 외지고 위험할 수도 있기 때문에, 혼자 찾아 들어와 그림을 그리지는 못했을 것이다. 설령 혼자 그림을 새기러 왔다고 해도, 고래와 같은 대형 바다 동물, 호랑이와 같은 대형 육지 동물에 대한 생태학적 세부 지식은 개인적으로 얻을 수 있는 수준의 것이 아니다. 실제로 포경도 하고, 조각도 잘하고, 기도도 잘했을 어떤 영적인 집단이 함께 달려들어 그렸다고밖에는 설명할 수 없었다.

이들은 도대체 누구였을까? 대곡천은 바로 앞이 바다가 아니다. 전망대 앞에 계신 해설사 분께 여쭈었더니, 한때 고래가 정말 많이 잡혔다고 하는 장생포 앞바다에서 반구대까지는 지금은 직선으로 26km지만 8천 년 전에는 그렇지 않았다고 한다. 반구대 앞까지 바닷물이 들어왔었다. 지금 육지가 된 비봉리처럼 이곳의 지형도 급격한 변화를 겪었던 것이다.

어부가 바다 일을 제쳐놓고 그림을 그리기가 쉬웠을까? '어부'가 고래를 새겼다고 하면, 그들의 암각화 작업은 포경기를 피했을 것이다. 어부가 고래만 잡았으랴? 포경이 아니더라도 할 일은 많다. 고래만이 아니라 다양한 물고기들을 잡기도 해야 하고 육지에서는 나물을 캐거나 농사도 조금 지었을 수 있다. 반구대의 암각화에 매달렸을 옛사람들의 일상과 신성성이 어떠했을지 잘 짐작이 되지 않았다.

망원경 돌리기를 멈추고 눈을 조금 멀리 두었다. 반구대는 한여름 장마라도 찾아오면 크게 굽이칠 계곡이었다. 물길이 치솟고 바다에도 해일이 일면 이곳에는 무서운 소용돌이가 일 것이다. 한겨울에는 어떨까? 강도 숲도 다 얼어붙고 새들도 호랑이도 숨죽이고 고요할 것이다. 환동해 바다를 크게 돌고 있을 고래들은 깊은 바닷속에서 또 어떤 모험을 하고 있을까? 자연의 일부분에 불과한 존재로 하루하루 먹고산다는 것은 누구에게나 엄숙한 일이다. 많은 것을 배우고 또 순리대로 따르려고 해도 언제나 우리를 압도하는 운명의 파도를 피할 수는 없다. 벌어질 일에 대해, 해야 할 일에 대해, 겸허히 기도하는 마음이 필요하다. 그러니, 어쩌면 반구대의 어부들에게는 어로보다 암각화 작업이 중요했을지도 모르겠다.

선사 예술 일반을 연구한 학자들은 후기 구석기 동굴 벽화, 암각화, 암채화의 목적을 다음과 같이 추정한다.

그 그림들은 역사, 신화, 설화적인 내용을 표현한 것이라는 뜻이다. 따라서 동굴 벽화는 그 민족 전통의 보관 자료이자 민족 정체성의 원산이며, 토템 신앙을 가진 선조들이 숭배를 위해 찾았던 성역이자 영웅담 등이 살아 숨 쉬는 곳이라고 설명할 수 있다는 것이다. 한편 벽화 속의 동물 문양들은 기원 설화를 은유적으로 표현한 것으로, 이는 마치 집단적인 믿음을 자극하는 인간이나 특정 부족을 위의적으로 표현한 이미지와 마찬가지라고 한다.(아네트 라밍 앙트레르; 엠마누엘 아나티, 『예술의 기원』, 67쪽에서 재인용.)

동굴 벽화는 신화와 전설, 영웅담이 살아 숨쉬는 수렵·채집 집단들의 정체성을 표현했다는 것이 일반적으로 많이 언급되는 설명이다. 후기 구석기시대 '뒤를 보는 사슴' 창던지개를 분석하기도 했던 장 클로트는 선사인들이 동굴 안에서, 동물 형상을 겹쳐 그리며 증식 의례를 했다고도 본다. 장 클로트는 특히 라스코 동굴의 기하학적 무늬에 주목하는데, 고도로 깊은 명상 훈련을 받은 샤먼이 생사를 통찰하는 과정에서 얻은 내부 시각 이미지라는 것이다. 선사인들은 동물을 살해하는 것에 대한 윤리적 부하를 자연의 여러 힘들과의 본질적 관계를 이해하면서 넘어가려고 했다. 그때 통찰한 우주 자연의 본질을 기하학적인 방식으로 나타냈다는 것이다. 같은 입장에서, 인류학자 나카자와 신이치도 선사의 샤먼이 동굴 벽에 그림을 그리면서 삶과 죽음, 동물과 인간이 근원적으로는 다르지 않음을 깨달았을 것이라고 한다.(나카자와 신이치, 「제1장 뇌의 숲의 아침」, 『신의 발명』, 43~54쪽 참고.) 이런 태도를 인류학적으로는 애니미즘이라고 한다.

기도는 손으로 하는 일

선사 예술에 대한 다양한 해석이 있다. 분명 반구대에는 다양한 동물들의 활력이 표현되어 있었다. 그런데 왜 하필 돌일까? 그 뜻이 무엇이든, 왜 돌에 새기는 방법이어야 했을까? 돌에 새긴다면 역시 손기술이 중요했겠다. 단 한번의 깨고 쪼기로 완성한 수준 높은 이 그림들은 전부 대단한 솜씨를 필요로 했다. 손으로 하는 작업에 대해 그들은 어떻게 생각했을까?

언젠가 경전을 사경(寫經)하면서 기도를 하는 승려들에 대한 방송을 본 적이 있다. 무릎을 꿇으며 절을 하는 것만이 아니라 붓을 들어 경전을 옮기는 일도 기도라고 했다. 이때 글자를 한 자도 틀려서는 안 된다. 토라(Torah; 히브리어 תורה)는 모세오경(창세기·출애굽기·레위기·민수기·신명기)이라는 구약 성경의 앞 다섯 권을 가리킨다. 유대교에서는 가장 중요하게 취급되는데, 제천에 있는 〈세계기독교박물관〉에서 필사본 토라를 본 적이 있다. 양피지에 옮긴 것인데 중간에 글자가 틀린 부분을 오려 낸 후 새 양피지를 덧대어 다시 기워서 쓴 부분이 있었다. 해설사 선생님 말씀으로는, 만약 '야훼'라는 글자를 '야회' 식으로 틀리면 아무리 많이 옮겨 썼더라도 다 버리고 처음부터 다시 베껴야 한단다. 이렇게 고도로 집중해야만 하는 사경은 정말 신의 말씀과 경건히 일체화된 기도가 될 것이다.

반구대 암각화에도 실수한 흔적이 없었다. 모든 고래들과 들짐승들은 그 본성 그대로 오롯이 표현되어 있었다. 누가 돌에 단 한 번의 끌과 망치로 저렇게 깨끗한 선과 면을 남긴 것인가? 반구대 주변에 암각화를 연습한 흔적은 없다고 한다. 내가 본 반구대의 가장 큰 미스터리는 이토록 수준 높은 바위 그림이 단 한 번의 실수도 없이, 단 한 번에 그려진 것처럼 보인다는 점이었다. 반구대의 바위에 손을 대는 일, 거기에 고래를 그리는 일, 이 전부는 신과 일체화되는 기도였을 것이다. 동물만 그려져 있지 않고 그들과 교감하려는 사람까지 그려져 있다는 점에서, 반구대에는 자연을 대하는 인간의 마음, 그 겸손하고 신실한 마음이 확실히 표현되어 있었다. 반구대는 신석기시대 울산 앞바다 어부들의 성당이었다.

「우리가 인디언으로 알던 사람들」이라는 전시회(2024)에 나바호 족의 덮개가 있었다. 아이대즐러(eyedazzler)라 불리는 어질어질한 무늬를 비롯해 다양한 기하학적 무늬를 선보이는 나바호족의 덮개는 여성이나 남성, 전사나 추장의 특별한 의례에 쓰이는 망토 같은 물건이다. 전시실에는 나바호족 직조 예술가 비게이(D. Y. Begay) 씨가 직조의 어려움을 설명하는 영상이 있었다. 작가 비게이는 직조가 너무 고단하다고 했다. 베틀로 직물을 짜기 전에 양털을 준비하는 과정은 동물의 털로 실을 하나하나 만들어야 해서 특히 더 지루한데, 동시에 고도의 집중력까지 요구하기 때문에 육체적으로나 정신적으로 아주 버티기 힘들다는 것이다. 그런데 실을 얻었다고 해도 베틀 앞에 앉기는 더욱 어렵다고 한다. 나쁜 생각을 갖고 그 앞에 있어서는 안 되기 때문이다. 비게이와 같은 나바호족의 여인들은 평생을 맑은 마음을 갖고 베틀 앞에 갈 수 있도록 애쓰며 수련해야 한다.

나바호 여인들에게 직조란 '신성한 사람들'과의 '대화'였다. 그들은 신의 말씀을 듣고 축복과 조화를 위해 기도하기 위해 베틀 앞에서 씨실과 날실을 엮었다. 나바호의 여인들은 이 직조를 '거미 여인'과 '거미 남자'의 선물을 받는 행위라고 한다. 거미 여인은 베틀 위에서 아름다움을 만들어 내도록 직조 과정을 가르치며, 거미 남자는 직조공들을 위해 베틀과 직조 도구를 만드는 일을 책임진다. 이 거미 부부야말로 나바호 사람들의 신이다. 베틀 앞에서 여인들이 북으로 실을 끼우며 무늬를 만드는 과정은 그 자체로 신성한 사람들의 말씀을 듣고 그에 대답하는 일이 된다. 바위에 그림을 그렸던 반구대 조각가들도 비슷했을 것이다. 고래를 그렸을 때, 그들의 손은 거미 여인 제자들의 그것과 마찬가지로 신의 음성을 듣는 귀와 거기에 답하는 입의 역할을 했을 것이다.

나바호 여인들은 어떤 나쁜 생각도 베틀 앞으로 가지고 갈 수 없다고 했다. 이 '나쁜 생각'이란 구체적으로 무엇일까? 앞에서 양털을 준비할 때 지루한데 또 집중을 해야 한다고 했다. 베틀 앞에서 느끼는 지루함은 '나쁜 생각' 때문에 나온다. 빨리 덮개를 짜고 싶은 욕심과 쉽게 만들어지지 않는 실들 앞에서, 내가 왜 덮개를 짜야 하는지 그 본분을 잊고 그저 일신의 피로에 끌려가다 보면 누구나 지루해질 수밖에 없다. 이런 자기 편의적인 생각이야말로 나쁜 것이다. 그래서 그들은 절대로 '나바호족 누구'의 이름으로 직조하지 않는다. 반구대의 성자들 역시 끊임없이 '나쁜 생각'을 몰아내기 위해 애쓰며 우리 모두의 고래신과 대화했을 것이다. 자기의 욕망과 재능을 다 내려 놓고 오직 바다와 하나 되겠다는 마음으로 돌과 일체화되려고 했을 것이다.

울주 천전리 명문과 암각화

천전리 각석 : 기하학으로 표현된 야생의 사고

반구대를 가까이에서 볼 수 없었던 아쉬움을 뒤로 하고, 천전 리 각석 쪽으로 향했다. 다시 〈울산암각화박물관〉으로 가 처음 처럼 왼편 산길을 타고 들어갔다. 반구대까지 가는 길은 대나 무숲도 있고 공룡 발자국도 보고 해서 놀이동산에 온 듯 재미 있었는데, 왼쪽은 분위기가 완전히 달랐다. 금방 깊은 산속이 되었다. 한 20분쯤 완전히 깊은 산속 등산을 하다시피 했는데, 갑자기 아래로 물소리가 들리기 시작했다. 어느새 동네가 천전 리로 바뀌어 있었다. 훨씬 더 날렵하게 굽이치는 계곡에 천전 리 각석이 보였다. 안내판에는 각석 앞 바위에도 공룡 발자국 이 있다고 써 있었다. 반구대 가는 길에 한번 보았기 때문에, 이 번에는 금방 뒤꿈치가 푹 꺼져 있는 세 개의 발가락을 볼 수 있 었다.

산길에서 내려와 작은 내를 돌다리로 건너 계곡 반대편에 있는 각석 큰 바위 앞으로 갔다. 반구대와는 느낌이 완전히 달랐다. 손 대고 볼 수 있을 정도로 근접해서 관찰할 수 있었기 때문이다. 각석은 매우 컸고(대강 너비 950cm 높이 270cm 정도였다), 새겨진 그림들도 반구대와 결이 달랐다. 반구대에서는 보기 힘든 형상이 많았다. 각석 여기저기에 한자가 많이 새겨져 있었고, 상부에는 특히 동심원과 같은 기하학적 기호가 돌출되어 있었다. 선사 암각화라지만 스타일은 제각각인 것이다.

반구대 암각화와 천전리 암각화의 관계를 어떻게 보아야 할까? 각석의 명문이야 신라 시대에 추가로 새겼을 수도 있으니까 크게 상관이 없는데, 사실적 율동감이 살아 있었던 반구대와 비교하면 천전리 암각화는 훨씬 더 추상적 표현이 강했다. 자세히 보니 기법에는 더 큰 차이가 있었다. 반구대 암각화 동물들의 표현 수준은 매우 고른 편이었다. 천전리 각석의 동물들은 각자 다른 화실을 다니는 조각가들이 와서 그렸는지, 수준이나 테마가 다양했다.

천전리 각석에서 두드러지는 작업 방식은 점으로 쪼아 내기였다. '아주 얕고 크게 동적인 자세로 동물들이 새겨지다가 뒤이어 비교적 세밀하고 뚜렷한 점 쪼기로 정적인 자세의 동물들이 새겨졌다. 점 쪼기로 새겨진 것은 대부분 동물이다.'(전호태, 『울산 천전리 각석 암각화 톺아읽기』, 101~102쪽.} 두번째 단계에서는 깊은 선 쪼기에 이어 갈기로 새긴 선각 기하문이 나타나 있었다.

점 쪼기 동물상 위에 겹마름모 무늬와 동심원 무늬를 중심으로 기하문이 새겨져 있기 때문에 앞의 동물상이 잘 드러나지 않았다. 여기에 대해, 암각화를 깊이 연구하신 전호태 선생님은 첫번째와 두번째의 암각 패턴으로 미루어 볼 때 그림을 그린 두 집단이 완전히 구분된다고도 하신다.

기하학적 무늬는 후기 구석기 유적부터 전 세계적으로 꾸준히 발견된다. 한국 고고학계는 아직도 천전리 각석 암각화의 기하학적 무늬가 청동기시대 작품임을 완벽하게 증명하지는 못하고 있다. 고고학계는 일단 청동기시대 유물에 상징기호가 많이 나타난다는 점을 들어 기하문을 청동기와 연결시킨다. 하지만 전호태 선생님은 한반도 출토 청동기 유물에 겹마름모 무늬나 동심원 무늬가 동시에 대거 발견되지는 않는다고 하시면서 이 해석을 유보하신다. "청동기시대 고인돌 상석으로 사용된 함안 도항리 암각화 바위의 동심원문, 부산 동래 복천동 암각화의 동심원문과 나선문 등 암각화 유적에서만 천전리 각석 암각화 기하문과 유사한 표현이 발견"된다는 것이다.(전호태, 『울산 천전리 각석 암각화 톺아읽기』, 100쪽.) 그럼 천전리 각석의 기하학 무늬의 연대를, 후기 구석기 다른 예술 패턴에 비추어 더 높일 수도 있지 않을까? 나는 호모 사피엔스라면 누구나 그릴 수 있었을 거라고 과감하게 생각하기로 했다.

반구대와 천전리 사이의 가장 큰 차이는 동물상에 대한 태도였다. 천전리의 점 쪼기 동물상을 신석기 제의의 흔적이라고 할 수도 있겠다. 하지만 신비롭기까지 했던 반구대 고래들보다는 어딘가 동물들이 위축되어 보였다. 전호태 선생님은 반구대 암각화의 예술가들은 앞 그림을 훼손하지 않으려고 노력했지만 천전리 기하문의 예술가들은 동물 그림 훼손에 별다른 의식이 없었다고 하신다.(전호태, 앞의 책, 131쪽.) 천전리 각석이 새겨질 무렵 이미 생활 환경이 수렵과 채집으로부터 많이 멀어졌던 것은 아닐까?

기하학 무늬 쪽으로 고개를 다시 돌려 보았다. 대곡천의 반구대에서 옛사람들이 많은 고래들을 그린 이유는 큰 바다 생물의 형상을 통해 신, 즉 자연을 이해하려고 해서다. 그럼 기하학 무늬에는 어떤 영성 혹은 지성이 들어 있을까? 역시 마찬가지가 아닐까? 이런 대칭 무늬에도 구체적인 정보와 자연에 대한 통찰력이 충분히 들어가 있을 것이다. 정보를 이미지나 문자를 통해 규격화하는 방식으로 다루다 보면 놓치기 쉽지만 다양하게 응축된 선으로도 정보를 전달할 수 있다. 나바호족 여인들의 덮개도 기하학적 무늬였다.

예술의 진화사에서는 사실주의 다음에 추상주의가 나온다고 한다. 그런데 인류 예술의 원풍경에서부터 따져 보면 추상 기호는 아주 일찍부터 출현했다. 물론 천전리 각석 앞에서 굳이 선사 예술의 기원 논쟁(재현이 먼저냐, 추상이 먼저냐)에 매달릴 필요는 없다. 결국 기하학적 무늬가 담으려 한 것도 대칭적 사고일 것이기 때문이다. 천전리의 기하학 무늬를 청동기가 전개되고 재배와 정주가 뿌리를 내리게 되는 와중에도 대칭적으로 사고했던 노력의 흔적이라고 보면 되지 않을까? 고대 국가가 모습을 드러내던 때였지만, 자연과의 깊은 연결 고리를 놓치지 않아야 한다는 경고를 하기 위해 천전리 사람들이 각석 앞에 섰을지도 모르겠다.

2. 신석기 바다의 두 공동묘지 : 조상신과 이방의 왕을 묻다

인류학자나 종교학자 들은 선사시대 영성 문제에 있어 중요한 분기점으로 1만 년 전 신석기혁명을 꼽는다. 그 무렵 재배 기술이 발달해 잉여 생산이 가능해졌고 토기를 제작하여 생산물을 쌓고 나누게 되었다. 재배에는 흙을 고른다든가, 가지를 친다든가, 추수를 한다든가 하는 등 엄청난 노동력이 투여되기 때문에 사람들은 쉽게 땅을 떠날 수가 없다. 또한 재배에서는 '콩 심은 데 콩 난다'가 기본 상식이다. 사람들은 일정한 땅에 심은 것이 대를 거듭해서 다시 생산되는 것을 보면서, 있었다가 없어지더라도 다시 돌아오는 힘에 대해 생각했다. 땅 자체를 생명의 근원처로 특별히 신성화하는 철학을 만들게 되는 것이다.

　미르치아 엘리아데는 인류 농경의 전개 속에서 이런 사고가 온전한 형태로 드러난 신화로 고대 그리스의 '데메테르 신화'를 꼽는다. 여신 데메테르는 딸 페르세포네를 명계(冥界)의 하데스에게 빼앗긴다. 제우스에게 사정사정해서 결국 페르세포네를 되찾을 뻔하지만, 하데스의 꾐에 빠져 명계의 석류를 먹고 만 페르세포네는 결국 일 년의 반은 지하 세계에 반은 지상에 머무르는 운명이 된다. 이렇게 데메테르를 중심으로 주기적 갱생, 식물 생장에 있어서 순환의 비유가 하나의 드라마로 만들어졌다. 이런 농경 신화는 나를 낳은 '나의 어머니'를 지모신으로 받들고 존숭한다. 나를 낳고, 나를 다시 부르는 모성이기에 '어머니'는 존재의 본래적 생명력을 상징한다. 그리고 어머니 상징은 재배-정주 집단의 규모가 커짐에 따라, 결국 잉여생산의 분배와 질서 유지의 축으로 '아버지'에 대한 숭배로 전환된다. 이것이 엘리아데의 비교종교학적 분석이다.[미르치아 엘리아데, 「제2장 가장 길었던 혁명: 농경의 발견—중석기와 신석기시대」, 『세계종교사상사 1』 참고.]

　엘리아데의 설명을 응용하면, 재배를 하고 정착 생활을 하게 되면 인류는 만물의 신이 아니라 특정한 땅의 신, 즉 조상신을 찾게 된다. 한반도 선사 유적 중에서 조상신의 흔적을 찾아볼 수 있는 곳은 어디일까? 신석기의 죽음관은 어떠했을까? 한반도 신석기에도 전곡리에서 만난 '어린왕자'가 있었을까? 선사의 매장 문화를 볼 수 있는 곳으로 울진 후포리 등기산 위에 있는 신석기 공동 매장터와 부산 가덕도의 장항 유적터가 있다. 둘 모두 집단 매장지다. 물론, 신석기에 들어서 마을마다 전부 공동묘지를 만들게 되었다고는 할 수 없다. 신석기 주거터마다 매장 유적이 나오는 것은 아니기 때문이다.

먼저 후포리로 향했다. 장항 유적은 가덕도 신공항 개발 도중에 드러난 유적이기는 했지만 중요한 진짜 인골은 〈국립중앙박물관〉에 기증되어 있다. 유적터 자체는 동네 공원으로 보호 조치되는 모양이었다. 확실하게 살펴볼 수 있는 곳부터 들러서 신석기 매장의 일반 상식을 알아보고 가는 것이 좋을 테니, 우선 목적지가 등기산이 되었다.

〈울진후포리신석기유적관〉

숭배(崇拜)가 아니라 경배(敬拜)

〈울진후포리신석기유적관〉은 후포리 등기산 위에 있었다. 주차장에 차를 두고 내려서 한 10분 정도 올라가야 했다. 후포리 옛사람들은 왜 등기산 '위'에 공동묘지를 만들었을까? 구석기 인골은 주로 동굴 안에서 발견된다. 그런데 후포리에는 무덤이 마을 위에 있다. 동굴이라면 아래로 쑤욱 내려가는 형태이기 때문에 죽음이 깊은 땅속 문제가 되지만, 후포리에서는 그것이 하늘 위의 문제가 되었다. 오르면서 높이만 생각하니, 등기산

유적을 통해 드디어 신석기시대에 조상 개념이 완전히 수립되었구나 싶었다. 심지어 조상의 무덤이 마을을 위에서부터 아래로 내리누르고 있으니 강력한 가문 권력이 출현했다고도 가정해 볼 수 있었다.

그런데 등기산을 오르는 와중에 갑자기 무겁고 강력한 권력이 아니라 가볍게 나부끼는 바람을 계속 맞고 있음을 알게 되었다. 생각에 빠져 내가 어디를 오르고 있는지 놓치고 있었는데, 둘러보니 실제로 무덤이 그리 높이 있지 않았다. 등기산은 야트막한 언덕 정도의 높이였다. 사방이 뚫려 있어서 동쪽으로부터 계속 부는 바닷바람을 아무도 피할 수 없었다. 언덕의 수직성이 푸른 바다의 망망함으로 상쇄되고 있었다. 후포리 옛마을 망자들은 바다를 앞두고 시원의 시간을 느끼며 누워 있었다. 이들의 후손들은 장례를 치르는 동안 자신들의 작은 언덕보다 더 높은 하늘, 더 먼 바다를 더 강렬하게 의식했을 것이다. 그러므로 공동묘지를 높이 두어 산 자 위에 죽은 자가 있도록 하기는 했지만, 조상을 영원하고 강력한 권력자로 생각하지는 못했을 것 같았다.

부산에는 후포리와 정반대의 형식으로 만들어진 마을이 있다. '아미 마을'이다. 아미동은 부산 서구 산복도로에 있다. 식민지 시대 부산 중심에 살 곳을 마련할 수 없었던 일본인들이 부산에서도 외곽인 이곳에 살림터를 만들었다. 이 마을 한 구석에 조선에 와서 죽은 일본인들의 공동묘지가 생겼다. 일본

　　　　　　　　3부 선사의 영성

인들은 해방 이후에 쫓기듯 본국으로 돌아갔다. 그 직후 한국 전쟁이 벌어지고, 전세가 나빠져 피난민들이 부산으로 내려오게 되었다. 전쟁통에 살 곳을 찾지 못한 피난민들은 아미동 높은 언덕에서라도 잠잘 곳을 만들어야 했다. 이때 일본인들의 공동묘지는 매우 유용했다. 일본인들이 유골함을 묻고, 그 위에 비석을 올리고, 다시 그 주변으로 집처럼 울타리를 두르는 묘지를 선호했기 때문이다. 이런 식이어서, 버려진 공동묘지에는 이용할 수 있는 건축 재료가 많았다. 피난민들은 무덤 울타리나 비석 등을 뽑아서 쓰기도 하고, 아예 그 위로 흙벽을 둘러 집을 만들었다.

한국전쟁기부터 지금까지 아미동은 죽음을 깔고 앉아 있는 마을이다. 후포리와 반대로 삶이 죽음을 내리누르는 형태다. 한때 피지배자였던 이들이 식민의 치욕을 누르고 있다고도 말할 수 있다. 그런데 민족을 괴롭힌 원수의 무덤 위에서 먹고 자고 하는 일이 과연 쉬울까? 나도 아미동에 직접 가 보기 전에는 그 마을이 아직까지 있다는 사실이 이해되지 않았다.

하지만 산복도로를 올랐을 때 만나게 된 아미 마을은 예쁘고 다정했다. 무덤 위에 빼곡히 세워 올라간 집들 중에는 현대적인 것도 있었고, 전쟁기 모습 그대로인 것도 있었다. 다닥다닥 임시로 올리고 쌓은 초기의 집들 중에 전쟁통 아미 마을을 소개하는 전시관이 있었다. 작은 방 하나하나마다 전쟁통에도 책을 읽고 옷을 기우며 살길을 찾았던 사람들 이야기가 들어 있었다. 어떤 방에는 일본인들의 비석을 따로 모셔 두고 전시도 하고 있었다. 아미동 사람들은 자신들에게 무덤을 내어 준 일본인들의 제사도 지내 주었다고 한다.

아미동 아래로 멀리 부산 앞바다가 보였다. 여기서는 한참 내려가야 항구에 닿는다. 전쟁통에 하루 먹고살기도 어려웠을 피난민들은 묘지 집을 어떻게 생각했을까? '제국주의자의 무덤이다!', '우리 조상들을 괴롭힌 나쁜 놈들의 무덤이다!' 이런 생각을 할 틈도 없었을 것이다. 묘지 위의 집은 하루를 마무리하고 내일을 살아갈 힘을 주었을 것이다. 길거리에 부모를 잃고 배를 곯는 고아들이 심심찮게 돌아다니던 시절이었다. 아무리 높고 멀리 있어도, 어쨌든 하룻밤 바람을 피해 몸을 누이고 함께 쉴 수 있는 자리가 있다는 것은 감사할 일이 아닌가? 무덤의 주인은 또 무슨 사연으로 조선 반도까지 흘러들어 왔을까? 고향 밖 언덕 위에서 잠들어야 했다면 그 삶도 신산했을 것이다.

후포리나 아미동은 산 자와 죽은 자가 일상을 나누는 마을이다. 나카자와 신이치는 조몬 시대 초기의 집단 취락에 대칭적 공공성이 발견된다고 한다.〔坂本龍一 · 中沢新一, 『繩文聖地巡禮』참고.〕 마을 한가운데에 무덤을 만들어 놓았기 때문이다. 이 무덤자리에서는 평소 마을의 다양한 공동 활동이 이루어졌는데, 함께 동물을 몰거나 채집한 식재료들을 나누기도 하고 때로는 축제도 열었다고 한다. 나카자와 신이치는 마을의 지면 배열에 주목한다. 조몬 마을은 일상이 이루어지는 공간 한가운데에 죽음의 자리를 마련했다. 조몬인들은 그저 하루를 영위하는 가운데에도 죽음을 놓치지 않고 생각할 수 있었다. 산 자와 죽은 자가 공동 매장터를 통해 연결되는 것이다. 생명은 살다가 죽고, 죽다가 산다. 후포리 옛사람들도 이런 자연의 순환성을 의식했을 것이다.

성과 속, 뼈와 칼

등기산 위에 〈울진후포리신석기유적관〉이 있었다. 유적관은 이글루 모양이었다. 신석기 유적을 꽝꽝 얼려서 보관하겠다는 의미일까? 고래의 둥근 배 모양이었던 〈울산암각화박물관〉도 떠올랐다. 유적관은 "울진의 유구한 역사를 국민에게 더 깊이 알리기 위해" 조성되었다고 했다. 유적관 앞 안내판 설명에 따르면, 언덕 위에 지름 4m 안팎의 불규칙하게 생긴 자연구덩이 안에서 최소 40인 이상의 사람 뼈가 출토되었다. 일부러 묘지로 만든 것이라면 중요한 시신을 정확하게 모셨을 것 같은데 40인이면 40인이지 40인 이상으로 추정된다는 말이 무슨 뜻일까? 유적관 안에는 둥근 벽면에 매장지에서 처음 유골들을 출토했던 사진과 매장의 특징, 그리고 신석기 마을 일반에 대한 설명이 있었다. 진짜 인골이라든가 부장품들은 볼 수 없었다.

후포리 공동묘지의 가장 큰 특징은 두 가지였다. 첫째, 세골장(洗骨葬)이다. 둘째는 부장품으로 들어간 간돌도끼다. 둘 모두 신석기 한반도 매장 방식으로 아주 독특한 것이었다. 신석기의 일반적인 매장 형식은 땅을 파서 인골 하나하나를 따로 묻는 형태이거나, 함께 묻는다 해도 부장품으로 칼을 선택하는 일은 드물고 주로 토기를 넣었기 때문이다. 장신구가 들어 있는 유적도 많지만 가장 중요하고 필수적인 부장품은 어쨌든 토기였다.

두 가지 특징을 하나씩 생각해 보았다. 세골장이란 죽은 뒤 시신을 바로 묻지 않고, 한동안 그대로 두면서 시신의 살이 다 썩기를 기다린 다음 그 뼈를 따로 추려 묻는 방식이다. 뼈만 남기기 때문에 망자의 시신을 온전히 보전할 수가 없어서 묻으면서도 사람의 몸처럼 안치할 수가 없다. 그래서 40인 '정도'가 되는 것이다. 실제로 인체 각 부분의 뼈가 제 위치에 놓여 있지 않았고, 두개골이나 대퇴골 등 비교적 굵은 뼈만 골라 묻거나 해서 2~3구의 인골이 섞여 있었다 한다.

살을 썩히려면 시신을 아주 오랫동안 따로 보관해야 했을 것이다. 계절에 따라 부패의 정도가 다 다를 텐데, 살을 완전히 썩혀 뼈만 남겨야 했으니 시신을 대충 방치할 수는 없었겠다. 여기에도 구체적인 절차가 있었을 것이다. 이런 매장 방법을 세골장이라 부르는 이유는 시신의 부패가 살을 '씻는' 일이라고 생각해서다. 후포리 옛사람들도, 죽음이란 우리가 나서 죽는 동안 겪은 모든 흔적이 정화되어 순수한 상태로 되돌아가는 일이라고 생각했을까?

그런데 씻은 뼈를 추려 함께 묻었다는 문제를 어떻게 생각해야 할까? 싸웠거나, 전염병이 돌거나 해서 여러 사람을 한꺼번에 묻어야 했던 것이 아니라면, 살이 썩고 난 뒤 뼈를 추려서 다시 땅에 묻을 때는 다른 인골과의 관계도 고려해야 한다. 살아 있을 때에는 엄연히 다른 방식으로 살고, 다른 관계였을 이들이다. 아버지의 뼈와 아들의 뼈를, 남자의 뼈와 여자의 뼈를, 족장의 뼈와 아이의 뼈를 함께 묻어도 될까? 후포리 인골 중 치아를 분석했더니 대부분 20대 남녀라고 나왔다. 후포리 평균 수명이 궁금해지는 부분이었다. 만약 모든 후포리 사람을 다 묻은 것이 아니라면 20대의 그들은 마을에서 어떤 위치를 갖고 있었을까? 왜 그들의 뼈만 깨끗이 씻겨 함께 묻혀야 했을까? 후포리의 다른 옛사람들은 어디에 따로 묻었나?

인류의 장례법을 연구한 로베르 에르츠는 이런 방식의 세골장, 2차장은 인류사에 아주 흔하다고 한다. 그가 연구한 부족은 인도네시아 보르네오섬의 다약족이다. 로베르 에르츠는 다약족의 장례 문화를 심층 조사하여 1차장(살을 썩히고 씻김)과 2차장을 일반화했다. 1차장의 목표는 시체의 부패다.(로베르 에르츠, 『죽음과 오른손』, 26쪽 참고.) 이때 유족들은 시신의 성격을 바꾼다. 고인, 즉 가족의 일원이었던 존재를 자연의 물질로 되돌린다. 그래서 시체의 부패를 돕기 위해 관 하단에 구멍을 뚫기도 한다. 우리나라 옹관묘 중에 독무덤 아래에 구멍을 뚫은 것도 있는데, 역시 육신이 부패함에 따라 나오는 물질을 땅으로 쉽게 흘려보내기 위해 고안한 방법이 아니었을까? 야생 부족들 사이에서 죽은 조상의 살을 먹는 식인 풍습은 아주 흔하게 발견된다. 로베르 에르츠는 이런 엔도카니발리즘(endocannibalism)도 그 부족의 잔인성과 식욕과는 무관한 일일 수 있다고 한다. 누군가 살을 먹어 치우는 것만큼 살을 빨리 없애는 방법이 없기 때문이다. 엔도카니발리즘의 경우 죽은 자는 산 자의 몸에 묻힌다고 할 수 있다.

가령 발리섬의 경우에는 힌두교의 영향을 크게 받았어도 시신을 수 주일 동안 집에 보관한 후 화장하는 관습이 유지되고 있다. 이곳에서는 관 하단에 구멍을 뚫어 "부패한 체액을 밖으로 흘려보내 대야에 담고, 매일 의식을 치르면서 그 대야를 비워 나간다". 또 다른 예로 보르네오 카푸아스강 유역에 거주하는 다약족의 관습을 들 수 있다. 이들은 시체가 부패하면서 나온 액체를 토기 그릇에 받아 놓는다. 그리고 이 액체를 쌀에 섞어 고인의 근친이 상중에 먹는 음식물로 제공한다.[로베르 에르츠, 『죽음과 오른손』, 15쪽.]

발리섬에서는 부패가 시작돼야 비로소 시신으로부터 사악해진 영혼이 빠져나온다고 한다. 마침내 살이 모두 부패하면 영혼은 저 세상에서 다소나마 몸을 바꾸어 애초의 자신을 복원하고 순수해진다. 이렇게 순수해지면 이제 조상들의 나라에 입

　　　　　　　　　　　　　　　　　　3부 선사의 영성

실할 자격이 갖추어진다. 이런 긴 장례는, 발리섬 사람들이 죽음을 숨이 끊어지는 그 순간부터 천천히 계속 진행되는 일이라고 보았음을 말해 준다.

후포리 옛사람들의 세골장을 통해서도 그들의 생사관을 유추해 볼 수 있었다. 후포리 옛사람들에게는 육체와 정신의 이분법이 있었다. 마지막에 반드시 씻어야 할 정도로, 그들에게 육체는 사는 내내 점점 더 상태가 나빠지는 무엇이었다. 만약 성스러운 기운만으로 채워져 있었다고 하면 죽음에 이르는 일은 없을 것이다. 이런 생사관에서는 육체가 정신(성스러운 기운)의 그릇이면서, 정신보다는 열등한 대상이 된다. 후포리 옛사람들이 정말 죽을 수밖에 없는 육신을 불결하다고 생각했을지는 알 수 없다. 그들은 순결한 죽음을 더러워지는 삶보다 훨씬 더 중요하게 생각했을까? 그들은 염세주의자들이었을까?

한편으로는, 세골장의 포인트가 '썩어 간다'에 있지 않고 '씻긴다'에 있었을 수도 있겠다. 죽음은 망자의 몫이지만, 장례는 산 자의 몫이기 때문이다. 최후의 삶을 정화시키고 망자를 순수하게 되돌리는 책임은 오롯이 후손들의 일이다. 장례를 치르는 후포리 옛사람들은 신성한 의식의 주체로서 자신들을 신성하게 느꼈을지도 모른다.

이 지점에서 후포리 부장품 석부(石斧, 돌도끼)의 문제를 살필 여지를 얻을 수 있었다. 한번에 이루어진 장례가 아니라면 후포리에서는 사람이 죽을 때마다 무덤을 열어 뼈를 합장한 뒤 다시 흙으로 덮었을 것이다. 석부는 무려 192점이나 나왔다. 시신이 40여 점인데 석부가 192점이라니 거의 다섯 배다. 이 석부들이 개인이 쓰던 것일 리는 없었다. 유적관의 사진을 보니 후포리의 석부는 돌도끼라지만 구석기시대 돌도끼와는 모습이 달랐다. 긴 돌 막대기처럼 보이는데 양날을 매끄럽게 다듬었다. 손잡이가 따로 없지만 날 부분을 잡아도 손을 다칠 염려는 없어 보였다. 칼들은 대부분이 20cm를 넘고, 어떤 것은 50cm나 된다고 한다. 발굴된 상태는 매우 깨끗했는데 이 세상에서 사용되었던 흔적이 없었다. 망자의 유품으로는 보이지 않았다. 저 세상에서 쓰려고 했을까? 그런데, 저승에서 칼을 쓸 일이 또 무엇이 있을까? 순결해진 뼈들에게 굳이 칼이 필요한 이유가 궁금했다.

장례가 산 자에게 유용한 것이라면 석부도 마찬가지가 아니었을까? 칼이라고 하면 대뜸 동물을 잡거나 사람을 공격하는 무기라고 생각할 수 있지만, 한자 도(刀)라는 글자의 어원에는 '나눈다'라는 뜻이 있다. 묘의 주인들이 살아생전 공동체 내부와 외부의 관계를 잘 나누었던 것일까?

후포리 외에도 크고 긴 석부가 출토되는 유적지가 조금 더 있다고 한다. 북한 함경북도의 회령군 연대봉 묘지, 종성군 상삼봉 묘지, 무산군 묘지, 남한의 춘천 교동, 고성 문암리, 통영 연대도, 통영 욕지도, 부산 동삼동 등이다. 부장품 석부는 한반도의 중부와 동남해안 지역에서 주로 발견되는데, 동반된 토기들로 미루어 함경도 지역을 거쳐 동해안을 타고 남해안으로 흘러 들어갔을 가능성이 크다. 후포리 외에는 석부와 함께 토기도 출토된다고 한다.(최수민, 「울진 후포리 유적과 한반도 남부의 신석기 선도제천문화」 참고.)

신비로운 칼에 대해 생각하다 보니 대전 〈화폐박물관〉이 다시 떠올랐다. 박물관 상설전시실 입구에 들어서면 오른쪽에서부터 화폐의 일반 역사를 볼 수 있다. 인류가 가장 사랑한 화폐로 개오지 조개가 있고, 고대 아테네에서 사용되었던 올빼미 모양 동전도 있다. 그리고 도전(刀錢)이 나온다. 주나라 시대(기원전 1046~기원후 256년)에 중국에서 유통되었다는데 칼 모양이다. 화폐란 물건을 사고팔 때 쓰는 도구인데 모양이 상관이 있을까? 당연히 상관이 있다. 오세아니아의 여러 섬들에서 화폐는 물물교환을 위해 쓰이지는 않고, 노래나 춤과 같은 제의적 연희를 구매할 때 쓰였다. 그래서 이들은 화려한 조개 장신구를 화폐로 사용했다. 그것을 둘렀던 이나, 두를 이가 보이는 압도적인 아름다움이야말로 물건을 건네고 받을 자격을 말해주기 때문이다.

도전에는 어떤 매력이 있는가? 주나라에서는 화폐를 어떻게 썼을까? 전근대 사회에서 화폐는 등가교환의 수단은 아니었겠지만 주고받는 자의 관계라든가 그 물건의 가치에 대한 평가를 측정할 수 있는 수단이기는 했다. 도전에 대한 해석은 아직 역사학자들 사이에서 합의되지 않고 있다.(루지아빈·창후아, 『중국 화폐의 역사』 참고.) 그런데 '나눈다'라는 차원에서 단순하게 보면, 석부에 삶과 죽음의 관계, 땅과 하늘의 관계를 잇고 끊는 의미가 있었다고 할 수도 있지 않을까?

칼은 무엇과 무엇을 나눈다. 물건을 서로 돌려 쓰기는 해도 너는 너고 나는 나다. 망자와 산 자가 언덕 위 아래에서 같은 바람을 맞지만, 산 자는 산 자고 망자는 망자다. 여기에 생과 사를 확실히 차별하겠다는 의식이 들어 있다고 할 수 있다. 세골을 할 정도로 삶은 부정(不淨)한 것이지만, 그럼에도 후포리 사람들은 죽음을 욕망하지 않고 죽음과 삶을 구별했다. 어떤 진창이라도 이승이 낫기 때문이다. 엉망이고 좀처럼 만족할 수 없다 해도 이 삶이 우리에게는 가장 소중하다.

〈울진후포리신석기유적관〉을 나오니 그제야 언덕 위의 등대 조각들이 눈에 들어왔다. 세계의 유명한 등대 모형들이 있었는데 우리나라 최초인 인천 팔미도 등대, 1611년 프랑스에 세워진 코르두앙 등대, 이집트 파로스 등대, 독일 브레머하펜 등대 등등이 세상 여기저기의 바다를 보고 있을 등대들을 다시 떠올리게 해주었다. 후포리 유적관이 있는 곳 이름도 '등기산'이다. 등대 역할을 하는 산인 것이다. 어두운 바다에서 길을 안내하는 산, 죽어 가는 이와 살아갈 이들의 길을 안내하는 산, 그 위에 무덤이 있었다. 후포리 옛사람들이 묘지를 길을 찾아 주는 이정표라고 생각했을 수도 있겠다. 등기산은 우리나라에서 해가 가장 먼저 뜨는 곳 중 한 곳이다. 가장 먼저 아침을 맞는 사람들이 가장 먼 곳까지를 생각했었다.

부산 가덕도 장항 유적

잊힌 유물과 되살아나는 이야기

가덕도를 찾기 위해 창원중앙역에 내렸다. 이번에도 답사단은 차를 빌려 탔다. 주소창에 부산광역시 강서구 성북동 1194-2번지라고 찍고, 가거대교를 건너 장항 마을 쪽으로 방향을 잡고 열심히 달렸다. 그런데 후포리와 달리 가덕도에는 어떤 유적관도 없었다. 유적지 자체를 찾기가 어려웠다. 부산에서 거제도로 가는 길 중간, 가덕도 입구까지는 들어가기가 어렵지 않았고 장항 마을에도 금방 도착했다. 하지만 주소의 지번을 찾을 수가 없었다. 인터넷에서 검색한 바로는 유적지가 근린공원으로 조성되어 있다고 했는데, 멀리 가덕도 신항(新港)의 위용에 가려서인지 어디가 공원이고 어디가 건설 부지인지도 구분되지 않았다. 대충 여긴가 싶어 내리려고 하니 이번에는 주차가 난감했다. 한적하기는 했지만 2차선 중 하나를 물고서 차를 댈 수는 없었다. 결국 우리는 장항 마을 입구로 스윽 들어가 인적이 뜸한 마을 버스 정류장 근처에 살짝 주차를 했다.

차에서 내리고 나서 본격적으로 유적지를 찾았지만 흔적이 보이지 않았다. 네이버 지도를 다시 켜서 주소를 찍고 지도 앱을 들고 이리저리 뛰어 보았다. 거의 포기하려고 하는 찰나, 두 개의 작고 둥근 화단이 나왔다. 각각의 지름이 대강 2미터는 넘어 보였는데 둘레에 키 작은 나무를 심어 놓고 있었다. 안에는 잡초가 무성했다. 여기가 신석기시대 사람들이 묻힌 곳이구나! 멀리서 왔는데 못 보고 갈까 초조했던 마음은 누그러졌지만 소박해도 너무 소박했다. 뜨거운 초여름 햇볕 덕분에 유적 안내판도 촌각을 다투며 빛이 바래고 있었다.

한반도 신석기 매장 유적으로 으뜸이라는데 소홀히 관리되고 있어서 서운한 노릇이었다. 이와 비슷한 느낌을 울산 반구대를 찾아가는 길에서도 느낀 적 있었다. 울산역에 내려서 반구대로 향하기 전, 울주 신암리에 잠깐 들렀었다. 신암리에서 한반도 최초의 비너스상이 나왔기 때문이다. 유럽 후기 구석기 예술의 대표로 꼽히는 비너스상은 머리는 없고 큰 가슴에 엉덩이도 풍만한 여신상이다. 한반도 신석기 유물로도 비슷한 것이 나왔다니 중요하게 공부해야 했다. 유물 자체는 〈국립중앙박물관〉 선사관에 전시되어 있지만, 실제로 그 조각상이 묻혀 있던 땅을 한번 보고 싶었다.

역시 발굴지 찾기가 쉽지 않았다. 신암리 마을 지도에는 분명 '빗살무늬 토기 출토지'가 표시되어 있었다. 아마 그 자리에서 신석기 비너스상이 나왔을 것이다. 그런데 마을 전체를 대강 알려 주기 위해 아주 단순화시키다 보니 구체적 지점을 알기 어려웠다. 거의 동네를 한 바퀴 다 돌고, 결국 주민센터까지 가서 여쭈어 보았다. 짐작은 했지만, 직원 분들도 잘 모르셨다. 어찌어찌 출토 지점이라고 소개되어 있는 대강의 장소를 찾을 수 있었는데 서생초등학교 뒷마당이었다. 정문을 들어가니 비너스상이 나온 장소답게 학교 교사 왼편에 '신사임당상'이 있었다. 비너스도 사임당도 자식을 키우는 사람들이니 장구한 세월이 연결되는 듯해 인상적이었다. 그러나 도대체 학교 어디에서 비너스가 출토된 것인지, 진짜 나오기는 한 것인지 알 수 있는 분위기가 아니었다.

이 서생초등학교도 장항 유적처럼 폐허가 되어 있었다. 근처로 멋진 신축을 지어 학교를 옮긴 모양인데 아직 허물기 전이어서 그런지, 아이들이 떠난 학교에 급속한 노화가 진행되고 있었다. 운동장에도 뒷마당에도 교사 입구에도 잡초가 무성하여 쓸쓸했다. 신석기 비너스상이 묻혀 있었다면 그 땅은 좀 신성했을 거라고 막연히 상상했는데, 신성함도 세월을 이길 수는 없는 모양이었다. 그래도 서생초등학교 학생들이 신석기 지모신이었을 신암리 비너스의 자애로운 덕으로 씩씩하게 잘 자랐을 터이니 고맙고 좋은 일이었다.

신암리에도 우리가 다 알 수 없는 이야기가 많이 묻혀 있을 것이다. 몇 천 년 전에 신암리 바닷가에 한 조각가가 살았다. 그는 여성의 몸을 조각하면서 자연의 신비를 이해하려고 했다. 신암리에는 실제로도 멋진 여성들이 많이 살았을 것이다.

장항, 신석기 다문화 마을

가덕도 장항 유적에서 나온 인골과 부장품을 제대로 보기 위해 〈국립중앙박물관〉의 선사관에 갔다. 장항 마을 유적지가 본고장에서는 전혀 주목을 받지 못하는 것에 비해 〈국립중앙박물관〉은 가덕도 장항 유적에서 출토된 인골을 매우 특별하게 전시했다. 뚜껑도 덮어 두지 않고 있는 그대로 소개할 뿐만 아니라 자세한 설명도 덧붙이고 있었다. 확실히 인골 자체가 주는 긴장감이 있었다. 한편 이것은 선사관에 울진 후포리 유적에 대한 설명이 하나도 없는 것과 대조되었다. 석부가 있기는 했지만 그 의미에 대한 설명까지는 없었다.

일단 전시된 형태로만 보면 장항 마을에서의 매장은 후포리와 완전히 달랐다. 몸을 굽힌 자세로, 묶였을 것으로 추정되는 팔과 다리에 조개 팔찌가 가득했기 때문이다. 후포리에서 부분적으로 나왔던 인골들과 달리 여기에서는 한 구 한 구가 다 온전했다. 무엇보다 부장품이 무기가 아니라 장신구였다.

가덕도와 후포리의 차이는 컸다. 첫째, 후포리가 생활터와 아주 가까운 자리, 거의 산 자들의 마을 위에 무덤을 두었다고 한다면 가덕도 매장 구역 인근에는 주거 흔적이 나오지 않았다. 화덕이 나오기는 했지만 주거의 가능성을 최대 한도로 뽑아도 계절성 주거지였다고밖에 할 수 없을 정도인데, 식재료의 찌꺼기, 토기나 석기 제작의 흔적 등 여타 생활 자취가 출토되지 않았기 때문이다. 가덕도는 도시 외곽에 무덤을 만드는 현대처럼, 주거지로부터 일정 정도 떨어진 자리에 공동묘지가 있는 형태였다.

둘째, 매장 방법도 특별했다. 전시 설명에 따르면, 인골이 매장된 방식이 아주 다양했다고 한다. 두 팔과 다리를 쫙 펴고 얼굴은 하늘을 향하게 묻은 것과 고개와 몸을 옆으로 돌려 묻는 것에서부터, 약하게 몸을 묶은 것, 강하게 몸을 묶은 것 등 망자의 시신을 안치하는 방법이 제각각이었다. 토질 분석으로는 가덕도 매장지가 오랜 세월 세대를 거치며 만들어진 것이 아니라, 비슷한 시기에 한꺼번에 조성되었을 무덤이라고 했다. 같은 시기에 매장법이 아주 다양했다는 의미이다. 이렇게 죽는 모습이 제각각이었다면, 같은 시대 같은 마을에서 사는 모습도 제각각이라 해야 한다.

그런데 문제가 남는다. 저마다 가족과 친구를 모시는 방법이 달랐다면 자기 집 자리 아래에 각자 원하는 방식으로 살고 묻으면 된다. 왜 다른 매장 방식을 고수하면서도 모두의 유구를 한자리에 모았을까? 더 흥미로운 점은, 가덕도에서 발굴한 인골의 DNA를 분석했더니 유럽 쪽 사람들의 모계 DNA도 나왔다는 것이다. 당시에 유럽인이 가덕도까지 찾아와서 살림을 차렸는지는 알 수 없다. 유럽 어디에서 출발한 한 여인이 계속 딸을 낳으면서 유라시아를 횡단해 한반도 부산 앞바다까지 왔을 수도 있고, 그 유전자를 이어받은 누군가가 동남아를 거쳐 남쪽까지 왔을 수도 있다. 가덕도에서 나온 여러 부장품들이 선사인들의 활발한 이동설을 뒷받침했다. 가덕도 인근에서는 조몬시대 토기 파편부터 가덕도 근처에서는 채굴이 불가능한 옥제품까지 나왔다. 후포리 부장품이 오직 석부만 있었던 것과 대비되었다.

마지막으로 후포리의 인골이 대부분 20대였던 것과 달리 가덕도의 인골은 나이가 10대부터 70대까지, 성별도 남녀 고루였다. 인골의 치아를 분석했더니, 영양이 부족한 식사 때문에 생긴다는 에나멜층 있는 치아가 나온 것도 있지만 그 수는 적었다고 한다. 비교적 여유로운 생활을 한 사람들인 것이다. 노인들 중에는 외이도 골종 같은 귀뼈의 이상이 발견되는 경우도 있는데, 이는 그들이 오랫동안 잠수를 했음을 의미한다. 아이들도 있었지만, 노인들도 건강하게 물질을 하며 장수했던 가덕도였다.

신석기시대 가덕도 마을의 풍경은 어떠했을까? 아주 다양한 피부색과 나이, 직업과 취미도 가지각색인 사람들이 살았다고밖에는 추측할 수 없었다. 창녕 비봉리나 부산 동삼동이 활발한 네트워크의 중심지였다면, 더 나아가 장항 마을은 아예 다문화적인 공동체였다고 할 수 있었다. 안도에 잠깐 머물렀던 규슈의 도공이 장항에서는 아예 여인과 사랑을 나누고 자식도 기르며 살림을 꾸렸을지도 모른다. 우리가 생각할 수 있는 것 이상으로, 한반도 신석기에는 다양한 공동체들이 여기저기의 바다에 자리 잡고 있었다.

3. 동굴의 오디세이아

제천 〈점말동굴유적체험관〉

구석기 핫플 제천 가는 길

'구석기인들에게도 영성이 있었을까?', '먹을 것 없어서 허덕여야 하는 신산한 삶 어디에 우주에 대한 철학과 신을 향한 기도가 있었을 것인가?' 이런 생각 자체가 물질적인 여유 뒤에 정신적 안정을 가질 수 있다는, 물질만능주의적 사고 방식에서 나온다. 생활의 물적 토대를 화폐와 상품에서 찾지 않는 삶, 일상의 영성에 대해 다시 상상해 보고 싶다. 그래서 제천 점말 동굴을 찾았다. 인류 선사를 연구하는 책들은 구석기인들의 생활터가 기본적으로 동굴이라고 한다. 〈전곡선사박물관〉에서도 한반도 주요 구석기 유적지로 동굴을 꼽았다. 신석기시대가 시작되기 훨씬 전, 애초의 영성 가득한 모습이 어떠했을지에 대한 기대로 제천으로 차를 몰았다.

　한반도 구석기 유적지는 거주 형태에 따라 크게 두 가지로 분류된다. 전국적으로 흩어져 있는 강변 근처의 한데 유적, 그리고 충청권을 중심으로 남아 있는 동굴 유적이다. 대표적인 한데 유적이 공주 금강변의 석장리, 경기도 한탄강변의 연천 전곡리이다. 동굴 유적들은 석회암 지층이 풍부하게 형성되어 있는 충청권을 중심으로 찾아볼 수 있다. 그중에서도 메카는 단양, 청주다. 단양에서는 70만 년 전부터 이용되었던 금굴과 구낭굴이 있고 인근에 수양개라고 하는 대규모 석기 제작소까지 있어 구석기 문화의 수도라고 할 수 있다. 청주에서는 50만 년 전부터 이용된 것으로 보이는 두루봉 동굴, 청석굴 등이 있는데 특히 두루봉 동굴에서는 4만 년 전의 것으로 추정되는 아이의 인골도 나왔다.

　이렇게 찾아볼 동굴이 많은데도 우리가 굳이 제천으로 방향을 잡은 이유는, 2025년 초여름에 제천 〈점말동굴유적체험관〉이 개관했기 때문이다. 단양이나 청주의 구석기 동굴 유적은 거의 유적으로 보호받지 못하기 때문에 들어가기 어려운 곳도 있고(특히 두루봉 동굴), 들어갈 수 있다고 해도 주변 경관이 지나치게 상업화되어 있어서 구석기를 즉각적으로 상상하기는 어려울 것이다. 반면 제천의 점말 동굴은 용두산 자락, 해발 430m 산허리에 있기 때문에 대규모 아파트 단지라든가 커피

숍이나 캠핑장 같은 휴게 시설은 없을 것 같았다. 체험관이 들어섰으니 출토 유물을 직접 확인할 수도 있고 동굴 자체도 자세히 관찰할 수 있을 것이었다.

점말 동굴 가는 길 자체가 산길이어서 선사시대로 깊이 진입하는 느낌을 받았다. 금강변을 따라 공주 〈석장리박물관〉을 시작으로, 양양으로, 부산으로 참 멀리까지 돌아 다시 구석기에 도착했음이 새삼 느껴졌다. 체험관 주차장까지 진입하는 좁은 시골길에 이어, 주차장에서 체험관 입구까지의 작은 언덕길, 그리고 체험관 뒤쪽에서 다시 점말 동굴 앞까지 이어지는 오솔길, 세 구간으로 나누어진 길들이 전부 나무에 에워싸여 있었다. 타임 터널을 통과하는 듯했다.

동굴로 오르는 길 내내 왼편으로 작은 시내가 계속 흐르고 있었다. 꽤 맑아 보였다. 한데 유적이 강변에 있었던 이유는 식수 때문이다. 동굴을 주거지로 선호한 이들에게도 역시 물은 중요했을 것이다. 그런데 겨울이면 이 물길이 얼어 버릴 텐데 그럼 점말 동굴에서 계속 머물 수 있었을까? 얼지 않는 수원지가 근처에 있다면 모를까, 점말 옛사람들은 용두산이 추워지기 전에 얼지 않는 강가로 내려와야 했을 것이다. 구석기시대에 수질과, 식수 음용 방법에 대해 답사단 친구들과 두런두런 말을 섞다 보니 어느새 체험관 입구에 도착했다.

3부 선사의 영성

털코뿔이 앞다리뼈 안면상, 사슴 두개골 장식 : 선사 예술의 페다고지

점말 동굴로 가기 전에 먼저 체험관부터 들렀다. 동굴에서 사는 사람들의 구체적인 생활과 거기서 비롯된 영성을 떠올리기 위해서는 출토 유물을 한번 보고 가는 것이 좋을 것이기 때문이다. 체험관의 모토는 '구석기를 경험하자!'였다. 내부에 구석기식 활쏘기, 구석기식 요리 등을 가상으로 해볼 수 있게 해놓았다. 우리는 특히 활쏘기에 열을 올렸다. 화면에 손을 대고 활시위를 당기는 것에 불과한데도 감 잡는 데 시간이 제법 걸렸다. 실제 구석기식으로 창이나 활을 던져 볼 수 있으면 더 좋을 텐데.

점말 동굴은 고생대 오르도비스기(약 5억~4.4억 년 전) 때에 석회암층이 형성되고, 중기 갱신세(78만~12만 6천 년 전) 동안 석회암 산속에 물이 흘러 들어가 형성되었다. 사람이 살게 된 것은 7만 년 전(《충북대학교박물관》 전시 설명)부터다. 사람이 살기 좋다면 다른 동물들에게도 머물기 좋았을 것이다. 긴 세월 많은 동물이 드나들며 흔적을 남겼는데, 출토된 다양한 동물뼈들로 확인할 수 있다.

점말 동굴에서는 짧은꼬리원숭이, 코뿔소, 사슴, 곰, 하이에나 등의 동물 화석이 나왔다. 단양 수양개에서 이미 원숭이의 존재 사실을 확인했지만 다시 봐도 신기한 부분이었다. 남한에서는 점말 동굴 외에도 두루봉 동굴(큰원숭이의 위턱과 아래턱뼈), 구낭굴(큰원숭이 아래턱뼈와 위턱 어금니), 강원도 영월 연당 쌍굴(큰원숭이 추정 뼛조각 8점)에서 원숭이 화석이 나왔다.

점말 동굴 주변으로 얼거나 녹거나 했을 풍경들을 상상하고, 기후 변화에 맞게 드나들었던 다양한 동물들을 또 떠올리다 보니 구석기 점말 동굴 근처에서 살았던 옛사람들은 자연의 여러 변화를 어떤 마음으로 대했을까가 궁금해졌다. 그들은 현대인들보다는 훨씬 직접적으로 자연을 겪으면서 살았을 것이고, 그만큼 기후 변화 등에 대해 많은 연구와 철학을 했을 것이다. 체험관에는 이런 궁금함을 풀어 주는 유물이 있었다. 털코뿔이 앞다리와 사슴 두개골이었다. 털코뿔이 앞다리는 단양 〈수양개선사유물전시관〉에서 사진으로 본 바로 그것이어서, 정말 반가웠다. 실물로 보니 길고, 두껍고, 생각보다 훨씬 희었다. 이 두 유물에는 모두 사람이 낸 인위적 석기 자국이 있었다. 연대는 무려 6만 년 전으로까지 올라갔다.[*]

먼저 털코뿔이 앞다리뼈를 보았다. 30cm 정도 되는 두꺼운 앞다리뼈에 사람 얼굴이 그려져 있었다. 정말로 얼굴을 새긴 것인지는 수양개에서 사진으로 보았을 때처럼 불분명했다. 답사단 내에서도 의견이 분분했다. 가늘게 뜬 눈과 대충 다문 입술이 도대체 누구를 보고 있는 것인지 잘 연상되지 않았기

[*] 다음의 영상을 참고.

　　　　　　　　　　　　　　　　3부 선사의 영성

때문이다. 그래도 일단은 체험관에서 '털코뿔이 앞다리뼈 얼굴상'이라고 하고, 그런 명칭은 전문 고고학자들이 고증을 거쳐 명명한 것일 테니 정말 얼굴다운지 다시 검토했다. 자세히 보면 또 보인다고, 세 개의 선이 의도적으로 사람 얼굴을 표현했다고 생각이 되지 않는 것은, 아니었다. 특히 오른쪽 눈은 오른손잡이의 작품인지, 시작할 때 힘이 확실히 들어가 있었다. 입 부분에서도 가로로 더 그을 수 있었는데 참고 멈추었다고 생각할 수 있었다. 하지만 얼굴상이 완성작인지 긋다 만 작품인지는 판단하기 어려웠다.

재미있었던 점은, 얼굴이라고 가정하니 신기하게도 정이 갔다는 것이다. 털코뿔이의 뼈에서 얼굴을 읽는 점말인들의 통찰력은 놀라웠다. 그들이 동물에게서 인간을 보았다면(의인화), 인간에게서 동물도 볼 수 있을 것이다(토테미즘). 스티븐 미슨은『마음의 역사』라는 책에서 오스트랄로피테쿠스로부터 호모 사피엔스에 이르는 인류 정신의 진화 모델을 밝혔는데, 특히 호모 사피엔스에게는 자연사(원문은 "natural science"라고 되어 있는데 박물학博物學이다. 인간 외부의 다양한 환경에 대한 이해를 말한다)적 정보와 사회적(social science) 정보를 유동적으로 종합할 수 있는 능력이 있다고 한다. 점말 동굴의 형성이 70만 년 전이고 어쩌면 한반도를 돌아다녔던 호모 에렉투스가 점말 동굴에 머물렀을 수도 있지만, 스티븐 미슨의 설명을 따르자면 이 앞다리뼈 얼굴상은 호모 사피엔스의 작품이 된다.

점말의 옛 조각가는 앞다리뼈 얼굴상으로 무엇을 했을까? 형태가 유치하기 때문에, 거창한 동물 제의 같은 것은 떠오르지 않았다. 서툴다는 점에서 양양 오산리에서 보았던 작은 얼굴 토우나 동삼리 패총 유적지의 조개 가면도 생각났다. 이 앞다리뼈 얼굴상은 아무래도 인형 같았다. 안면이 새겨진 다른 선사시대 예술품들은 크기가 다 작은데 이 털코뿔이 얼굴상은 갖고 놀 수 있을 만큼 충분히 크고 단단했기 때문이다. 점말의 어떤 어른이 아이들 갖고 놀라고 만들어 주었을지도 모른다. 점말 아이들이 이런 놀잇감을 갖고 장난치며 동굴 앞마당을 뛰어다니지는 않았을까?

이때의 놀이란 단순한 재미 이상이었을 것이다. 이 인형이 동물+인간이라는 기호적 종합에 의해 제작되었을 것이기 때문이다. 「우리가 인디언으로 알던 사람들」 전시에서 호피 인디언들의 제의 문화를 공부할 수 있었다. 호피 인디언들은 카치나라고 하는 인형을 다양하게 만든다. 각각은 '충복과 생명의 물', '독수리 춤', '나를 지키기 위한 일' 등 다양한 삶의 지혜를 상징한다. 호피 어른들은 아이들에게 의미가 담긴 인형을 주고 갖고 놀게 하면서, 다양한 신화를 함께 전하고 교육의 기회로 삼는다. 전시장에서 본 카치나 인형들의 크기가 대충 점말-앞다리뼈 얼굴상 정도였다.

카치나와 털코뿔이 얼굴상을 함께 놓고 떠올리니, 인형 놀이를 통해 자연의 이치와 부족의 가치관을 충분히 전달해 줄

수 있을 것 같았다. 문자 문화에 익숙한 우리는 공부는 책으로 한다고 생각한다. 그런데 무문자(無文字) 사회에서는 다양한 노래와 춤으로, 때로는 기하학적 추상 도형을 통해서 공동체적 지혜를 전수한다. 아프리카 무문자 사회의 전통 북소리를 연구했던 인류학자 가와다 준조에 따르면, 서아프리카 모시족은 둥둥 치는 북소리와 그에 맞는 여러 댄스 동작을 통해 몇십 대 이전까지 소급되는 부족의 역사를 전수한다고 한다.{가와다 준조, 『무문자 사회의 역사』 참고.} 모시족 아이들이라면 북소리 몇 번만 듣고도 그것이 몇 대 추장의 위엄과 공로를 기리는 것인지 금방 알아챌 수 있을 것이다. 북소리는 리듬을 통해 몸을 공명시키면서 전달된다. 기억은 머리가 아니라 몸이 하는 것이다. 교육은 머리로 정보를 받아들이는 일이 아니라, 몸으로 조상들과 리듬을 맞추는 일인 것이다. 점말 옛사람들도 앞다리뼈 얼굴상으로 동물과 인간들 사이의 관계라든가 용두산을 둘러싼 여러 신이한 사건들을 아이들에게 알려 주었을 것이다.

얼굴뼈 바로 옆에는 두 개의 뿔이 그대로 붙어 있는 사슴 두개골 윗부분이 놓여 있었다. 역시 장신구 혹은 놀잇감으로 보였다. 두 개의 뿔이 양 갈래로 우뚝 뻗어 있는데 오른쪽 뿔의 하단부가 조금 부서지기는 했지만 우아하면서도 기품이 느껴졌다. 이 사슴 두개골뼈 상부 가운데에 일부러 주먹찌르개로 뚫어 놓은 구멍이 있었다. 일부러 뚫었음은 확실했다. 유물 설명으로, 실제 뚫는 과정도 재현해 놓고 있었다. 점말 조각가는 사슴 이마에 왜 구멍을 뚫었을까? 왜 다른 동물이 아니라 꼭 사슴이어야 했을까?

사슴 두개골에 뿔이 여전히 달려 있다는 점에서부터 생각을 시작했다. 사슴은 예로부터 사냥감으로도 인기가 있었고 바로 그렇기 때문에 고마운 대상이었다. 단지 먹거리로서만이 아니라 상징적으로도 '사슴'은 이용할 만한 영적 기호인데, 몸이 동물인데 그 머리에 나무가 자라고 있기 때문이다. 사슴의 머리 뿔은 계절에 따라 부러지기도 하고 새로 나기도 한다. 이처럼 사슴은 양의적이면서도 순환적인 몸을 갖고 있어서, 산은 산이고 돌은 돌이라고밖에 생각하지 못하는 일상의 단순한 관점을 깨트리는 영물(靈物)이 된다. 동서고금의 많은 옛이야기에서 뭍에서도 살고 물에서도 사는 개구리나, 여러 번 죽고 사는 것처럼 보이는 뱀(허물벗기)을 주인공으로 하는 이유도 완전히 상반되는 것처럼 보이는 두 가지가 함께 있는 모습이 주는 황홀한 역설로 사람들을 끌어들이기 위해서다. 보이는 것이 다가 아니고, 다르지만 같은 것들로 촘촘히 엮인 것이 자연이기 때문이다.

우아한 사슴 두개(頭蓋)-뿔에 왜 구멍이 하나 뚫려 있을까? 정말 옛사람들이 사슴 머리뼈에 구멍을 뚫고 끈으로 묶어 목에 걸 생각을 했던 것이 아닐까? 혹은 끈으로 묶어 동굴 안 어딘가에 걸어 두었던 것이 아닐까? 특정한 장소에 그것을 두고, 특별한 때에 사슴의 탈을 쓴 자연의 영과 교감했던 것은 아닐까?

이런 추정을 해보는 이유는 지금까지 발굴된 후기 구석기 선사 예술이 전부 동물과의 교접을 중시했기 때문이다. 점말의 동물뼈 장식들은 영국 중석기 시대 유적 스타 카(Star Carr)에서 나온 사슴뿔 가면과도 닮은 점이 있었다. 스타 카 사람들은 주로 사슴을 사냥했다. 고고학자들은 이들이 사슴뿔 가면을 만들어 쓰고 축제를 했을 것이라고 추정한다.{스티븐 마이든, 『빙하 이후』, 179쪽 참고.} 물론 가면을 쓰고, 사슴을 유인해서 잡으려 했을 수도 있다. 그런데 여기서 핵심은, 두 경우 모두에서 사람이 스스로가 사슴이 될 수도 있다고 생각했다는 점이다. 스타 카의 사냥꾼들은 동물의 몸과 인간의 몸 사이에 어떤 근원적 차이도 없다고 간주했다. 점말 동굴 안에서도 사슴뼈가 많이 나왔다. 점말의 사냥꾼들도 스타 카의 사냥꾼들처럼 자신이 때로는 사슴이 된다고 생각했을 수 있다. 체험관에 많은 유물이 소개되어 있지는 않았다. 하지만 두 개의 장식물로 구석기 영성에 다가갈 충분한 힌트를 얻을 수 있었다.

점말 동굴에서는 구석기 사람들만이 아니라 신라 사람들도 영적 체험을 했었다고 한다. 체험관 안에 있는 동굴 실감 영상을 보니, 점말 동굴 바깥 출입구 근처 바위에 신라 사람들, 특히 화랑이 남긴 것으로 보이는 글씨가 빼곡했다(이는 박물관의 설명으로, 동굴 입구에 차단막이 있어 실제로 글씨를 확인할 수는 없었다). 주로 '아무개 다녀가다'였다. 누구나 오갈 만한 곳에 '다녀갔다'라고 쓸 사람은 없다. 특별한 곳, 쉽게 오기 어렵거나 머무는 데 위험이 따르는 곳에 우리는 자기 발자취를 남기며 그것을 기념한다. 신라 화랑들도 그랬다고 가정한다면, 점말의 신성성은 신라 시대에도 인정받고 있었던 셈이다.

동굴 근처에서는 탄생불도 나왔다. 진열장에는 발굴된 사슴 뿔 두개골 장식과 비슷한 크기의 석불이 있었다. 동굴이 신라시대 혹은 그 이후에 석굴 사원으로도 쓰였을 수 있겠다. 실제로 동굴 앞 공터에 작은 절이 있기도 했다고 한다. 신석기의 영성 탐구를 위해 들렀던 울산 반구대와 근처 천전리의 각석에서도 확인할 수 있었는데, 구석기 사람들이 좋아한 장소에 신석기 사람들이 매료되는 일은 드물지 않다. 정말 신성한 장소가 따로 있는 것일까? 아니면 사람이 오고가는 와중에 영성이 축적되는 것일까? 궁금함을 안고 전시실을 나와 답사단과 동굴이 있는 산 위로 오르기 시작했다.

점말 동굴, 건축가 없는 건축

체험관을 오른쪽으로 끼고 동굴로 가려니, 다시 300m 정도 산길을 올라야 했다. 주차장에서부터 시작했다 전시관 앞에서 끊겼던 나무 터널이 체험관 뒤쪽에서 다시 시작되고 있었다. 체험관 뒤쪽으로 다시 숲그늘이 길게 이어졌다. 도중에 점말 동굴 앞까지 가는 길은 다시 두 갈래로 나뉘어졌다. 왼편은 시내

　　　　　　　　　　　　　　　3부 선사의 영성

도 졸졸 흐르고 폭도 넓어서 자연스럽게 누군가의 집에 가는 느낌이 들었고, 오른편은 동굴 발굴 당시의 돌들로 짧은 석벽을 쌓아 놓기도 해서 인공적으로 사람을 긴장시키는 점이 있었다. 왼쪽 길에는 바닥에 야자나무 깔개가 깔려 있어서 푹신푹신 걷는 재미도 있었다. 어디로 갈까 고민하다가 오를 때는 왼쪽으로 내려올 때는 오른쪽으로 길을 잡자며 일단 시내 가까이로 다가갔다. 좁아졌다 넓어지고 어두워졌다 밝아지는 산길을 산짐승들과 함께 조금 걸어 동굴 입구에 이르렀다.

우리가 도착한 것은 초여름인 6월 하순의 오전이었다. 평일이라 방문객이 아무도 없었다. 동굴로 오르는 길은 개관한 체험관 덕분에 완전히 새롭게 정비되어 있어 깨끗했다. 매우 정결한 장소에 고요하게 다가간다는 느낌이 들었다. 지나치게 큰 소리로 수다를 떠는 것은 부담스러웠다.

그 긴장감의 정점에 점말 동굴이 있었다. 갑자기 길이 끊어지는 듯하더니 신기한 김이 솟아나고 있었다. 정말이지 〈전설의 고향〉에서나 볼 법한, 진짜 산신령님이 나타난다고 해도 전혀 이상하지 않을 정도로 영험한 분위기가 연출되고 있었다. 자연스럽게 '아~' 하는 감탄사가 나왔다. 원인은 동굴 석벽 좌우로 각각 작은 수원지가 있어서였다. 더워지는 초여름의 대기를 동굴 안의 물이 김을 내뿜으며 식히고 있었다. 오른쪽 수원지 안을 고개를 들이밀고 보았더니 뱀 한 마리가 휘리릭 벽을 타고 올라갔다. 과거에도 점말 동굴의 주민이 사람만은 아니었을 것이고, 지금도 점말 동굴은 죽은 장소가 아니었다. 누군가가 백팔배를 하고 가면 어떻겠냐고 했다. 자연스러운 제안이었다.

점말 동굴은 분명 자연 동굴인데 누가 잘 지어 놓은 건축물 같았다. 원래 석회암 지대가 넓게 형성되어 있었는데 70만 년 전 쯤 어느 순간에 그 가운데 부분이 움푹 무너졌다. 덕분에 동굴과 그 앞마당이 전체적으로 둥글게 파인 형태가 되었다. 높이가 30m 정도 되는 석회암 바위벽이 동굴을 양쪽으로 둘러싸는 모양이 자연스럽게 만들어졌다. 동굴 위쪽 석벽이 조금 기울어지기도 해서 처마 같아 보이기도 했다. 이런 형태를 두고 안내 표지판에 다음과 같은 설명이 붙어 있었다. "약해진 절벽이 무너져 병풍 형태가 되면서 햇볕이 잘 들고 바람을 막아 주는 구조가 되었다." 실용적인 설명이었지만, 실제로 점말 동굴 앞에 섰더니 성스러운 안정감이 들었다. 누군가 우리를 품어 주는 듯했다.

이는 동굴 입구가 있는 석벽을 중앙에 두고 앞에 원형 공터가 있기 때문이기도 했다. 그 양쪽으로, 아까 놀라면서 본 작은 동굴 형태의 수원지가 있는 것이다. 석벽에 있는 동굴의 네 입구들은 모두 성인 한 명의 키를 조금 웃돌 정도의 높이로 뚫려 있었다. 사람이 드나들기 어려워 보이는 왼편 두 개의 출입구는, 안에서 본다면 창문 같을 것이다. 오른쪽에 뚫린 두 개의 문 중에 위쪽에 있는 것이 조금 더 크기 때문에 주 출입구로 보였다. 그래도 여기로도 몸을 굽혀야만 들어갈 수 있을 듯 보였다. 점말 동굴은 동남향으로 입구가 뚫려 있으니 그 안에서는 창문을 통해 뜨고 지는 해와 달이 잘 보일 것이다. 이렇게 안마당과 동굴 전체가 그 안에 있으면 소리가 울릴 정도로 감싸인 구조라서 특별한 장소에 머문다는 생각이 확실히 들었다.

실제로 점말 옛사람들은 어떻게 생활했을까? 이 동굴 입구는 단양의 금굴이나 청주의 청석굴과 달랐다. 다른 동굴들은 모두 바닥에서부터 넓은 입구가 시작되고, 들어가면 점차로 굴이 좁아지는 형태다. 점말 동굴의 높은 입구는 무엇을 말해 주는 것일까? 이 동굴을 드나들려면 주민은 석벽을 계단을 오르듯이 타고 올라야 한다. 입구에서는 몸을 구부려야 하고 안으로 들어가면서는 미끄러지듯 해야 한다. 아주 어린 아이나 노인들, 몸이 불편한 사람에게는 무리다. 덕분에 공격적인 동물이나 낯선 외부인의 출입은 어렵지 않게 차단할 수는 있겠다.

이런 형태라면 내부 공동체 생활이 쉽지 않았을 것이다. 통금 시간을 정할 수도 있고(해 지기 전에 들어오고 해 뜨고 나서 나간다거나), 신체에 관한 사항 등을 규제할 수도 있다(씻고 들어와야 한다거나). 출입에 규칙이 생길 수밖에 없겠다. 그에 따라 식구들 사이에 어떤 차별이 나타날 수도 있다. 나는 석벽 앞에서 점말 동굴 내부를 상상했다. 낙석 방지 펜스가 쳐져 있어 실제로 동굴 입구를 오를 수가 없었기 때문이다. 표지판 설명에 따르면 구멍 안으로 들어가면 너비가 2~3m이고, 길이는

12~13m인 방이 나온다고 한다. 작은 입구를 통해 미끄러져 내려가서 안에 쏙 머무는 형태인 것이다. 내부가 뻥 뚫린 형태인지, 아니면 여러 방실이 있는 형태인지는 밖에서 보아 알 수 없었다.

이렇게 깊이감을 느낄 수 있는 공간일 테지만 갑갑하지는 않을 것 같았다. 밖에서 보이는 저 네 개의 입구가 안에서 충분히 빛을 받을 수 있게 할 것이기 때문이다. 여기서 더 생각하니, 동굴 출입에 규칙이 있었다 해도 점말에서 차별은 불가능했다. 애초에 이 동굴에 들어가서 함께 있을 수 있는 사람의 수가 열 명을 넘기 어려울 것이기 때문이다. 다 같이 힘을 모아야 할 일이 더 많았을 텐데, 시기하고 질투하고 할 필요는 없었을 것이다. 무엇보다 이들은 드나들기 어려운 만큼 살면서 점점 더 서로 리듬을 잘 맞추는 사이였을 것이다.

동굴 밖 안마당도 다르게 보였다. 어쩌면 생활 전반이 바깥에서 이루어졌을지도 모른다. 노인과 아이들이 있었다고 가정하면, 당연히 식구들 대부분이 바깥에 더 많이 머물게 될 것이다. 밤에 자주 깨거나 여러 가지로 필요한 것이 많을 노약자를 돌보기 위해서는 보호자들도 그들 가까이에 있어야 하기 때문이다. 그렇다면 동굴 안으로 점말 옛사람들의 주거 생활을 한정할 필요는 없겠다.

고고학자들이 점말 동굴 안에서 화덕자리도 찾았다고 한다. 환풍구는 충분했으니 습기나 온도를 불로 조절해야 했을

　　　　3부 선사의 영성

것이다. 그런데 안에서 요리도 했을까? 동굴 안에서 석기로 찍은 동물뼈 조각들이 많이 나왔다고 하니 식사를 했을 가능성도 있다. 그런데 이웃 동굴 주민들을 초대해 파티를 하기에는 안마당이 더 좋지 않았을까? 불멍을 하거나 캄캄한 밤에 별자리를 헤아리는 일도 점말의 안마당이라면 근사할 것이다. 〈시흥오이도박물관〉이나 서울 〈암사동선사유적박물관〉에서 신석기 주거 공간이 내부적으로 잘 분할되어 있었다. 그런데 이렇게 동굴의 안과 밖을 모두 생활터로 썼다고 한다면 점말의 '구석기' 옛사람들도 어느 정도는 공간을 용도별로 나누어서 썼다고 볼 수 있겠다.

떠나려고 보니, 점말 옛사람들이 살기 편한 곳을 택하지 않고 산속 깊이 드나들기 어려운 장소를 찾아 생활을 꾸려 갔다는 점이 눈에 새롭게 들어왔다. 점말 동굴은 그 자체도 주변도 단순하지 않고 복잡했다. 이런 특이한 지형이 점말인들에게는 지적 도전이 되었을 것이다. 토속 건축을 찾아다니며 연구하는 건축사가 버나드 루도프스키는 선사 혹은 여러 민속 건축 대부분이 자연을 거스르지 않고 오히려 도전적인 환경에 몸을 맡기는 형태라고 주장했다. 루도프스키는 '토속'을 자연이 주는 공간적·윤리적 상상력에 이끌리는 삶의 방식으로 정의한다. 점말 동굴이야말로 토속적이었다.

루도프스키의 책에는 특히 험준한 환경을 주거지로 선택한 사람들 이야기가 많이 나온다. 그가 소개하는 건축물 중에 아나톨리아반도 카파도키아의 괴레메(Göreme)가 있다. 터키식 점말 동굴이라고 할 수 있다. 이곳은 화산 폭발로 인해 현무암과 두꺼운 응회암 층으로 뒤덮인 땅에 일부러 만든 인공-자연 주거지이다. 터키 옛사람들은 수백만 년 전에 화산에서 방출된 화산재가 부드러운 암석으로 굳어진 응회암 기둥에 구멍을 뚫어 살 곳을 만들었다.(버나드 루도프스키, 『건축가 없는 건축』, 58~59쪽.) 그런데 이곳을 방문한 관광객들의 영상을 보면, 그 지역은 호수나 강이 있지도 않고 숲도 우거져 있지 않다. 온대 한반도만 경험해 본 나의 기준에서 괴레메는 배산임수와 아무 상관없는 척박하기 그지없는 환경이다. 하지만 괴레메의 옛사람들은 이렇게 투박한 암석 기둥들을 자신이 머물다 죽을 곳이라고 생각했다. 직접 가 보지 않고서는 짐작하기 어려운 지적이고 영적인 기운이 그 장소에 서려 있음이 분명하다. '살 만하다'의 기준은 사람마다, 장소마다 다 다르다.

자연 조건에 맞추어 살기 위해서는 주변 환경을 있는 그대로 받아들여야 한다. 점말 동굴 안 사람들은 서로를 어떻게 생각했을까? 좋은 놈, 나쁜 놈, 이상한 놈 가리지 않았을 것이다. 동굴의 크기를 감안했을 때, 그리고 오목한 형태로 동굴을 감싼 석벽과 작은 안마당을 고려했을 때, 점말인들은 집단의 규모를 쉽게 키울 수 없었다. 쌍둥이라도 태어나거나, 피치 못할 사정이라도 생긴다면 점말인들은 쉽게 분가를 선택했을지도 모른다. 가볍게 떠날 수 있다면 또 아무렇지 않게 찾아올 수도 있지 않을까? 입구가 높아 폐쇄적으로 보일 수도 있지만, 점말의 앞마당에서는 누구라도 어렵지 않게 텐트를 쳤을 것이다. 이들이 혈연에 딱 맞추어서 제 식구만 챙겼을 리는 없다. 옛사람들은 느슨하지만 서로 의지하면서 잘 사는 기술을 점말 동굴을 통해 개발했을 것이다.

〈충북대학교박물관〉

선사의 미켈란젤로를 찾아서

점말 동굴에 가서 보니, 옛사람들의 활동이 대부분 동굴 앞마당을 포함한 야외에서 이루어졌겠다는 생각이 들었다. 그런데 정말 동굴 안에서만 했을 법한 활동도 있지 않을까? 예를 들면 털코뿔이 앞다리뼈 조각이나 사슴 두개골 장식과 같은 영적 예술품들은 제작 자체를 동굴 안에서 했을 수 있다. 후기 구석기 예술가들의 활약을 집중적으로 찾아볼 수 있는 것도 구석기 동굴이다. 인류 최초의 암벽화라고 할 수 있는 남프랑스의 라스코 동굴이나 스페인 알타미라 동굴에는 선사인들이 기도하고 예술 활동을 한 흔적이 가득하다. 나카자와 신이치는 인류 최고(最古)의 철학은 동굴 안에서 이루어졌을 것이라고 한다.(나카자와 신이치, 『대칭성 인류학』, 155쪽 참고.) 동굴의 조각가가 그저 취미에 따라 소일하는 조각가가 아니었다는 말이다.

동굴이 영적인 장소일 수밖에 없는 이유, 점말 옛사람들이 기도를 잘했을 것 같은 이유는 동굴의 내부 형태에서 찾을 수 있다. 단양 수양개에서 구석기 실리콘밸리를 확인하고 난 뒤에 고수 동굴을 다녀왔었다. 고수 동굴에서 답사단은 아름다운 종유석들로 꽉 찬 구불구불한 공간을 섰다 구부렸다 앉았다 하면서 거의 40분 동안 한 줄로 서서 이동했다. 중간중간에 물이 뚝뚝 떨어지는 소리도 들었고, 어딘가에서는 갑자기 박쥐가 튀어나와 깜짝 놀라기도 했다. 나는 굴이 무너질 수도 있고 그 안에서 무슨 일이 생기면 쉽게 나올 수도 없다는 생각이 들어 내내 불안했다. 특히 아주 비좁게 몸을 굽힐 수도 없이 선 채로 계단을 내려오게 되어 있는 구간에서는 없던 두통까지 올라와 식은 땀을 흘리며 괴로워했다. 동굴은 정신적으로나 육체적으로 나를 위축시켰다. 어떻게 이런 압박감 속에서 인류 최고의 철학이 나오는가?

일본의 건축가 구마 겐고(隈研吾)는 동굴의 공간성을 현대적으로 해석한다. 동굴이 '관계의 철학' 공간일 수 있기 때문이다. 굴은 깊고 캄캄해서 안에 무엇이 존재하는지 알 수 없다. 그렇지만 굴 저편에는 늘 뭔가가 존재하고 동굴 안은 늘 저편을 향해 뚫려 있다. 구마 겐고가 보기에 동굴은 저쪽과 이쪽을 의식적으로 연결하는 공간이다. 그러므로 동굴에서의 사유는 사

　　　　　　　　　　　　3부 선사의 영성

물과 사물, 사람과 사람, 사회와 사회를 겹겹이 연결하는 활동일 수밖에 없다.{구마 겐고, 『구마 겐고, 건축을 말하다』, 44쪽 참고.}

내가 고수 동굴에서 긴장했던 이유도 '저편에 뭔가가 있다'라는 점을 무의식적으로 느꼈기 때문이리라. 존재하는 이편만이 아니라, 알 수 없는 저편에 무의식적으로 계속 이끌리기 때문에 그 사이에서 공포를 경험한 것이다. 평소에는 코앞으로 닥치는 바쁜 일에 정신없는 나 같은 사람도 동굴에 들어가니 의식이 크게 열렸다고 할 수 있고, 그런 식의 정신의 확장은 평범한 사람으로서는 감당하기 어려울지도 모른다. 그런 조건인데 그 안에서 기도를 하고 예술 활동까지 했다면 선사인들은 대단한 영적 훈련을 했다고도 볼 수 있겠다.

남프랑스의 라스코 동굴이라든가 스페인의 알타미라 동굴이라든가 선사의 동굴 벽화를 가득 채우는 것은 수많은 동물들과 반인반수의 형상이다. 선사인들은 동굴 안에서 빛과 어둠, 여기와 저기, 사람과 동물, 생과 죽음의 관계를 바로 그런 식으로 이해했다. 인류의 동굴 예술이란 바로 그런 태초의 철학인 것이다. 점말 동굴의 털코뿔이 앞다리뼈 안면상은 사자-인간처럼 세련되지는 못했다. 그렇지만 그 안면상도 아주 옛날 누군가가 점말 동굴 안에서 자연의 이치에 다가가려 한 흔적이었다.

홍수 아이의 집은 어디인가?

동굴에서 나온 예술품들을 조금 더 알아보고 싶은 마음에 바로 다음날 한반도 중원의 구석기 유물을 체계적으로 소개하는 〈충북대학교박물관〉으로 향했다. 전국에 흩어져 있는 답사단에게 갑자기 '충북대가 있는 청주로 오세요' 하기는 어려워 이번에는 혼자 세종 집을 나섰다. 금요일 아침인데, 학생들은 다 수업에 들어갔는지 충북대학교가 아주 조용했다. 이런 대학에는 전문 고고학자들이 있을 것이다. 전문 자료들을 많이 구할 수 있고, 현장의 고고학자들과 토론도 할 수 있는 그 선생님들이 부럽기도 했다. 하지만 어떤 연구기관에 소속되어 성과를 내고 커리어를 쌓아야 한다는 부담 없이, 그저 개인적 열정에 사로잡혀 평일 낮에 돌아다니고 있는 이런 인류학도 괜찮다는 생각이 들었다. 자기 질문을 쭉 따라가면서 학파가 강요하는 편견에 시달리지 않는 여유가 있기 때문이다. 나는 경쟁하지 않아도 된다. 업적과 평가로부터 자유로울 수 있다.

〈충북대학교박물관〉은 2층으로 된 아담한 건물인데 그 앞으로 처용 장승이 둘 서 있었다. 부부라고 보기 어려운 장승 커플이어서 신기했다. 둘 모두 뭉툭한 얼굴이 아주 남성적이었기 때문이다. 마침 내리기 시작한 장맛비 덕분에 두 장승들이 용처럼 하늘로 오르고 싶어 하는 것도 같았다.

급하게 오느라 따로 조사를 못하고 온 덕분에 오히려 놀라운 동상과 유물을 1층의 상설전시실에서 만났다. 홍수라는 이름의 아이 등신상과 그 인골이었다. 홍수 아이에 대해서는 한반도 구석기 문화를 소개하는 여러 책에서 익히 들어 알고 있었다. 1978년에 충북 청원군(현 청주시 상당구) 문의면 두루봉에서 석회암 광산을 운영하던 김흥수(金興洙) 선생님이 채굴 도중 곰 등 여러 가지 동물 뼈와 상아와 함께 인골 두 구를 발견하셨다. 충북대학교팀에 구체적인 발굴과 감정을 의뢰하셨고, 일단 4만 년 전 인골로 정리되었다. 그런데 이후 여러 차례 인골 분석에 문제가 제기되어 '4만 년 전 인골이다, 아니다'로 아주 논란이 많았다. 선사시대에 관심이 없었을 때에도 뉴스에서 종종 홍수 아이에 대한 갑론을박을 들었었다. 그 유명한 홍수 아이를 〈충북대학교박물관〉에서 볼 줄이야!

홍수 아이의 인골 논쟁이란 무엇인가? 만약 홍수 아이의 인골이 4만 년 전의 것이라면 한반도 유일무이의 구석기 유골이 될 것이고, 전 세계적으로도 아주 드문 사례로 중요한 연구 대상으로 평가받을 수 있다. 그런데 홍수 아이는 여전히 학계에서 논란이 많다. 2018년에 고인류학자 이상희 선생님이 홍수 아이의 인골을 직접 분석하고 논문을 발표하셨다. 거기에서 선생님은 홍수 아이가 후기 구석기 두루봉에서 산 것은 아니라고 잠정적으로 결론 내리셨다. 홍수 아이의 치아에서 고르게 충치가 발견되었는데, 이는 육식 위주로 식생활을 했을 후기 구석기인으로서는 무리이기 때문이다. 게다가 1만 년 단위로 이루어지는 인골의 화석화 과정을 감안했을 때 홍수 아이의 뼈는 아직 화석화가 이루어지지도 않았다. 무엇보다 전 세계적으로 후기 구석기 매장, 즉 호모 사피엔스의 장례는 특별한 개인으로 한정되며, 화려한 부장품과 함께 치러졌다고 알려져 있다. 때문에 주변에서 꽃가루 정도만 발견되었을 뿐인 홍수 아이의 매장 방식은 4만 년 전의 것이라고 보기 어렵다는 것이다. (윤신영, 「국내 最古 유골 홍수아이, 구석기인 아닐 수도」, 『동아사이언스』, 2018년 3월 2일자 기사.)

　여기에 대한 반론도 만만치 않았다. 〈충북대학교박물관〉을 다녀온 뒤, 지역의 역사 선생님과 함께 두루봉 동굴이 있던 자리를 찾아갔다. 선생님은 홍수 아이가 발견된 태토가 구석기 시대의 것인데, 일부러 후대 사람들이 그 시대 흙까지 파헤쳐 인골을 묻었다고 볼 수는 없겠다 하셨다. 이런 논쟁이 진행되는 것 자체가 흥미롭다. 과거에 대한 해석의 여지를 열어 둠으로써, 현재의 고고학계는 자기 한계를 인정한다. 홍수 아이를 연구하고 또 좋아하는 사람들은 내가 갖고 있는 지식이 제한적이라는 것을 알고 있다. 고고학은 진실을 확정하기보다는 진실의 가능성을 넓히는 학문이었다.

　홍수 아이의 뼈는 〈국립중앙박물관〉에서 본 장항 유적의 어른 인골과는 다른 느낌이었다. 연구자야 미래 지향적으로 계속 홍수 아이의 진실을 향해 달려가면 된다지만, 고고학계의 입장에 따라 선사인이 되기도 하고 역사인이 되기도 하는 아이

의 인골을 직접 보니 그 당사자에게 미안한 마음이 들었다. 〈충
북대학교박물관〉은 전체적으로 작기도 작았지만 아주 어두웠
던 데다가 관람객이 나 혼자여서 정말 작은 예배당에 들어간
느낌이 들었다. 그런 장소에서 흙으로 돌아가지도 못하고 박물
관 환한 조명 아래 노골적으로 누워 있다니, 홍수 아이의 가족
이라면 마음 아픈 일일 것이다. 인골을 자세히 보니 하늘을 보
고 누운 모습에 고개가 옆으로 돌아가 있고 턱아래뼈가 탈골되
어 있었다. 그것도 미안한 노릇이었다. 매장 당시에도 고개가
틀어져 있었던 것인지 유추하기는 어렵지만(4만 년 전에 묻혔다
면 더더욱), 홍수 아이는 어린 자식의 이른 죽음에 가슴을 부여
잡으며 부모가 귀하게 묻은 아이였다. 나는 홍수 아이 앞에서
조용히 묵례를 했다.

　　홍수 아이 뒤로 다른 동물뼈들이 보였다. 〈충북대학교박
물관〉은 전시 공간이 단출함에도 불구하고 한반도 중원 구석
기 문화를 자세히 소개할 뿐만 아니라 발굴된 동굴의 동물뼈들
에 살을 붙여 검치호랑이나 동굴곰들을 충실하게 재현해 놓고
있었다. 제천 〈점말동굴유적체험관〉에서 파편적으로 나온 뼈
들만 보다가 그 전부가 하나의 뼈대 위에 자리 잡고 있는 모습
을 보니, 정말로 한때는 저 동물들이 살아 있었구나를 생생하
게 느낄 수 있었다. 홍수 아이의 뼈처럼, 이 동물들의 뼈도 박물
관이 아니라 흙으로 돌아갔어야 한다는 생각도 들었다.

　　홍수 아이의 부모는 왜 아이를 두루봉 동굴로 데려갔을

까? 동굴에서는 홍수 아이말고 다른 동물뼈들, 심지어 쌍코뿔이의 뼈도 발견되었다. 아이를 묻은 가족들은 동물의 뼈와 사람의 뼈를 똑같이 생각했던 것이다. 신석기 패총 유적지에서는 조개껍데기와 함께 인골이 발견되는 일이 흔하다. 옛사람들은 생명이 본디 흙에서 나왔고 다시 흙으로 돌아간다고 생각했기에, 흙으로 돌아가는 다른 생물의 사체를 똑같이 귀하게 바라보았던 것은 아닐까? 두루봉 동굴이 홍수 아이의 묘지로 선택된 이유는 그곳에서 아주 많은 동물들이 생을 마감했기 때문이리라.

물고기 그림, 두 개의 안면상, 사슴뿔 치레걸이 : 동굴 아트

동굴처럼 어두컴컴한 〈충북대학교박물관〉 상설전시실에는, 한반도 구석기 유물 연표와 인류 진화의 전개를 두개골을 통해 보여 주는 모형물들이 알아보기 쉽게 잘 소개되어 있었다. 단양 구낭굴 유적에서 나온 사슴뼈들, 단양 수양개 석기 제작소 유적에서 나온 석기 연모들(몸돌, 모룻돌, 흑요석 석기, 격지, 돌날몸돌)도 아주 보기 좋았다. 무엇보다 그렇게 찾던 동굴 예술품들이 있었다. 모두 두루봉 동굴에서 나온 것들이었다. 두루봉은 홍수 아이도 선사 예술가들도 함께 자취를 남긴 곳이니 과연 영험하다 하겠다.

예술품으로는 들소머리 모양 예술품, 안면 예술품, 치레걸이가 있었다. 그 밖에 동물뼈(어떤 동물의 뼈인지에 대해서는 설명이 없었다)에 물고기 모양을 그린 것이 있었다. 자세히 보면 새 같기도 했다. 더 자세히 보니 이것이 바로 단양 수양개에서 사진으로만 보았던 바로 그 물고기 조각의 진품이었다. 뜻밖의 박물관에서 생각지도 않게 진품을 보니 헤어졌던 옛 친구를 만난 듯 반가웠다.

두루봉 동굴에서 나온 예술품들은 점말 동굴의 두 예술품과 밀접하게 관련이 있는 큰 특징들이 있었다. 첫째, 들소머리나 안면 예술품에서 강조하는 것은 역시 얼굴이었다. 두 조각 모두 아주 서툴게 구멍을 뚫어 눈코입을 만들어 놓았는데 사람의 얼굴을 흉내 낸 듯했다. 들소머리의 경우, 양쪽에 뿔 모양을 조금 살려 놓기는 했지만 코와 입 부분이 거의 튀어나와 있지 않아 꼭 들소라고 하기는 애매했다. 안면 예술품의 경우는 크키가 성인의 엄지손가락 정도로 작았고, 일부러 쪼갰다기보다 어쩌다 생긴 동물뼈 파편에 서툰 솜씨로 콕, 콕, 꼬옥 하는 식으로 새긴 것 같아 정말 의도가 들어간 예술품인지 의심스러웠다. 들소머리 예술품과 안면 예술품 모두 점말 동굴의 앞다리뼈 안면상처럼 너무 서툴게 손본 흔적이 역력했다. 들소머리 예술품 같은 경우는 한쪽 눈이 너무 크게 뚫려서 작업자가 도구를 많이 다뤄 보지 않았다는 느낌도 들었다. 그래도 학계에서 인정받은 것일 테니 나도 예술품이라고 인정할 수밖에 없었다.

〈국립중앙박물관〉에 가면 선사관 끝, 역사관으로 넘어가는 길목에 신석기 예술품들이 전시되어 있다. 앞서 찾아 보았던 동삼동의 조개 가면도 진품으로 전시되어 있다. 박물관은 전체 7개의 구역으로 나뉜 선사 예술품들 섹션의 하나를 전부 안면상으로 채워 놓는다. 조개 가면도 사람이 쓰기 어려운 정도이고, 안면상들이 전부 다 엄지손가락 길이로 아주 작다. 그런데 신석기와 마찬가지로 한반도 구석기 예술의 대표 상징도 얼굴이었다. 한반도 선사의 옛사람들은 유독 얼굴을 사랑해, 그것으로 다양한 지혜를 표현하고 전수했다.

두루봉의 두 안면상을 지나니, 오른쪽에 예술품 중에서도 최고(最高)라고 할 만한 치레걸이(장신구)가 나왔다. 사슴뿔 두 개를 실에 묶어 만든 것인데, 사슴 두개(頭蓋)에서 뿔이 나오는 부분을 짧게 잘라 각각 독특한 무늬가 나오게 했다. 그리고 뿔 하단에 구멍을 뚫어 실로 엮었다. 사슴뿔 자체가 애초에 예술 미가 뛰어난 자연물임을 알 수 있었다. 두루봉 옛 조각가는 사슴뿔 자체로부터 아름다움을 보았음이 틀림없었다.

점말 동굴의 사슴 모양 장식에도 한가운데 구멍이 뚫려 있었다. 확실히 사슴의 뿔 달린 두개골이 주는 야생적 아름다움은 구석기인들의 마음을 크게 움직인 모양이다. 장신구를 잘 착용하지 않는 나도 한번 걸어 보고 싶을 정도로 우아한 멋이 느껴졌다. 다른 동물의 뿔로도 치레걸이를 만들었을까?

두루봉의 두 안면상 예술품이 인형류의 장난감이었고 치레걸이는 성인 장신구였다고 한다면, 두루봉 옛사람들의 작은 사회를 상상할 수 있다. 장난감이 인형류라면 그 안에 교육적 기능을 담았을 것이다. 장신구는 어떻게 보아야 할까? 장신구란 본디 내가 어떤 사람인지를 타인에게 보이기 위해 거는 물건이다. 사슴뿔 목걸이를 한 그 사람은 누구에게 잘 보이고 싶었을까? 우정의 장면, 구애의 장면 등이 떠오른다. 그런데 이들의 공동체를 혈연에 끈끈하게 기반을 두었다고 볼 필요는 없겠다. 서로서로 가르칠 것이 있고 자랑할 것이 있었던 사람들이 모여 살았다고 생각하면 된다.

네 점의 예술품들이 모두 동굴 안에서 나왔다는 점을 확인하면서, 동굴에서는 아마추어든 프로든 동물의 뼈를 갖고 자연과 인생의 관계를 탐구했다고 확신할 수 있었다. 앞에서 몇 차례 언급했던 인류학자 장 클로트는 다양한 지역의 동굴 벽화들을 분석한 뒤 선사적 사고의 특징을 다음 네 가지로 정리했다. 이 특징들은 점말 동굴, 두루봉 동굴에서 볼 수 있는 한반도 동굴 예술을 이해하는 데에도 도움을 준다.

첫째, 이종(異種)적 관계성이다. 장 클로트는 중앙아시아의 사코-스키타이족이 죽은 말을 매장할 때 항상 소의 뿔이나 사슴뿔을 함께 갈아 넣는다는 점에 주목했다. 사코-스키타이족은 소를 사슴으로 대체할 수도 있고, 그 반대의 경우도 가능하다고 생각했다. 전혀 다른 외양이나 성격을 지닌 동물들 사이에 특별한 연결 고리를 설정하는 사고가 야생의 부족들에게서 종종 발견된다는 것이다. 점말 동굴과 두루봉 동굴의 예술품도 마찬가지였다. 사슴의 뿔을 목걸이로 만들어 거는 풍습이 있었다면, 사람을 사슴처럼 보기도 했다는 의미이다. 인간과 사슴 사이의 깊은 관계성이 설정되어 있었으니 대단히 이종적이었다.

둘째, 유동성이다. 북아메리카 남동부에 있는, 켄터키주의 테네시에는 햇빛이 전혀 들지 않는 동굴에 칠면조 암각화가 있다. 천 년 전 미시시피 문화에서는 칠면조를 용감한 전사로 보았는데, 칠면조의 육수(肉垂; 늘어진 군살)가 살해한 적의 머리 가죽처럼 생겼기 때문이다. 칠면조는 적의 머리를 벗기는 문화에서 전사의 용맹한 정신을 의미했다. 장 클로트는 특정한 관념이 동물에게나 인간에게 두루 분유(分有)할 수 있다는 의미에서 선사적 의식이 '유동적'이었다고 한다. 점말 동굴에서와 같이 '안면'이 사람의 얼굴에도 털코뿔이의 앞다리에서도 나타날 수 있다면, 이때에도 유동적 인식이 작동했다고 할 수 있다.

셋째, 복잡성이다. 라스코 동굴 벽화에는 수많은 황소들과 사슴, 말 그림이 그려져 있다. 이것은 그 지역에서 확인할 수 있는 동물들의 재현이 아니다. 장 클로트가 보기에, 선사인들은 '몸집이 큰 육상 동물들의 활발한 움직임'으로 생명의 활기라든가 존재의 역동성을 말하려 했다. 형상을 사실적으로 지시하기 위해서가 아니라, 형상에 담긴 힘을 포착하고 얻기를 소망하면서 특정한 대상을 추상적 의미가 담긴 기호로 썼다는 것이다. 점말과 두루봉 옛사람들은 동물뼈에 인간의 얼굴도 새기고 물고기도 그렸다. 육지 동물의 단단한 뼈에 헤엄치는 물고기를 표현함으로써 '생명의 확고한 역동성'을 사유했다. 그들의 사고는 이렇게까지 복잡했다.

마지막으로, 장 클로트는 유동적이면서도 복잡한 세계에서 펼쳐지는 만물의 상호 연결을 강조하면서 동굴 예술의 '침투성'을 강조한다. 이 침투성은 존재하는 모든 물질이 물적 인과성으로, 인연의 연관성으로 다 연결되어 있다는 믿음에 그 기반을 둔다. 그래서 점말 동굴, 두루봉 동굴의 선사 예술가들도 자신이 생각한 바를 사슴의 뿔에, 털코뿔이의 앞다리에 거침없이 투영했다.

청주, 옥산 소로리

소로리카, 선사 가드너들의 작은 실험

〈충북대학교박물관〉 전시실 맨 안쪽엔 볍씨들이 있었다. 구석기 유물만 있을 줄 알았는데 볍씨가 웬 말인가? 한반도 최초의 재배 흔적인 소로리 볍씨였다. 구석기인들이 재배를 했을까? 그것은 아니었고 대략 1만 5천 년 전 재배의 아주 작은 흔적이었다. 홍수 아이가 4만 년 전 구석기인이고 소로리볍씨가 인류 농경의 일반적 기점인 1만 년 전의 것이라고 가정해 본다면,

〈충북대학교박물관〉에서 아우르는 선사시대는 무려 3만 년이나 된다. 정말 엄청난 스케일의 박물관이다.

소로리 볍씨는 소로리의 토탄층 분석 결과 1만 5천 년 전의 것으로 추정이 된다. 1만 5천 년 전이면 인류 신석기 혁명의 증거가 되는, 고대 메소포타미아에서의 재배 시기인 10000년 전보다 훨씬 앞선다. 소로리가 세계 최초의 벼 재배지였던 것이다. 소로리 볍씨 이전에 한반도 최초의 볍씨로 알려진 것은 경기도 일산에서 발견된 가와지 볍씨였다. 가와지 볍씨는 5천 년 전의 것으로 재배가 훨씬 더 강화된 것이라는데, 소로리 볍씨와는 품종도 완전히 다르다고 한다.

소로리 볍씨에서 중요하게 확인해야 할 부분은 홈날석기가 닿은 부분이었다. 잘 보이지는 않았다. 볍씨를 확대한 영상으로 만족해야 했다. 인류 신석기혁명을 견인한 활동이 재배다. 그 의미는 식물의 단종화다. 야생의 볍씨는 익으면 절로 떨어진다. 그런데 재배종은 사람이 석기로 볍씨를 떨어 주다 보니, 스스로는 씨를 떨어뜨리지 않는다. 소로리에서 출토된 것은 홈날석기를 이용해 잘린 흔적이 있는 볍씨들이었다. 익었는데도 사람의 손길을 기다려야 했다니, 볍씨도 인간도 서로 강하게 유착될 수밖에 없겠다. 이런 유착은 주로 단일한 품종을 반복적으로 세대 유전시켰을 때 더 강화된다.

소로리카(소로리 볍씨의 학명) 옆에는 또 다른 씨앗들도 있었다. 소로리에서는 현재 우리가 먹는 쌀인 자포니카종은 물론이고 동남아시아에서 나오는 길쭉한 쌀인 인디카종, 유사 볍씨로 알려져 있는 쾌시까지 수확되었다. 소로리에서는 다양한 야생 씨앗의 재배 실험이 있었던 것이다. 그렇다면 소로리 옛사람들에게 단종화에 대한 열망은 없었다고 해야 하지 않을까?

소로리의 옛 농부는 어떤 사람들이었을까? 농부들은 남자였을까, 여자였을까? 서로 같은 땅에서 협업을 했을까? 아니면 분화된 방식으로 일을 했을까? 야생종마다 관리자가 따로 있었을까? 일반적으로 석기 시대를 다루는 고고학은 재배가 있었던 장소라면 반드시 정주의 흔적도 있었을 것으로 가정한다. 손이 많이 가는 경작지 바로 옆에 살림터를 크게 마련했을 것으로 보는 것이다. 그런데 소로리에서는 화덕 등의 정주 흔적은 발견되지 않았다. 다른 유물이 거의 나오지 않아서 소로리 농부에 대해 알 수 있는 것은 없다. 그런데 여러 야생 품종들이 발견되었다면, 이런 식물학적 실험을 꾸린 어떤 연구자 집단이 있었다고 해야 하지 않을까? 소로리는 식물학자들 몇몇이서 들에 앉아 여러 가지 방식으로 재배를 논했던 실험장이었을 수 있다. 그들이라면 잉여생산에는 관심이 없었을 것이다.

데이비드 그레이버와 데이비드 웬그로는 인류가 신석기로 넘어가는 과정을 연구했다. 두 인류학자는 인류 재배에 대해 '어쩌다' 가설을 제시한다. 마음에 드는 식물의 '줄기를 얻기 위해' 알곡을 떨어내는 과정에서 재배종이 탄생했다는 것이다. 두 데이비드 선생님들은 채집에 능했을 신석기인들에게는 알

곡보다는 식물의 줄기가 더 쓰임이 많았을 것이라고까지 해석한다. 식물의 대(줄기)는 집 자리를 꾸미거나 바구니를 짜는 데에 큰 쓸모가 있을 것이기 때문이다. 보기에도 좋고 줄기도 튼튼하다면 주거지 내외부의 장식에도 효과적일 것이다. 또, 꼭 많이 생산하기 위해서 재배한 것이 아닐 수 있다. 작년에 예쁘고 맛도 있던 식물 몇 종을 올해 또 보고 싶어서, 그런 작은 기대로 재배가 시작되었을 수도 있다. 두 인류학자는 이런 형태를 '재배'라고 부르지 말고 '텃밭 가꾸기' 정도로 생각하자고 제안한다. 소로리의 농부는 들판 꾸미기를 좋아하는 가드너였을 수도 있겠다.

소로리, 세상 모든 벼들의 작은 고향

박물관을 나와 진짜 소로리로 향했다. 〈충북대학교박물관〉에서 출발하니 20분 정도 걸렸다. 출근 시간이 훌쩍 지난 뒤인데 길에는 큰 트럭이 많았다. 가는 길에는 큰 공장 단지들이 이어져 있었다. 소로리 볍씨는 새롭게 공장 부지를 개발하는 와중에 출토되었다고 한다.

소로리에 도착하니 당연히 고대의 흔적은 보이지 않았다. 대신 박물관에서 본 볍씨들처럼 아담한 '소로리 쌀 상회'라는 카페가 있었다. 카페 자체가 소로리 벼에 대한 사랑이 넘쳐나는 '볍씨 박물관'이었다. 소로리 농부들이 직접 운영하는 곳인데, 소로리에서 재배된 쌀로 만든 다양한 쌀빵들도 판매되고 있었다. 소로리 쌀은 찰기가 있고 영양이 많아 밥맛 아는 사람들 사이에서 큰 명성을 얻고 있다고 했다. 소로리의 이모저모를 소개한 엽서들도 있고 무엇보다 카페 안이 벼 이삭으로 다양하게 꾸며져 있어 공부가 되었다. 박물관에서는 볍씨만 보았는데, 그 볍씨에 대가 있고, 대가 뿌리 내렸던 땅도 있었다. 어느 하나 버릴 것 없이, 사람을 배불리고 그의 생활터를 가꾸는데 도움이 되었을 것이다.

〈충북대학교박물관〉에서 머리를 너무 썼는지 허기가 졌다. 커피를 한잔 주문했는데, 사장님께서 알이 작은 감자 몇 알을 삶았다며 먹어 보라 하셨다. 약간 포슬한 느낌도 나면서 부드럽게 입안에서 녹았다. 소로리에서 난 것이라며, 토마토도 두 알이나 주셨다. 알감자처럼 귀여우면서도 싱싱하고 상큼했다. 볍씨도 작더니, 쌀 상회 카페도 작고, 감자도 토마토도 작았다. 그때 카페 한 벽면을 채운 소로리 지도가 들어왔다. 소로리는 마을도 작았다. 그러니 논들도 다랑이 논이었다. 확실하게 각이 진 대규모 논이 아니라, 근처 미호강을 끼고 물길을 따라 지세를 따라 구불구불, 아기자기하게 구획되어 있는 논이었다.

모든 것이 작다니? 논과 밭들은 규모가 크지 않고 제각각 따로인 모습이었다. 그네가 두 개밖에 없는 학교도 작고, 경운기도 한 대뿐이었다. 소로리 카페 지도에는 밭의 꽃들도 하나하나 셀 수 있을 정도로 그려져 있었다. 나무도 팽나무 하나, 버드나무 하나뿐. 인류 최고(最古)의 재배지가 이토록 아기자기할 줄이야! 현재의 소로리 마을에 대해서는 잘 알 수 없었다. 카페 벽면의 이미지만으로 인류의 경작을 마냥 낭만화해서도 안 될 것이다. 그런데 벽면을 보며 얼떨떨하게 이런저런 생각하는 나를 보고 카페 사장님께서는 또 알감자를 권하셨다. 모든 것이 작은데, 이곳 사람들의 마음은 이리도 크다. 세상 모든 벼들의 고향은 작고도 친절했다.

석기를 떼는 사람들을 만나기 위해 떠난 선사 여행은 의도치 않게 인류 농경의 발자취를 발견하는 데에서 끝이 났다. 소로리 농부와 석장리 석공 아저씨와 답사를 다니고 있는 나 사이의 거리는 얼마나 될까? 바람을 따라, 질문을 따라, 찾고 배우며 세상을 공부하고 있다는 점에서 우리는 같았다.

　　　　　　　나의 한반도 석기시대 순례기

참고한 자료들

▶참고 도서와 논문

가와다 준조,『무문자 사회의 역사』, 임경택 옮김, 논형, 2004

구마 겐고,『구마 겐고, 건축을 말하다』, 이정환 옮김, 나무생각, 2021

김범철·성춘택·천선행,『고고학자가 얘기하는 우리의 선사시대』, 진인진, 2021

김상태,『단단한 고고학』, 사계절, 2023

김종일·권오영·장남원·한태선,『토기와 도자기: 한국 도자기 문명사』, 들녘, 2022

나카자와 신이치,『곰에서 왕으로』, 김옥희 옮김, 동아시아, 2003

나카자와 신이치,『대칭성 인류학』, 김옥희 옮김, 동아시아, 2005

나카자와 신이치,『신의 발명: 인류의 지와 종교의 기원』, 김옥희 옮김, 동아시아, 2005

나카자와 신이치,『신화, 인류 최고의 철학』, 김옥희 옮김, 동아시아, 2003

데이비드 그레이버,『부채, 첫 5000년의 역사』, 정명진 옮김, 부글북스, 2021

데이비드 그레이버·데이비드 웬그로,『모든 것의 새벽』, 김병화 옮김, 김영사, 2025

레비-스트로스,『신화학』 1 · 2 · 3, 임봉길 옮김, 한길사, 2005~2021

레비-스트로스,『야생의 사고』, 안정남 옮김, 한길사, 1996

로베르 에르츠,『죽음과 오른손』, 박정호 옮김, 문학동네, 2021

루지아빈·창후아,『중국화폐의 역사』, 이재연 옮김, 다른생각, 2016

리 버거·존 호크스,『케이브 오브 본즈』, 김정아 옮김, 알레, 2025

리처드 포츠·크리스토퍼 슬론,『인간이 된다는 것의 의미: 인간 기원과 진화』, 배기동 옮김, 주류성, 2013

마르셀 모스,『몸 테크닉』, 박정호 옮김, 파이돈, 2024

마리아 김부타스,『여신의 언어』, 고혜경 옮김, 한겨레출판, 2024

마이크 파커 피어슨, 『죽음의 고고학』, 이희준 옮김, 사회평론아카데미, 2017

무라카미 하루키, 『직업으로서의 소설가』, 양윤옥 옮김, 현대문학, 2016

문명대, 『울산 반구대 암각화』, 지식산업사, 2023

미르치아 엘리아데, 『세계종교사상사』 1 · 2 · 3, 이용주 옮김, 이학사, 2005

버나드 루도프스키, 『건축가 없는 건축』, 김미선 옮김, 스페이스타임, 2006

브라이언 페이건, 『인류의 대항해』, 최파일 옮김, 미지북스, 2014

브로니스라브 말리노브스키, 『서태평양의 항해자들』, 최협 옮김, 민속원, 2024

성춘택, 『사피엔스 혁명: 인류라고 정의하는 거의 모든 것의 시작』, 사회평론아카데
    미, 2025

세계민속악기박물관, 『인간과 악기: 악기 인류학』, 모노폴리, 2016

스즈키 기미오, 『패총의 고고학』, 이준정 · 김성남 옮김, 일조각, 2007

스티븐 마이든, 『빙하 이후』, 성춘택 옮김, 사회평론아카데미, 2019

스티븐 미슨, 『노래하는 네안데르탈인』, 김명주 옮김, 뿌리와이파리, 2008

스티븐 미슨, 『마음의 역사』, 윤소영 옮김, 영림카디널, 2001

아리엘 골란, 『세계의 모든 문양』, 정석배 옮김, 푸른역사, 2004

애나 로웬하웁트 칭, 『세계 끝의 버섯』, 현실문화, 2023

앤서니 지, 『놀라운 대칭성』, 염도준 · 양현진 옮김, 범양사, 1994

앨리스 로버츠, 『인류의 위대한 여행』, 진주현 옮김, 책과함께, 2011

엠마누엘 아나티, 『예술의 기원』, 이승재 옮김, 바다출판사, 2008

유홍준, 『국토박물관 순례 1』, 창비, 2023

장 클로트, 『선사 예술 이야기』, 류재화 옮김, 열화당, 2022

장용준, 『사람 · 돌 · 불』, 진인진, 2023

재레드 다이아몬드, 『총 · 균 · 쇠』, 강주헌 옮김, 김영사, 2023

전경욱, 『세계의 가면 문화』, 민속원, 2017

전호태, 『반구대 이야기: 새김에서 기억으로』, 성균관대학교출판부, 2023

전호태, 『울산 천전리 각석 암각화 톺아 읽기』, 민속원, 2021

조르주 바타유, 『라스코 혹은 예술의 탄생/마네』, 차지연 옮김, 워크룸프레스, 2017

존 맥 외, 『마스크』, 윤길순 옮김, 개마고원, 2000

주강현, 『왼손과 오른손: 좌우 상징, 억압과 금기의 문화사』, 시공사, 2002

카렌레이 오버만 · 프레데릭 쿨리지, 『돌에서 짜내는 마음: 인지고고학과 인간 마음의

        나의 한반도 석기시대 순례기

진화』, 이성근·오미경·이승현·이수빈 옮김, 하나의학사, 2024

팀 잉골드, 『라인스』, 김지혜 옮김, 포도밭출판사, 2024

팀 잉골드, 『만들기』, 차은정·오성희·권혜윤 옮김, 포도밭출판사, 2025

팀 잉골드, 『모든 것은 선을 만든다』, 차은정·권혜윤·김성인 옮김, 이비, 2024

파스칼 피크·엘렌 로슈, 『최초의 도구』, 김성희 옮김, 알마, 2015

패밀라 S. 터너, 『사진과 그림으로 보는, 인류 진화의 일곱 걸음』, 장한라 옮김, 롤러코
    스터, 2024

프란스 드 발, 『보노보: 살아가기 함께 행복하게』, 김소정 옮김, 새물결, 2003

하인수, 『신석기시대 고고학』, 진인진, 2020

한국민속극박물관 학예연구실, 『우리나라 탈』, 한국민속극박물관, 2022

한국생활사박물관 편찬위원회, 『한국생활사박물관: 선사생활관』, 사계절, 2000

후지하라 다쓰시, 『전쟁과 농업: 먹거리와 농업을 통해 본 현대문명의 그림자』, 최연
    희 옮김, 따비, 2020

中沢新一·坂本龍一, 『繩文聖地巡禮』, イースト·プレス, 2023

B×배달의 민족, 'History', 《CLAM》[“매거진 F (Magazine F) Vol.13 : 조개 (Clam)”

다니 아키라, 「일본 차 문화에서 음다구(飮茶具)의 변천」, 『2025 국제 차 문화 학술 심
    포지엄 자료집』, 2025

유태용, 「한국 신석기시대 적석무덤의 검토」, 『유라시아문화』 Vol.7, 2022

윤온식, 「여수 안도패총 발굴조사」, 『동원학술논문집』 Vol.10, 2009

최수민, 「울진 후포리유적과 한반도 남부의 신석기 선도제천문화」, 『선도문화』
    Vol.34, 2023

▶ **신문기사**

박근태, 「패션의 시작, 바늘에서 시작됐다」, 『조선비즈』(2024. 07. 05)

윤신영, 「국내 最古 유골 홍수 아이, 구석기인 아닐 수도」, 『동아사이언스』(2018. 03.
    02)

▶ **박물관 도록과 자료집**

국립중앙박물관, 『우리가 인디언으로 알던 사람들』(특별전 도록), 2024

국립중앙박물관, 『호모 사피엔스: 진화∞관계&미래?』(특별전 도록), 2021

동삼동패총전시관,『동삼동패총문화』(학술연구총서), 2008

복천박물관,『복천박물관』(상설전시 도록), 2001

석장리박물관,『또 다른 세상으로: 구석기인들의 죽음과 매장』(특별전 도록), 2010

석장리박물관,『바다를 건넌 선사인들: 흑요석의 길』(특별전 도록), 2019

석장리박물관,『사냥혁명』(특별전 도록), 2020

석장리박물관,『선사 예술가』(특별전 도록), 2023

울산암각화박물관,『대곡천 사냥꾼, 바다를 만나다』(특별전 도록), 2021

울산암각화박물관,『돌: 시간의 역사』(특별전 도록), 2023

울산암각화박물관,『암각화와 신성한 공간』(국제학술대회 학술총서), 2021

전곡선사박물관,『빙하시대 사람들』(특별전 도록), 2012

전곡선사박물관,『인간은 사냥꾼인가?: 선사시대의 기술, 사냥』(특별전 도록), 2013

전곡선사박물관,『전곡선사박물관』(상설전시 도록), 2022

전곡선사박물관,『한국인의 기원』(특별전 도록), 2011

▶관련 영상

KBS 역사스페셜,《신석기인들 바다를 건너다》(2005.5.13.)

 : https://www.youtube.com/watch?v=OK1y_jv3BZw&t=2089s

고산리 토기 설명: https://gosanriyujeok.co.kr/earthenware

라스코 동굴 실감 영상: https://archeologie.culture.gouv.fr/lascaux/en/lascaux-
    cave-virtual-visit

빙하기 시절 한반도 해수면 : https://www.youtube.com/
    watch?v=mh6CwapTKbU

온라인「고기」전: https://jgpm.ggcf.kr/exhibitions/69

일본 조몬 토기 관련: https://jomon-japan.jp/kr/learn/jomon-culture#c02

자작나무 타르 만들기: https://youtu.be/_2Q3wNVkPAU?si=0rcU4oe7M1CNiO
    jH

제천 점말 동굴 이야기: https://www.youtube.com/watch?v=zcebXVQjIjM

화보
—이 책에 나오는 선사 박물관과 유적지

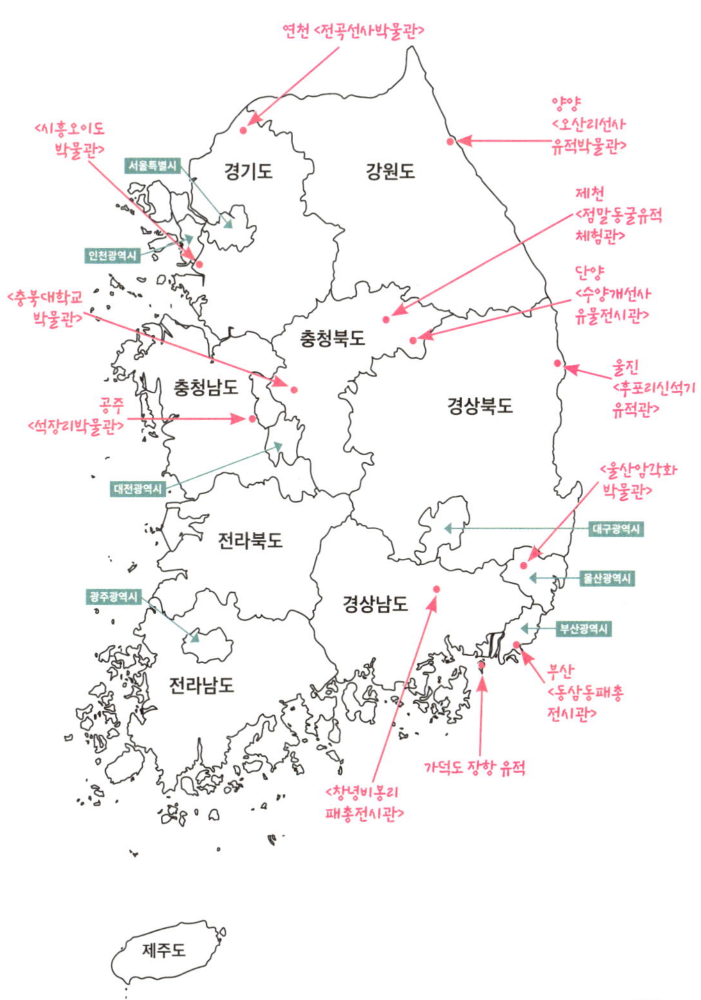

석장리박물관

공주석장리유적
석장리,
구석기
이야기

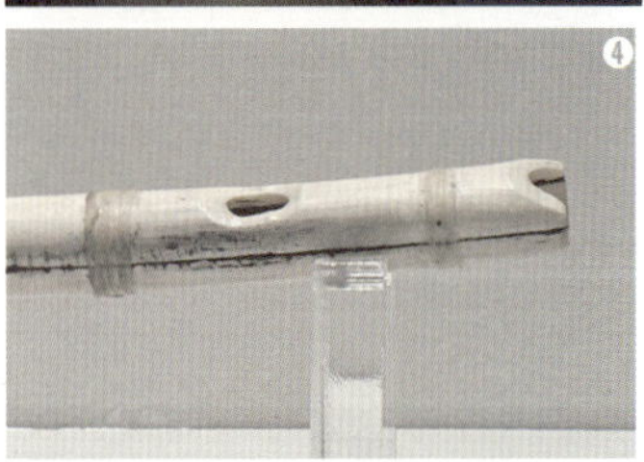

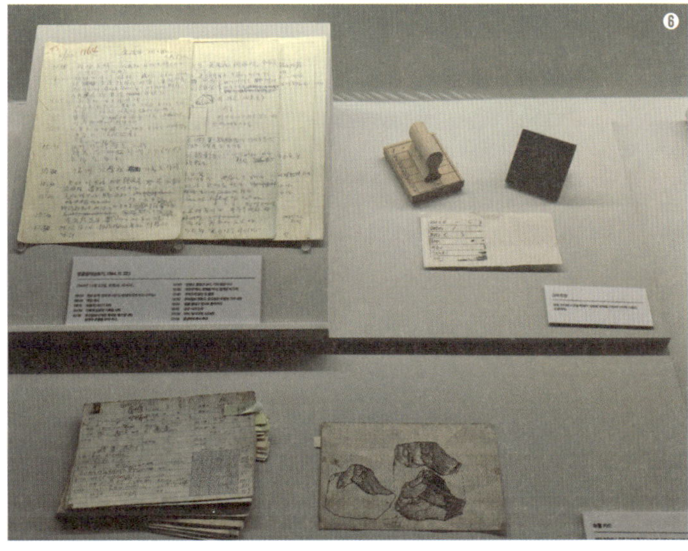

❶ 〈석장리박물관〉 입구 모형

❷ 구석기 시대 사용했던 돌감을 이용한 실험석기

❸ 주먹도끼

❹ 뼈피리 재현

❺ 〈석장리박물관〉 파른 손보기 선생 기념관

❻ 손보기 선생님의 연구 노트

수양개선사유물전시관

인류의 진화
1 전시실
AED

옛코끼리 상아 Elephas antiquitas Tusk
(청주 두루봉 새굴 출토, L_61.8cm)
1976년~78년에 발굴된 청주 문의면 노현리 '두루봉'에 위치하고 있는 석회암 동굴 유적에서 출토되었다. 두루봉 동굴 유적에서는 쌍코뿔이, 크로쿠타 크로쿠타, 하이에나, 큰원숭이 등의 멸종된 짐승이 발굴되어 그 당시 기후를 유추해볼 수 있다. 특히, 이 유물은 구석기시대 당시 한반도에 옛코끼리가 존재했었다는 큰 의미가 있으며 더불어 도구를 사용해 깨진 부분으로 보아 뼈유물을 만들기 위해 사용한 것으로 추정하고 있다.

쌍코뿔이 아래턱 Decerorhinus kirchbergensis Mandible
(청주 두루봉 처녀굴 출토, L_56.9cm)
1976년~78년에 발굴된 청주 문의면 노현리 '두루봉'에 위치하고 있는 석회암 동굴 유적에서 출토되었다.

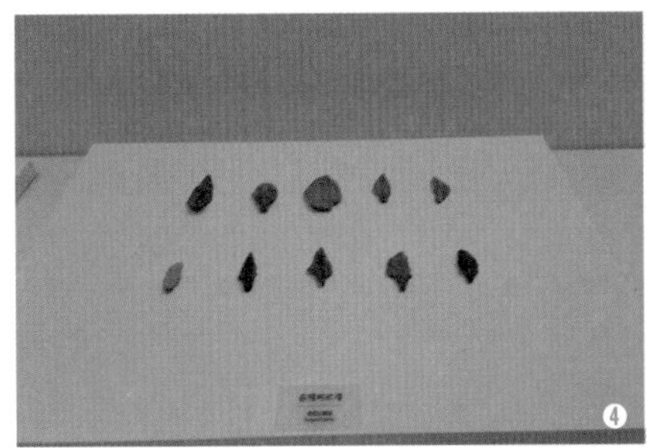
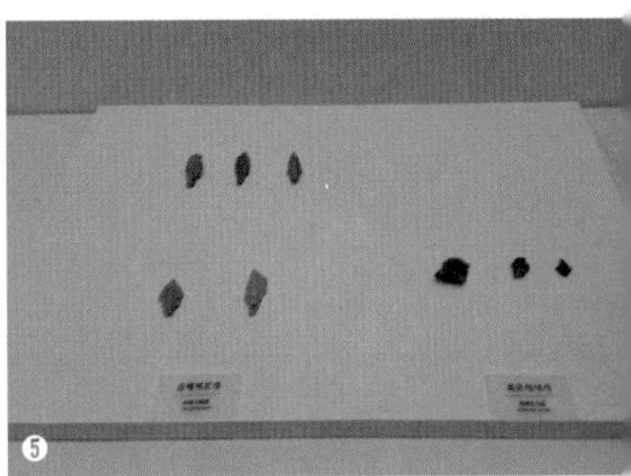
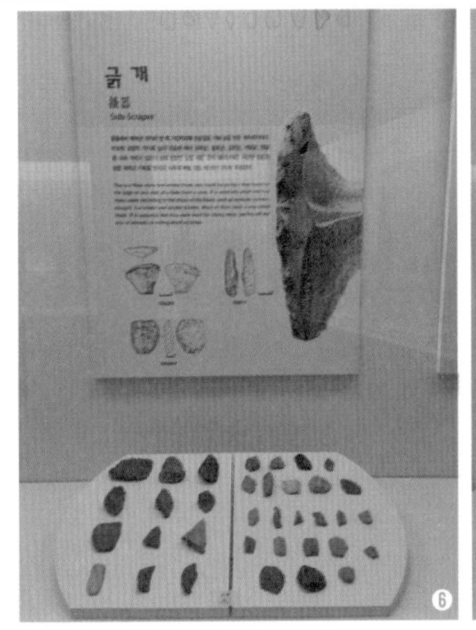
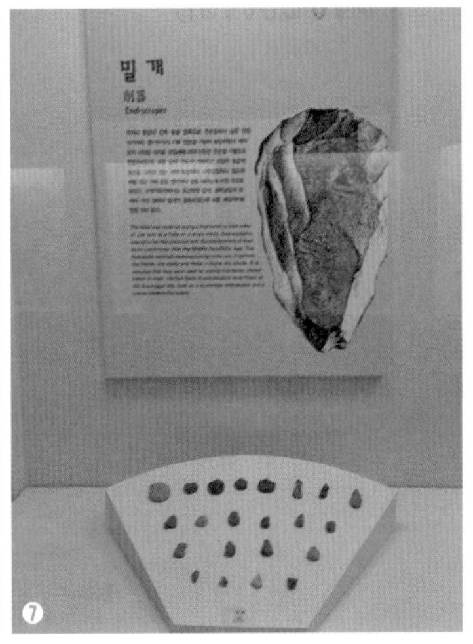

❶ 〈수양개선사유물전시관〉 1전시실 입구

❷ 사냥돌

❸ 쌍코뿔이 아래턱, 옛코끼리 상아

❹, ❺ 슴베찌르개

❻ 긁개

❼ 밀개

325

경기도
연천

〈전곡선사박물관〉

전곡선사박물관
JEONGOK PREHISTORY MUSEUM
ENTRANCE

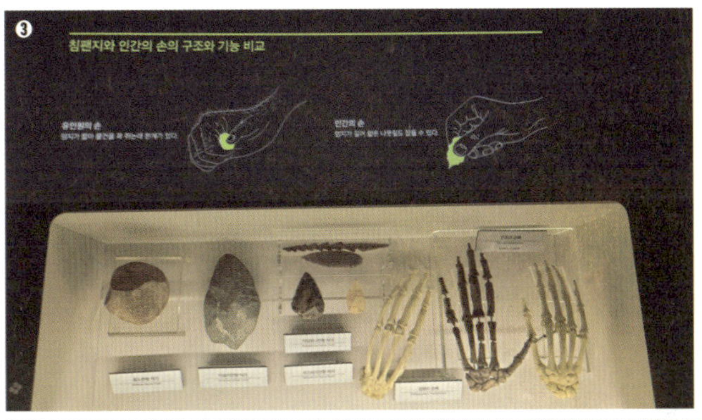

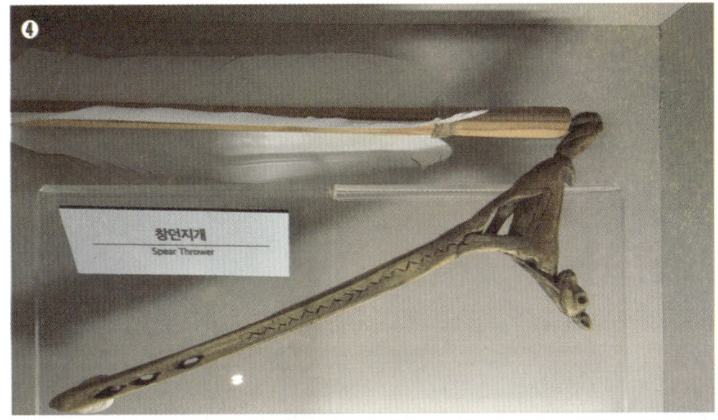

❶ 〈전곡선사박물관〉 '인류 진화의 위
대한 행진'
❷ 우크라이나 메지리치 유적 매머드뼈
집의 복원

❸ 구석기 시대 돌도끼와 손의 구조
❹ 창던지개
❺ 전곡리의 주먹도끼

329

아레네 칸디데의 '어린왕자'

위치 \ 이탈리아 리구리아 아레네 칸디데(Arene Candide) 동굴
시대 \ 후기 구석기시대(22,000년 전)

이 무덤의 주인공은 키 170cm의 12~14세 가량의 소년으로, 다양한 부장품과 화려한 치장으로 구석기시대의 '어린 왕자'라는 별명을 갖고 있다. 치아의 동위원소 분석을 통해 바다에 접한 곳에 살면서 평소 해산물을 즐겨 먹었음을 알 수 있다. 이 무덤은 유럽의 황토지대를 중심으로 번영한 그라베티앙 문화(Gravettian Culture)의 가장 획기적이고 과학적인 가치를 가진 무덤으로 평가 받고 있다.

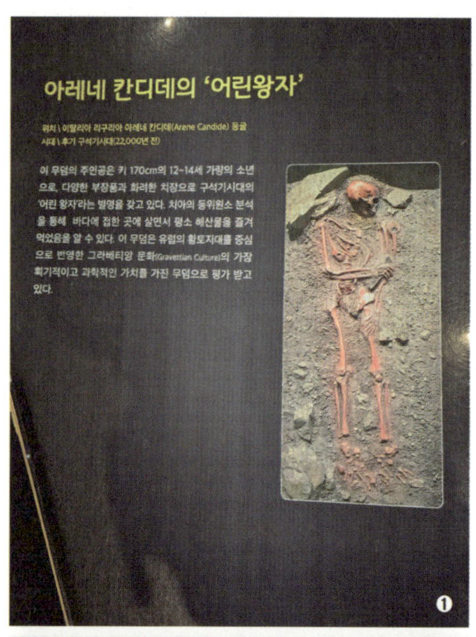

❶

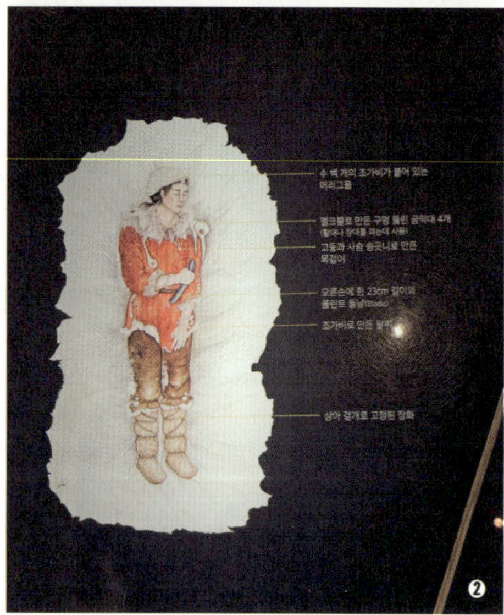

❷

위치 \ 이탈리아 리구리아 아레네 칸디데(Arene Candide) 동굴
시대 \ 후기 구석기시대(22,000년 전)

❶, ❷ '아레네 칸디데'의 어린왕자
❸ 구석기 시대 채집 식료 재현

오산리선사유적박물관

PREHISTORY MUSEUM
리 선사유적박물관

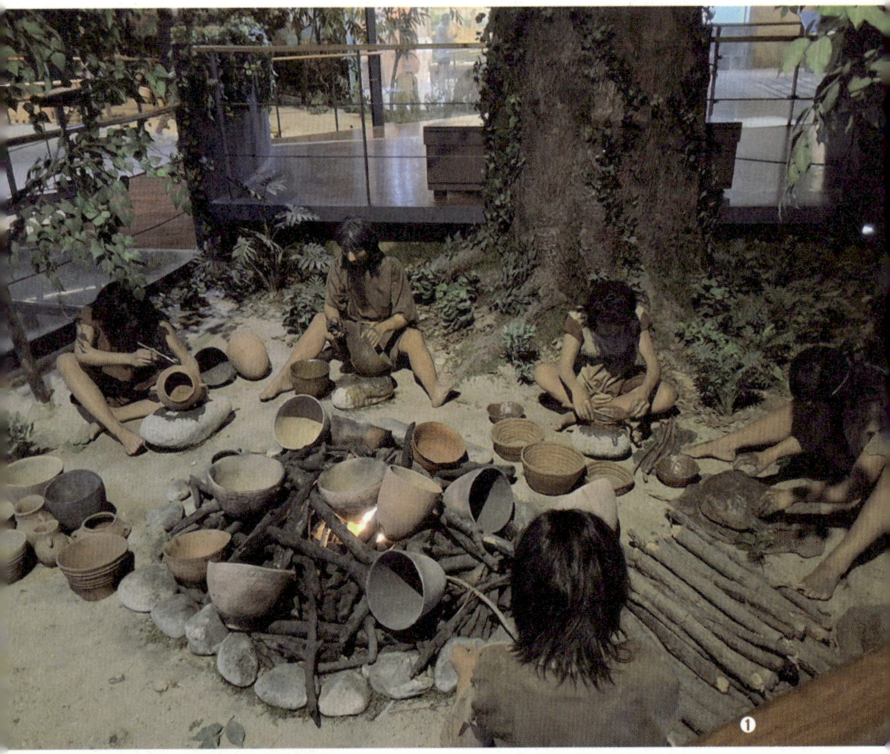
1

2
POTTERY WITH
APPLIQUE DECORATION

3

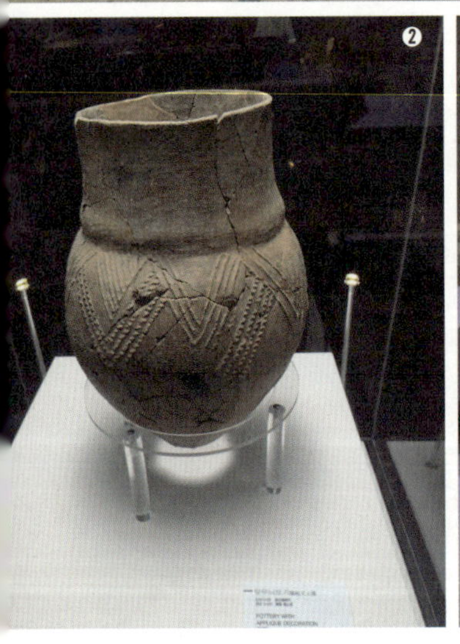

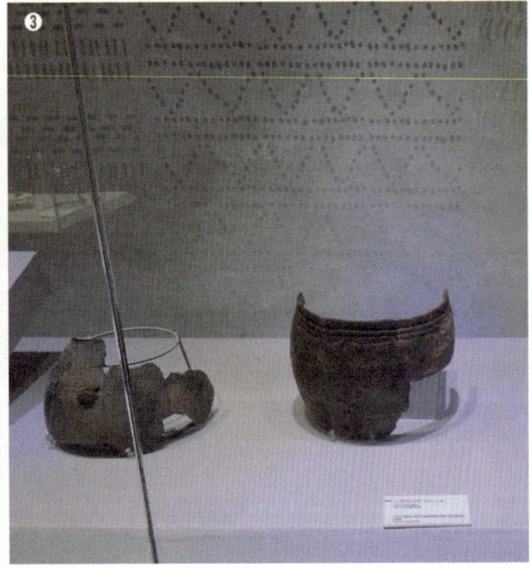

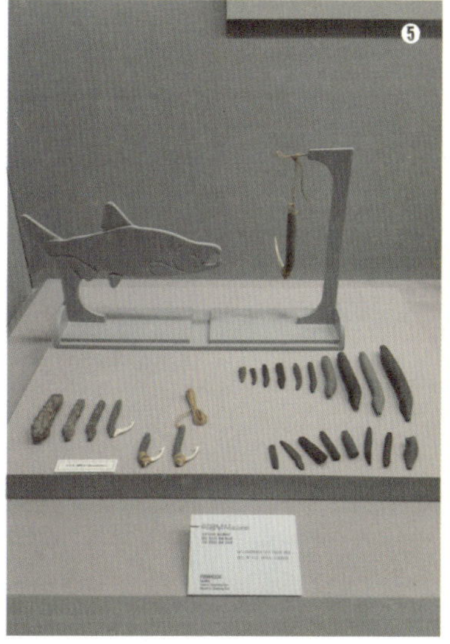

❶ 〈오산리선사유적박물관〉 토기 제작 재현

❷ 덧무늬 토기

❸ 누른무늬 토기

❹ 안면 토우

❺ 이음낚시

❻ 가락바퀴

335

시흥오이도박물관〉

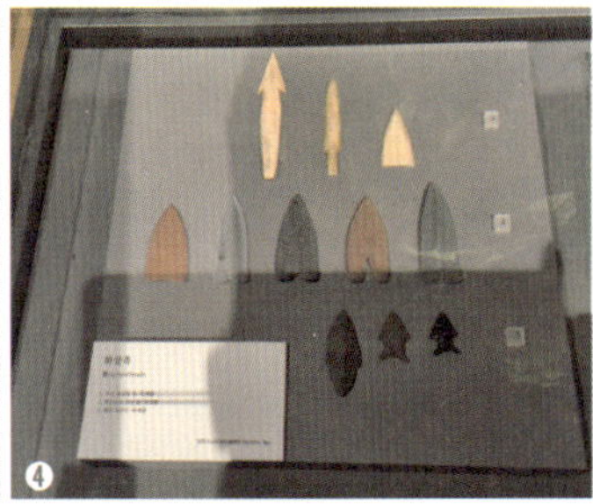

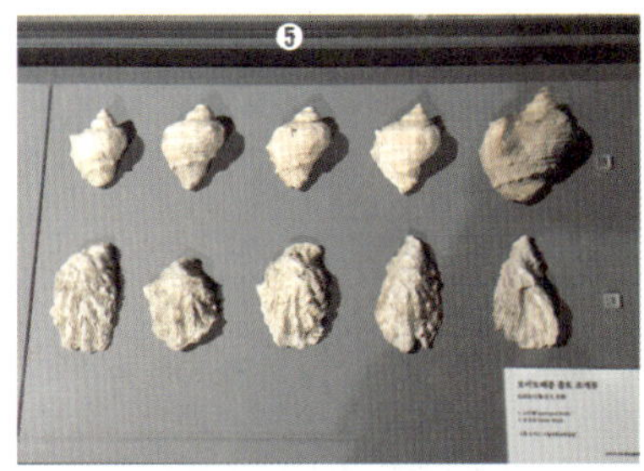

❶ 〈시흥오이도박물관〉 신석기 주거 모형 외부　　❺ 오이도 패총 출도 조개류

❷ 〈시흥오이도박물관〉 신석기 주거 모형 내부　　❻ 덧무늬 토기

❸ 빗창과 뒤지개　　❼ 빗살무늬 토기

❹ 화살촉　　❽ 고산리식 토기

창녕비봉리패총전시관

동리패총전시관

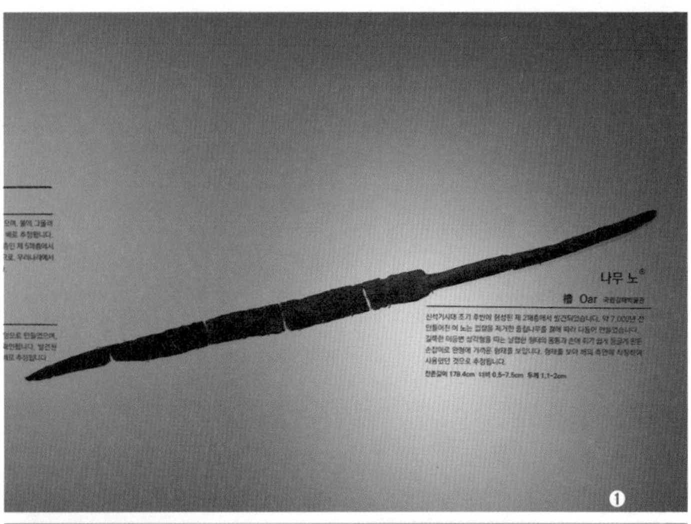

나무 노
櫓 Oar 국립김해박물관

비봉리배 출토 모습
제1호 배 舟 Boat
제2호 배

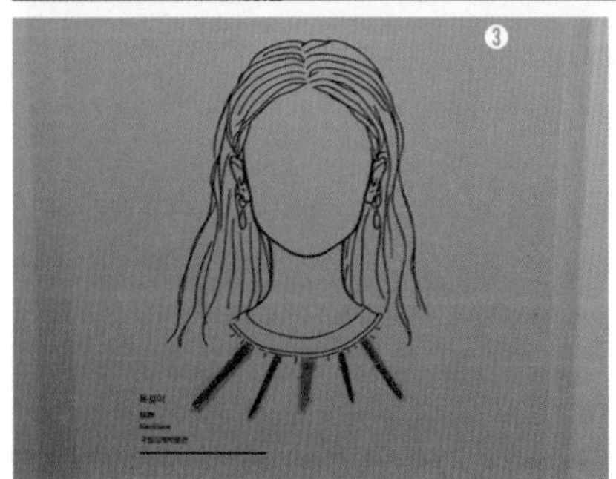

목걸이
頸飾
Necklace
국립김해박물관

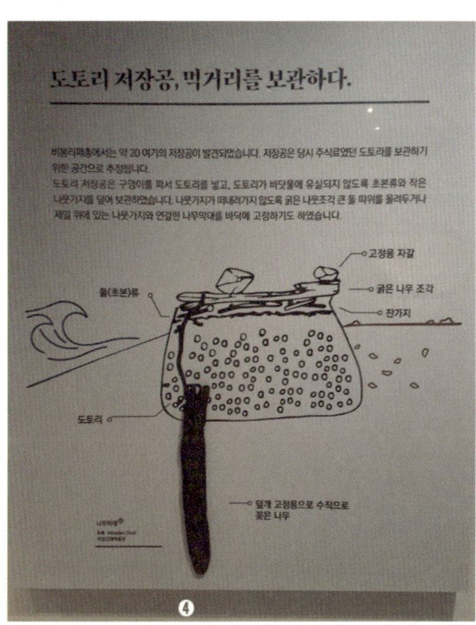

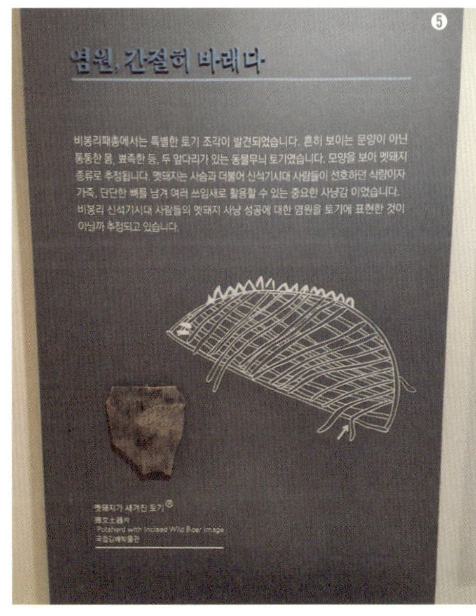

❶ 창녕 비봉리 나무 노
❷ 비봉리배 출토 모습
❸ 신석기 장신구
❹ 비봉리의 도토리 저장공
❺ 멧돼지가 새겨진 토기

343

‹동삼동 패총 전시관›

동삼동패총전시관
Dongsam-dong Shell Midden Museum

KMOU

❶ 부산 동삼동 패총터
❷ 동삼동 조개가면과 여러 토우
❸ 뼈연모
❹ 신석기 장신구

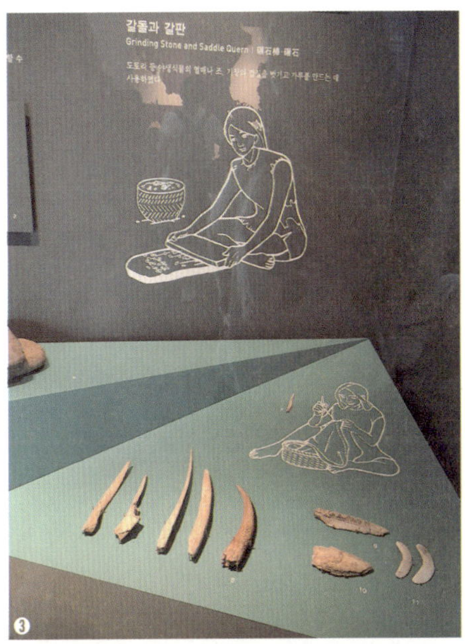
갈돌과 갈판
Grinding Stone and Saddle Quern | 磨石棒·磨石
3

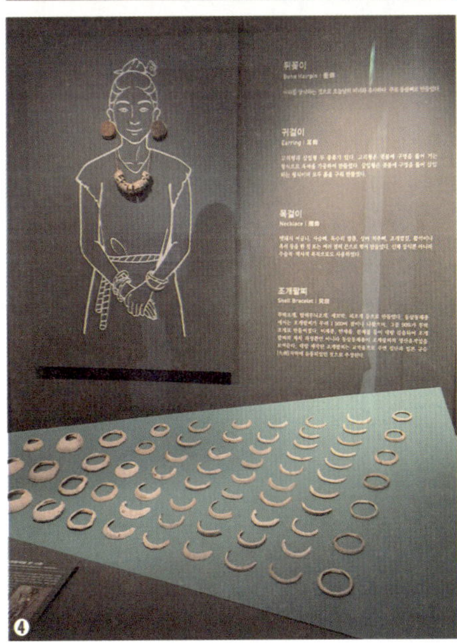
뒤꽂이
Bone Hairpin | 骨笄

귀걸이
Earring | 耳飾

목걸이
Necklace | 頸飾

조개팔찌
Shell Bracelet | 貝釧
4

울산암각화박물관 〉

울산암각화박물관
ULSAN PETROGLYPH MUSEUM

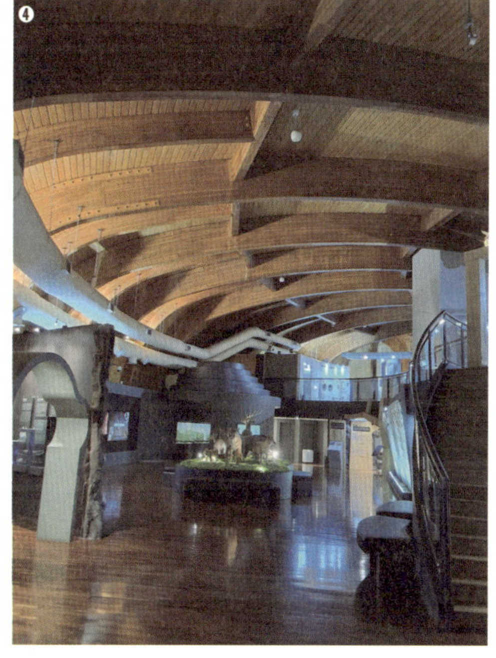

❶ 반구대 전경
❷ 〈울산암각화박물관〉 반구대 고래 그림의 재현
❸ 천전리 암각화
❹ 〈울산암각화박물관〉 내부

죽후포리 신석기 유적관

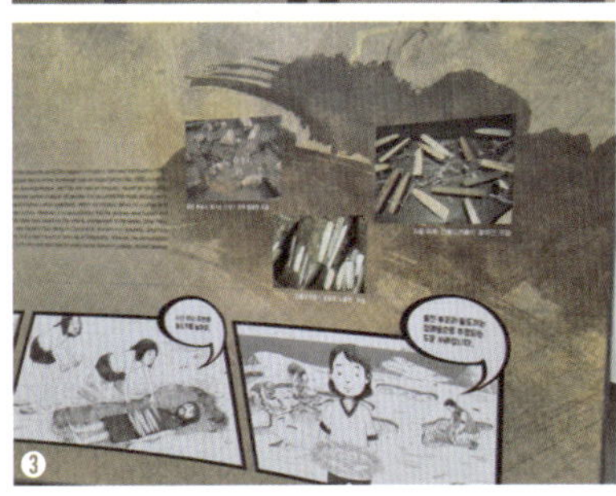

❶ 후포리와 등기산 전경
❷ 등기산 신석기 매장 유적터 발굴 현장 사진
❸ 등기산 신석기 유적 발굴 모습

부산광역시

가덕도 장항 유적

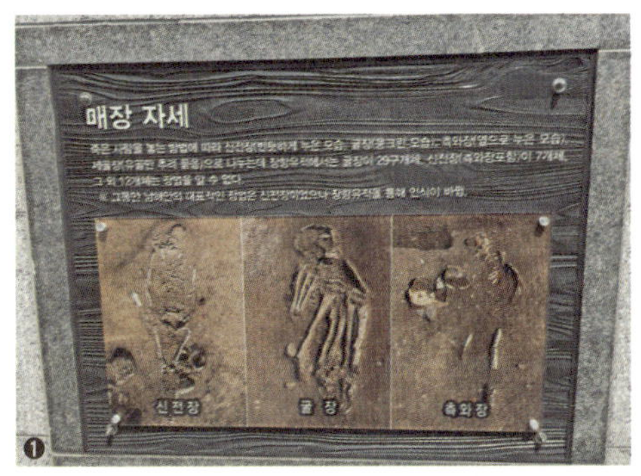

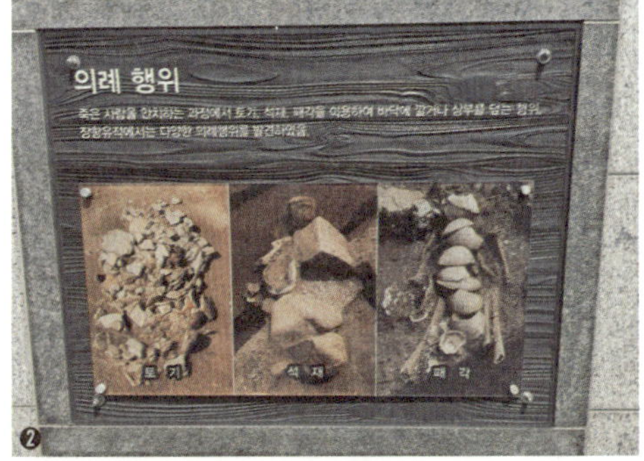

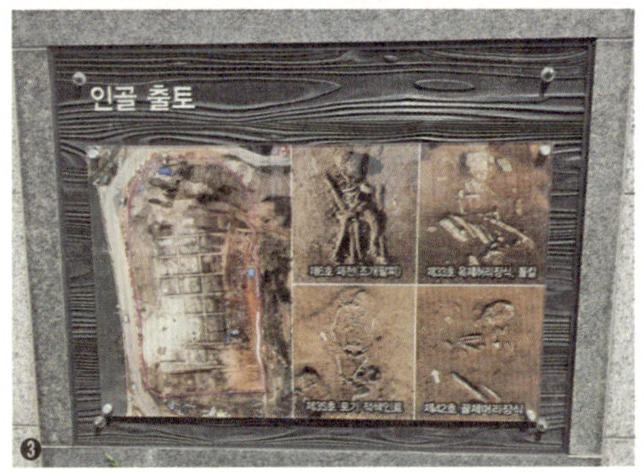

❶ 선사시대 매장 자세
❷ 장항 유적에서의 다양한 의례 행위
❸ 장항 유적의 인골 출토 모습

점말동굴유적 체험관

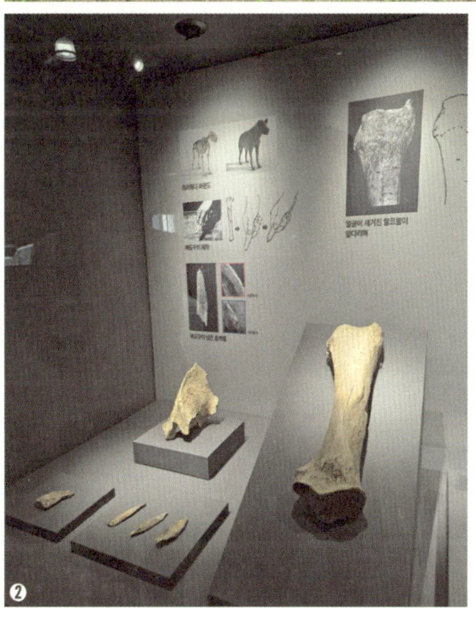

❶ 점말 동굴 전경
❷ 뼈연모들과
얼굴이 새겨진
털코뿔이 앞다리뼈

충북대학교박물관

❶ 동굴곰의 뼈

❷ 물고기 모양 예술품

❸ 들소머리 모양 예술품

❹ 치레걸이

❶ 〈충북대학교박물관〉 상설전시실
❷ 흥수아이 인골과 재현 동상

360